Sparkassen als Universalbanken?

Europäische Hochschulschriften

Publications Universitaires Européennes
European University Studies

Reihe II
Rechtswissenschaft

Série II Series II
Droit
Law

Bd./Vol. 3112

PETER LANG
Frankfurt am Main · Berlin · Bern · Bruxelles · New York · Oxford · Wien

Inka Habeck

Sparkassen als Universalbanken?

Rechtliche Möglichkeiten und Grenzen allgemeiner Bankgeschäfte im Sparkassenbereich

PETER LANG
Europäischer Verlag der Wissenschaften

Die Deutsche Bibliothek - CIP-Einheitsaufnahme

Habeck, Inka:

Sparkassen als Universalbanken? : rechtliche Möglichkeiten und Grenzen allgemeiner Bankgeschäfte im Sparkassenbereich / Inka Habeck. - Frankfurt am Main ; Berlin ; Bern ; Bruxelles ; New York ; Oxford ; Wien : Lang, 2001
(Europäische Hochschulschriften : Reihe 2, Rechtswissenschaft ; Bd. 3112)
Zugl.: Hannover, Univ., Diss., 2000
ISBN 3-631-37674-X

D 89
ISSN 0531-7312
ISBN 3-631-37674-X

www.peterlang.de

Vorwort

Die vorliegende Schrift wurde im Sommersemester 2000 vom Fachbereich Rechtswissenschaften der Universität Hannover als Dissertation angenommen. Sie entstand während meiner Tätigkeit beim Niedersächsischen Sparkassen- und Giroverband sowie bei der Sparkasse Wilhelmshaven. Das Manuskript wurde im Oktober 1999 abgeschlossen.

Die Abhandlung unternimmt es, die konkreten Möglichkeiten und Grenzen allgemeiner Bankgeschäfte der Sparkassen im Rahmen der bestehenden gesetzlichen Regelungen einer kritischen Würdigung zu unterziehen sowie Konsequenzen für die Praxis und die weitere Entwicklung aufzuzeigen. Dabei ist die Frage, inwieweit die Gewährträgerhaftung und die Anstaltslast als Ausdruck der besonderen kommunalen Bindung eine unzulässige staatliche Beihilfe i.S.d. Art. 92 EG-V darstellen, zwar angesprochen, wegen ihrer Reichweite und Komplexität aber nicht näher untersucht worden; dies hätte eine eigene Abhandlung erfordert.

Danken möchte ich an dieser Stelle Herrn Professor Dr. Dr. h.c. Hans-Peter Schneider, der die Arbeit angeregt und mit großem Interesse begleitet hat, für seine wohlwollende konstruktive Kritik und liebenswürdige Unterstützung. Mein Dank gilt auch Herrn Professor Dr. Heiko Faber für die Übernahme des Zweitgutachtens sowie der Fakultät für die Durchführung des Promotionsverfahrens.

Wilhelmshaven, im Juli 2000

Inka Habeck

Inhaltsverzeichnis

Abkürzungsverzeichnis

AAz.	Amtsanzeiger
ABl.	Amtsblatt
Abs.	Absatz
AG	Aktiengesellschaft
Amtsbl. Schl.-H.	Amtsblatt Schleswig-Holstein
AO	Abgabenordnung
AZ	Aktenzeichen
BAK	Bundesaufsichtsamt für das Kreditwesen
Bay	Bayerische (-r/-s)
B.Bl.	Betriebswirtschaftliche Blätter
BdB	Bundesverband deutscher Banken
BGB	Bürgerliches Gesetzbuch
BGBl.	Bundesgesetzblatt
BT-Drucks.	Bundestags-Drucksache
bum	Bank und Markt
BVerfGE	Entscheidung des Bundesverfassungsgerichts
BVerwGE	Entscheidung des Bundesverwaltungsgerichts
BWVPr.	Baden-Württembergische Verwaltungspraxis
DB	Der Betrieb
DGZ	Deutsche Girozentrale - Deutsche Kommunalbank

DGO	Deutsche Gemeindeordnung
DÖV	Die öffentliche Verwaltung
DSGV	Deutscher Sparkassen- und Giroverband e.V.
DSGV ö.K.	Deutscher Sparkassen- und Giroverband öffentliche Körperschaft
DVBl.	Deutsche Verwaltungsblätter
EG-V	Vertrag zur Gründung der Europäischen Gemeinschaft
EU	Europäische Union
FAZ	Frankfurter Allgemeine Zeitung
FS	Festschrift
Fn.	Fußnote
GBl.	Gesetzblatt
GenG	Gesetz betreffend die Erwerbs- und Wirtschaftsgenossenschaften
GG	Grundgesetz für die Bundesrepublik Deutschland
GO	Gemeindeordnung
GVBl.	Gesetz- und Verordnungsblatt
GZ	Girozentrale
Hanseat. SGV	Hanseatischer Sparkassen- und Giroverband
Helaba	Landesbank Hessen-Thüringen Girozentrale
hess.	hessische (-r/-s)

HGB	Handelsgesetzbuch
HkWP	Handbuch der kommunalen Wissenschaft und Praxis
HWS	Handwörterbuch der Sparkassen
JuS	Juristische Schulung
KWG	Gesetz über das Kreditwesen
LB	Landesbank
LBS	Landesbausparkasse
L-Bank	Landeskreditbank Badenwürttemberg
LG	Landesgirokasse
MBS	Mittelburgische Sparkassen
MBliV	Ministerial-Blatt für die Preußische innere Verwaltung (1840-1935)
MuSa	Mustersatzung
Nieders. MBl.	Niedersächsisches Ministerialblatt
NGO	Niedersächsische Gemeindeordnung
NJW	Neue Juristische Wochenschrift
Nord/LB	Norddeutsche Landesbank Girozentrale
NSGV	Niedersächsischer Sparkassen- und Giroverband
NVwZ	Neue Zeitschrift für Verwaltungsrecht
nw	nordrhein-westfälische (-r/-s)
ÖBA	Österreichisches Bankarchiv
OSGV	Ostdeutscher Sparkassen- und Giroverband

o.V.	ohne Verfasser
OVG	Oberverwaltungsgericht
RGBl.	Reichsgesetzblatt
RSGV	Rheinischer Sparkassen- und Giroverband
SpkG	Sparkassengesetz
SpkMuSa	Sparkassenmustersatzung
SpkO	Sparkassenordnung
SpkVO	Sparkassenverordnung
Staatsanz.	Staatsanzeiger
StAnz.	Staatsanzeiger
SüdwestLB	Südwestdeutsche Landesbank Girozentrale
WestLB	Westdeutsche Landesbank Girozentrale
WfA	Wohnungsbauförderungsanstalt
WLSGV	Westfälisch-Lippischer Sparkassen- und Giroverband
WM	Wertpapiermitteilungen
WSGV	Württembergischer Sparkassen- und Giroverband
ZfK	Zeitschrift für das gesamte Kreditwesen
zit.	zitiert
ZögU	Zeitschrift für öffentliche und gemeinwirtschaftliche Unternehmen

I. Einführung in die Problemstellung

Stellung und Aufgabe der öffentlich-rechtlichen Sparkassen[1] im Wettbewerb mit den privaten Kreditinstituten sind zunehmend Gegenstand der wissenschaftlichen und öffentlichen Diskussion. Je mehr sich die Sparkassen als institutionell gemeinnützige Kreditinstitute von „Sparanstalten des kleinen Mannes" entfernen und ihre Marktanteile ausweiten, desto kritischer wird die Frage gestellt, durch welche besonderen gemeinnützigen Leistungen sich die Sparkassen zur Rechtfertigung ihres öffentlich-rechtlichen Status noch legitimieren. Die wiederholt geäußerte Kritik, daß die Sparkassen durch diesen öffentlich-rechtlichen Status Vorteile im Wettbewerb hätten, die mit den Grundsätzen einer auf dem Prinzip des Leistungswettbewerbs basierenden Wirtschaftsordnung nicht vereinbar seien[2], erlangt vor dem Hintergrund der derzeit diskutierten Frage, ob nicht die gesetzlichen Einstandspflichten der öffentlichen Trägerkörperschaften von Sparkassen in Form der Anstaltslast und der Gewährträgerhaftung als unzulässige staatliche Beihilfe nach Art. 92 des EG-Vertrages zu qualifizieren sind[3], erneut aktuelle Bedeutung. Der Vorwurf der privaten Kreditwirtschaft, Sparkassen würden aufgrund ihrer Rechtsform Wettbewerbsvorteile erlangen, steht im Gegensatz zu der Forderung der Sparkassen, die ihnen auferlegten Beschränkungen der Geschäftstätigkeit zu beseitigen, um die Wettbewerbsgleichheit herzustellen. Nicht zuletzt nach dem Wegfall der Steuervergünstigung im Bereich der Körperschaftssteuer und der Nichtanerkennung der Gewährträgerhaftung als Haftungszuschlag bei den gesetzlichen Anforderungen an der Bildung von Eigenkapital sehen sich die Sparkassen angesichts der ohnehin aufgrund der EG-Richtlinien gestiegenen Eigenkapitalanforderungen im Wettbewerb benachteiligt. Während die privatrechtlichen Geschäftsbanken nach deutschem Recht keinen Beschränkungen hinsichtlich der Geschäftsarten und des

---

[1] Gegenstand dieser Untersuchung bilden ausschließlich die kommunalen Sparkassen. Die sog. freien Sparkassen, die in privatrechtlicher Rechtsform, vorwiegend in der Form des wirtschaftlichen Vereins, der Stiftung oder auch der Aktiengesellschaft geführt werden, müssen aufgrund ihrer abweichenden Rechtsform Gegenstand gesonderter wissenschaftlicher Abhandlungen bleiben. Ist im folgenden von Sparkassen die Rede, sind mithin ausschließlich die kommunalen Sparkassen gemeint. Sollten einzelne Überlegungen und Ergebnisse auch auf die freien Sparkassen zutreffen, so wird eigens darauf verwiesen.

[2] o.V., Private Banken fühlen sich benachteiligt, Handelsblatt vom 17.03.1998; o.V., Neue Runde im Bankenstreit - Kreditgewerbe/Sparkassen: Falsches Spiel -, Handelsblatt vom 02.04.1998.

[3] Dazu ausführlich: Herdegen, Die vom Bundesrat angestrebte Festschreibung der Privilegien öffentlich-rechtlicher Kreditinstitute: Gefahr für die EG-Wettbewerbsordnung, WM 1997, S. 1130 ff.

Geschäftsgebietes unterworfen sind, unterliegen Sparkassen als öffentlich-rechtliche Kreditinstitute besonderen Regelungen. Sie werden als Anstalten des öffentlichen Rechts betrieben, sind als Teil der mittelbaren Staatsverwaltung in die Kommunalverwaltung eingebunden und unterliegen bereits insoweit - nicht zuletzt auch aus der ihnen auferlegten Aufgabenstellung - gewissen Beschränkungen. Gleichzeitig müssen sich die Sparkassen jedoch als Wirtschaftsunternehmen am Markt behaupten. Diese Doppelfunktion im Spannungsfeld von Wirtschaft und Verwaltung, die auch als "Zwitterstellung"[4] oder "januskopfige"[5] Natur der öffentlich-rechtlichen Sparkassen bezeichnet wird, wirkt sich zwangsläufig auf die Geschäftstätigkeit aus. Die Untersuchung der rechtlichen Möglichkeiten und Grenzen allgemeiner Bankgeschäfte im Sparkassenbereich führt zu der Frage, ob Sparkassen - wie die großen deutschen Geschäftsbanken - als Universalbanken zu qualifizieren sind. Ihre historisch gewachsene Rechtsform und die daraus resultierenden aufbau- und aufgabenspezifischen Besonderheiten wie etwa die Dezentralität und der öffentliche Auftrag scheinen gegen die Erfüllung von Universalitätsanforderungen zu sprechen. Die Untersuchung der historisch gewachsenen Geschäftsbeschränkungen bildet die Grundlage für eine Beurteilung der gegenwärtigen Situation und die Einschätzung der zukünftigen Entwicklung im verschärften Bankenwettbewerb des kommenden Jahrtausends. Voraussetzung für die Behauptung im Wettbewerb ist neben einem größtmöglichen Maß an Geschäftsfreiheit eine optimale Marktpräsenz und Kosten- sowie Größenstruktur. Die aufgrund des Rückganges der Zinsspannen rückläufigen Betriebsergebnisse[6] führen dazu, daß in der Sparkassenorganisation nicht zuletzt auch vor dem Hintergrund der Frage nach dem Fortbestand der öffentlich-rechtlichen Kreditinstitute verstärkt über zukunftsorientierte Strukturveränderungen in der Sparkassen- und Landesbankenlandschaft nachgedacht wird[7]. In diese Strukturdiskussion fließen aufgrund der Vielschichtigkeit der

---

4 Brzoska, Die öffentlich-rechtlichen Sparkassen zwischen Staat und Kommunen, S. 12.

5 Fischer, Selbstverwaltung durch und in kommunalen Sparkassen, S. 835.

6 Einen Überblick über die Geschäftsergebnisse für das Jahr 1998 der Sparkassen und der Großbanken gibt: Gies, Operative Ergebnisse enttäuschen, Deutsche Sparkassenzeitung vom 1.06.1999.

7 Schmidhuber, Überlegungen zu künftigen Sparkassenstrukturen, Sparkasse 1998, S. 586 f; Schuster, Rechtsformüberlegungen im Widerstreit der ökonomischen und politischen Vernunft, Sparkasse 1995, S. 423 ff; o.V., Gewährträger suchen Alternative zur Sachsen-Bank, Handelsblatt vom 27.04.1998; o.V., Sparkassenpräsident fordert einschneidende Reformen, Deutsche Sparkassenzeitung vom 6.10.1998; Hoppenstedt, Grundlegende Reformen sind notwendig, Sparkasse 1998, S. 458 ff; o.V., Sparkassen können sich aus eigener Kraft behaupten, Deutsche Sparkassenzeitung vom 20.04.1999; o.V., Wachsendem

Interessen verschiedene Ansatzpunkte und Überlegungen ein. Einerseits steht die Sparkassenorganisation innerhalb des Gruppenwettbewerbs im System der deutschen Bankenlandschaft den übrigen Kreditinstituten gegenüber, andererseits spielen innerhalb der Organisation Kräfteverhältnisse eine wichtige Rolle, die zu einer ständigen Überprüfung der Positionierung der Sparkassen im Markt führen. Weiterer Teilaspekt der Strukturdiskussion stellt die Suche der Gewährträger nach erweiterten Ausschüttungsmöglichkeiten dar, um am erwirtschafteten Gewinn der Sparkassen verstärkt partizipieren zu können[8]. Daß die ökonomischen Rahmenbedingungen im vereinten Europa und mit ihnen die Sparkassenlandschaft Ende des 20. Jahrhundert erheblich in Bewegung geraten ist, hat in der Literatur Anlaß zu einer Reihe von wissenschaftlichen Abhandlungen gegeben. Gegenstand dieser Untersuchungen bilden bislang Teilaspekte der Strukturdiskussion wie die Frage nach der Wettbewerbsfähigkeit[9], Fusionen[10] und der Privatisierung[11], wobei letztere im Mittelpunkt der Diskussion steht. Seit mit der Schaffung des europäischen Binnenmarktes die Globalisie-

---

Marktdruck durch Fusionen begegnen, Deutsche Sparkassenzeitung vom 11.06.1999; o.V., Tiefgreifende Strukturveränderungen - Beim Badischen Sparkassentag stand Fusionsthematik im Mittelpunkt, Deutsche Sparkassenzeitung vom 9.07.1999.

[8] Ausführlich dazu: Mauerer, Gewinnentnahmen bei Sparkassen? - Zur Diskussion um die Ausschüttung von Sparkassengewinnen, Sparkasse 1998, S. 461 ff.

[9] Geiger, Sind die Sparkassen für den Wettbewerb der 90er Jahre genügend vorbereitet?, Sparkasse 1988, S. 247 ff; Meyer-Köster, Die Sonderstellung der Sparkassen im Wettbewerb, S. 7 ff; Stern, Öffentlich-rechtliche Kreditinstitute und europäisches Beihilferegime, Sparkasse 1997, S. 397 ff; Kaven, Die besondere Wettbewerbsstellung der öffentlich-rechtlichen Sparkassen, S. 4 ff.

[10] Baxmann, Daten zur Konzentration im Sparkassenwesen, Sparkasse 1991, S. 508 ff; Busse, Fusionswelle rollt auf Banken und Versicherungen zu, Handelsblatt vom 30.12.1997; Hahn, Optimale Betriebsgröße von Sparkassen - eine kritische Überlegung, ZfK 1995, S. 32 ff.

[11] Hedrich, Die Privatisierung der Sparkassen - Ein Beitrag zu den institutionellen Problemen der Deregulierung, S. 24 ff; Steiner, Bankenmarkt und Wirtschaftsordnung - Sparkassen und Landesbanken in der Privatisierungsdiskussion, S. 9 ff; Burmeister, Ist die Unternehmensverfassung der Stadt- und Kreissparkassen als öffentliche Anstalten noch funktionsgerecht?, FS für Potthoff, S. 225 ff; Claussen, Teilprivatisierung kommunaler Sparkassen?, S. 165 ff; Purbach, Die Auswirkungen des Binnenmarktes auf die Sparkassen und ihre öffentlich-rechtliche Verankerung - Privatisierung der Sparkassen -, S. 165 ff; Koester, Öffentliche Unternehmen im Spannungsfeld der Privatisierung, Sparkasse 1985, S. 126 ff; Möschel, Privatisierung der Sparkassen - Zu den jüngsten Vorschlägen der Monopolkommission, WM 1993, S. 93 ff.

rung die angewandten Marktstrategien entscheidend beherrscht, zeichnet sich eine Tendenz in Richtung zunehmender Fusionen und Unternehmensaufkäufen ab. Hinter diesen Strategien verbirgt sich die Überlegung, daß ein Unternehmen zur Existenzsicherung über ausreichende Marktanteile verfügen muß[12]. Die Privatisierungsdebatte ist demgegenüber ein wesentlicher Teilaspekt der in periodischen Abständen immer wiederkehrenden Diskussion um die Frage, welche wirtschaftspolitischen Aufgaben dem Staat sinnvoller Weise übertragen werden können. Angesichts der defizitären Haushaltslage des Bundes, der Länder und Kommunen[13] erscheint sie aktueller denn je. Die Versuchung ist groß, nach den Rosinen zu greifen, um damit die in zunehmendem Maße aufreißenden Löcher zu stopfen und einen entscheidenden Beitrag zur Konsolidierung der Haushalte zu leisten. Den Befürwortern[14] der Privatisierung von Sparkassen wird jedoch von den Gegnern[15] neben weiteren Argumenten stets entgegen gehalten, daß die Kommune lediglich Trägerin der Sparkasse als rechtsfähige Anstalt des öffentlichen Rechts und nicht Eigentümerin sei; die Anstalt als ein besonderer Organisationstyp der öffentlichen Verwaltung stehe nicht in irgend jemandes Eigentum, sondern gehöre sich selbst[16]. So wird die Frage der Privatisierung seit

---

12 Vgl. dazu: Sauter, Globalisierung und Strukturfragen, Sparkasse 1998, S. 146; Küng, Globalisierung erfordert ein globales Ethos, Sparkasse 1998, S. 5 ff; Köhler, Globalisierung des Bankgeschäfts: Die Antwort der Sparkassenorganisation, Sparkasse 1996, S. 164.

13 Siehe dazu die Verschuldung der Länder und Gemeinden, Deutsche Sparkassenzeitung vom 13.04.1999, Sonderbeilage S. VI.

14 Karl-Bräuer-Institut des Bundes der Steuerzahler e.V. (Hrsg.), Privatisierung von Sparkassen und Landesbanken, S. 143 ff; Bericht Bayerischer Bundesverband, S. 5; Dennig, Plädoyer für die Umwandlung von Sparkassen in Privatbanken, Wirtschaftsdienst 1990, S. 529 ff; Seelig, Gegenrede zu „Der Staat hätte ohne öffentlich-rechtliche Sparkassen und Landebanken mehr Verantwortung und Aufgaben" von Horst Köhler, ZfK 1995, S. 15 ff.

15 Fischer, Sparkassenstruktur und Privatisierung, Sparkasse 1992, S. 567 ff; Geiger, Öffentliche Rechtsform unverzichtbar, Sparkasse 1992, S. 306 ff; Gerlach, Teilprivatisierung schränkt Wettbewerb ein - Brüsseler Sparkassendebatte trifft öffentliche Institute nicht am Lebensnerv, Börsenzeitung vom 7.03.1998; Gröschel, Wettbewerbsrechtliche Aspekte einer Privatisierung von Sparkassen, Sparkasse 1992, S. 519 ff; Becker-Birck, Die Kommunen und ihre Sparkassen, ZfK 1994, S. 837 ff; Köhler, „Der Staat hätte ohne öffentlich-rechtliche Sparkassen und Landesbanken mehr Verantwortung und Aufgaben, ZfK 1994, S. 1092 ff; Brandt, Wem gehören die Sparkassen?, Sparkasse 1993, S. 54f; Rehm, Diskussion über Sparkassenprivatisierung - eine Herausforderung, Sparkasse 1993, S. 173 ff; Schmidhuber, Der öffentliche Auftrag würde mit einer Privatisierung aufgegeben, Sparkasse 1993, S. 348f.

16 Brandt, Wem gehören die Sparkassen?, Sparkasse 1993, S. 55; Horn, Sparkassen privatisieren, Sparkasse 1999, S. 188.

1992 mit Erscheinen des 9. Hauptgutachtens der Monopolkommission des Bundesministeriums für Finanzen[17], in dem die vollständige Privatisierung des gesamten Sparkassensektors einschließlich der Landesbanken/ Girozentralen gefordert wird, in einer zuvor nicht da gewesenen Intensität und Breite geführt. Von ordnungs- und fiskalpolitischen Interessen geleitet, finden sich vereinfachend dargestellt die Verfechter der Privatisierung im privaten Bankgewerbe, während die Sparkassenorganisation unter der Leitung der Verbände die Gegner bilden, wobei beide Lager parteipolitische Unterstützung erfahren[18].

Ein bislang - soweit ersichtlich - in der Literatur nicht beachteter Ansatzpunkt für die Strukturdiskussion stellt die Frage nach der Universalität der Sparkassen dar. Während die Privatisierungsdebatte von organisatorischen Überlegungen geprägt ist, geht die Untersuchung des Anforderungsprofils einer Universalbank von einer funktionellen Betrachtungsweise aus. Denkbar ist, daß eine nur eingeschränkt mögliche Geschäftstätigkeit die Sparkassen und deren Organisation zwingt, zur Sicherung ihres Fortbestandes neue Strukturen zu schaffen. Die Prüfung der rechtlichen Möglichkeiten und Grenzen allgemeiner Bankgeschäfte im Sparkassenbereich ermöglicht es, den Begriff der Universalität und dessen Abstufungen in seiner funktionellen Bedeutung einer kritischen Würdigung zu unterziehen. Dabei ist eine differenzierte Betrachtungsweise innerhalb der unterschiedlichen Geschäftssparten erforderlich. Es reicht nicht aus, wie in Teilen der Literatur üblich[19], die Sparkassen unter dem bloßen Hinweis auf die Ausweitung ihres Leistungsangebotes und der Verbundunterstützung als Universalbanken zu deklarieren.

Institutionell geprägter Ausgangspunkt der Untersuchung bildet daher die Standortbestimmung der Sparkassen im Bankensystem der Bundesrepublik Deutschland. Der Schwerpunkt ist dabei auf die Definition des Begriffes der

---

[17] Vgl. BT-Drs. V/3500, S.44.

[18] Das für eine Privatisierung plädierende 9. Hauptgutachten der Monopolkommission des Bundesministeriums für Finanzen entstand zur Zeit der von CDU/FDP gestellten Regierung, während sich die SPD und Bündnis 90/Die Grünen in ihrer Koalitionsvereinbarung vom 20. Oktober 1998, Ziff. XI. 2, zur Übernahme der Regierung für den Fortbestand der öffentlichen Kreditinstitute aussprachen.

[19] Zweig, Universalbankprinzip, HWS Band 4, S. 207; Gröschel, Funktionen und Stellung der Landesbanken in der Sozialen Marktwirtschaft, ZögU 1996, S. 5 f; Schaberg, Sparkassengeschäfte, HWS Band 4, S. 76; Zügel, Sparkassen zwischen Marktorientierung und öffentlichem Auftrag aus der Sicht der Praxis, Sparkasse 1985, S. 19.

Universalbank zu legen, um im folgenden untersuchen zu können, ob die Sparkassen die Anforderungen, die an diese Bezeichnung gestellt werden, erfüllen. Nach einem Vergleich der Organisationsstrukturen der verschiedenen Säulen der deutschen Bankenlandschaft wird die Stellung der Sparkassen innerhalb der eigenen Organisation hinsichtlich der Zusammenarbeit im Verbund einer kritischen Würdigung unterzogen. Um die aktuelle Situation der Sparkassen aus rechtlicher und wirtschaftlicher Sicht beurteilen zu können, ist es des weiteren notwendig, Sparkassen nicht lediglich als einzelne Wirtschaftsunternehmen verschiedener Größe zu betrachten, sondern sie vor dem Hintergrund der zur Verfügung stehenden Rechtsgrundlagen und des Meinungsbildungsprozesses innerhalb der verschiedenen Ebenen als Teil der Sparkassenorganisation zu sehen.
Dem institutionell ausgerichteten Ausgangspunkt der Untersuchung folgt sodann eine funktionell, aufgabenorientierte Betrachtungsweise, die die historische Entwicklung der Sparkassen sowie deren Besonderheiten als öffentliche Unternehmen der Kommunen einbezieht. Neben den ökonomischen sind es vor allem die rechtlichen Rahmenbedingungen, durch die der Handlungsspielraum der Sparkassen festgelegt wird. Auf der ersten Stufe der Prüfung der rechtlichen Möglichkeiten allgemeiner Bankgeschäfte im Sparkassenbereich sind die Grenzen der Geschäftstätigkeit im Hinblick auf verfassungsrechtliche Schranken zu untersuchen. Aufgrund der Teilnahme des Staates am wirtschaftlichen Wettbewerb kann es zu Beeinträchtigungen grundgesetzlich geschützter Rechtspositionen privater Unternehmen kommen. Es stellt sich die Frage nach der rechtlichen Einordnung der Tätigkeit der Sparkassen sowie nach deren verfassungsrechtlichen Zulässigkeit und Grenzen.
Anhand der einschlägigen Gesetze, Verordnungen und Satzungen wird im folgenden der Aufbau des Sparkassenrechtes dargestellt, in diesem Zusammenhang die aus dem Sparkassenrecht fließenden Geschäftsbeschränkungen aufgezeigt und vor dem Hintergrund ihrer historischen Entwicklung analysiert. Dabei haben die jüngsten Änderungen der jeweiligen Sparkassengesetze der Länder zur Liberalisierung des Sparkassenrechtes Berücksichtigung gefunden. Neben dem speziellen Sparkassenrecht gilt es im Hinblick auf Geschäftsbeschränkungen das Aufsichtsrecht zu beachten, dessen Regelungen sich aufgrund von spezifischen Besonderheiten für Sparkassen von denen der Banken unterscheiden.
Schließlich ist zu untersuchen, ob und wie die Sparkassen als Teil der Sparkassenorganisation vor dem Hintergrund der rechtlichen Rahmenbedingungen die Auswirkungen der ihnen auferlegten Geschäftsbeschränkungen neutralisieren

und sich neuen Entwicklungen auf dem Finanzmarkt anpassen. Insoweit gilt es, Konsequenzen aus der Geschäftspraxis der Sparkassen aufzuzeigen, um die Frage nach deren Universalität beurteilen zu können.
Abschließend werden Perspektiven für die Geschäftstätigkeit der Sparkassen dargestellt. Die Zusammenarbeit mit den Verbundpartnern zur Überwindung der Geschäftsbeschränkungen ist dabei eine der naheliegenden Konsequenzen aus der dezentralen Struktur und der Geschäftspraxis der Sparkassen. Die dadurch bedingte Ausweitung der Geschäftstätigkeit stellt jedoch nur eine Variante dar, dem Anforderungsprofil von Universalbanken zu entsprechen. Neben der Zusammenarbeit im Verbund stehen mit der Privatisierung und mit Hilfe von Fusionen weitere Möglichkeiten zur Verfügung, um der einzelnen Sparkasse zur Universalität zu verhelfen. Begreift man die Frage nach der Universalität als ursächlichen Auslöser für die Strukturdiskussion, muß bei der Suche nach neuen Sparkassenstrukturen für den anstehenden Wettbewerb des 21. Jahrhunderts in, die einzelnen Ebenen der Sparkassenorganisation übergreifenden, Dimensionen gedacht und der Mut aufgebracht werden, alte Strukturelemente wie die dezentrale Selbständigkeit der Sparkassen aufzugeben.

II. Positionierung der Sparkassen im Bankensystem der Bundesrepublik Deutschland

Die Untersuchung der Frage, inwieweit sich Sparkassen von „Sparanstalten des kleinen Mannes" zu Universalbanken entwickelt haben, erfordert neben einer funktionell, aufgabenorientierten Betrachtungsweise zunächst einen institutionell geprägten Ansatz. Um den aktuellen Aufgabenbereich und die Reichweite der Geschäftstätigkeit der Sparkassen Anfang des 21. Jahrhunderts nach einer mehr als 200-jährigen Entwicklung des Sparkassenwesens bewerten zu können, sind die Sparkassen vor dem Hintergrund ihrer institutionellen Einbindung sowohl in das deutsche Bankensystem als auch in einem weiteren Schritt in die deutsche Sparkassenorganisation zu sehen. Bei der Standortbestimmung der Sparkassen im Bankensystem ist der Schwerpunkt auf die Definition des Begriffes der Universalbank zu legen, um im nachfolgenden untersuchen zu können, ob Sparkassen die Anforderungen, die an diese Bezeichnung gestellt werden, erfüllen.

Das deutsche Bankensystem[20] teilt sich auf in unterschiedliche Institutstypen, die sich gegenseitig ergänzen, modifizieren und regulieren sollen. Dabei unterscheiden sich diese Institutstypen in ihrer geschäftspolitischen Ausrichtung, den angebotenen Leistungssparten, der Rechtsform, dem geographischen Absatzbereich und in der Kundenzielgruppe[21]. Die Struktur und Organisationsform der deutschen Kreditwirtschaft ist historisch gewachsen. Das Geschäftsbankensystem, das neben der deutschen Bundesbank mit ihren Landeszentralbanken angesiedelt ist, läßt sich aufgrund der unterschiedlichen Ausrichtung in drei Institutstypen einteilen: die Universalinstitute, die Spezialinstitute sowie Institute mit einer Mischform[22]. Bei der Standortbestimmung der Sparkassen innerhalb diesen Systems ist ein kurzer Vergleich der Organisationsstrukturen von privaten Geschäftsbanken und öffentlich-rechtlichen sowie genossenschaftlichen Kreditinstituten heranzuziehen.

1. Universalbanken

Die Universalinstitute unterscheiden sich von den Spezialinstituten dadurch, daß sie die grundlegenden Definitionsanforderungen an die Bank erfüllen. Dabei sind sie aufgrund der Marktanteile mit einem hohen Diversifikationsgrad gekennzeichnet[23].

a. Begriff und Rechtsgrundlagen

Nach der Definition von Zweig ist die Universalbank ein Banktyp, der nahezu alle Bankleistungen aus einer Hand anbietet und der durch die Verbindung von Kredit- und Einlagengeschäft mit dem Wertpapiergeschäft einschließlich des Besitzes von Anteilsrechten an anderen Kreditinstituten und an Nichtbankenunternehmen gekennzeichnet ist[24]. Sie sind demzufolge im Rahmen der vier

---

20 Unter dem Begriff "Bank" ist im Rahmen dieser Arbeit ein Unternehmen zu verstehen, das der Legaldefinition der §§ 1 und 2 des Gesetzes über das Kreditwesen (KWG) i.d.F. vom 28. Oktober 1997 (BGBl. I S. 2518) entspricht. Im Verlauf der Untersuchung werden die Begriffe Kreditinstitut und Bank synonym benutzt.

21 Grill/Perczynski, Wirtschaftslehre des Kreditwesens, S. 38 ff.

22 Fischer, Sparkassenstruktur und Privatisierung, Sparkasse 1992, S. 567.

23 Vgl. Büschgen, Strukturwandel in Finanzsystemen (I) - Ausprägungen und Ursachen von Strukturwandlungsprozessen in Finanzsystemen, ÖBA 1984, S. 4.

Elementarfunktionen, d.h. im Kredit- und Einlagengeschäft einerseits sowie dem Wertpapier- und Beteiligungsgeschäft andererseits kredit- und geldschöpfend tätig[25]. Universalbanken offerieren alle gewünschten kreditwirtschaftlichen Leistungen von der Geldanlage über Kredite bis zum Zahlungsverkehr im In- und Ausland[26]. Bei einem Trennbankensystem besteht demgegenüber ein größeres Maß an Arbeitsteilung, insbesondere werden danach das Kredit- und das Wertpapiergeschäft sowie das Industriefinanzierungs- und Beteiligungsgeschäft von verschiedenen Banktypen betrieben[27].

Bei der Universalität der Bankgeschäfte ist jedoch eine Abstufung festzustellen, so daß bei dem Begriff der Universalität zu differenzieren ist. Zu unterscheiden ist zwischen dem Leistungsangebot als primärer Universalität, der akquirierten Kundengruppen als sekundärer Universalität und der regionalen Tätigkeitsgebiete als tertiärer Universalität[28]. Das Merkmal der primären Universalität erfüllt jede Universalbank bereits per definitionem unabhängig von ihrer Größe, da sie die oben beschriebene Vielfalt des Sortiments anbieten muß, um Universalbank zu sein. Die Ausprägung der sekundären und tertiären Universalität, die zwingend das Gegebensein der primären voraussetzen, ist bei kleinen, mittleren und großen Universalbanken unterschiedlich. Bei der sekundären Universalität, die sich an der Breite der bedienten Kundengruppen orientiert, ist zum einen zu unterscheiden zwischen dem Privat- und dem Firmenkundengeschäft sowie dem Massen- und Großkundengeschäft zum anderen[29]. Bei der tertiären Universalität als Indikator für den Umfang der geographischen Aktivitäten muß schließlich differenziert werden zwischen nationaler und internationaler Geschäftstätigkeit und bei der nationalen Tätigkeit wiederum zwischen regionaler und überregionaler Aktivität.

Das deutsche Bankrecht spiegelt das Universalprinzip wider, dar es keine generelle Beschränkung der Geschäftstätigkeit von Banken auf einzelne Geschäfts-

---

24 Zweig, Universalbankprinzip, HWS Band 4, S. 204.

25 Vgl. Süchting, Bankmanagement, S. 166; Güde, Geschäftspolitik der Sparkassen, S. 29.

26 Geiger, Die deutsche Sparkassenorganisation, S. 11.

27 Zweig, Universalbankprinzip, HWS Band 4, S. 204.

28 Büschgen, Strukturwandel in Finanzsystemen (I) - Ausprägungen und Ursachen von Strukturwandlungsprozessen in Finanzsystemen, ÖBA 1984, S. 4.

29 S. Weckherlin, Strategisches Marketing in grossen Universalbanken, S. 14.

sparten vorsieht[30]. Zulässig sind nach den KWG für Kreditinstitute alle Bankgeschäfte, zu denen nach § 1 Abs. 1 Satz 2 KWG das Einlagen-, das Kredit-, das Diskont-, das Effekten-, das Depot-, das Investment-, das Revolvingkreditvermittlungs-, das Garantie- und das Girogeschäft gehören.

b. Universalbanken in Deutschland

Die deutschen Universalbanken werden im allgemeinen aufgeteilt in drei große Gruppen. Es sind dies die Gruppe der privaten Geschäftsbanken, die genossenschaftlichen Kreditinstitute und die der öffentlich-rechtlichen Banken[31]. Die drei Gruppen unterscheiden sich durch unterschiedliche Rechtsformen und Organisationsstrukturen sowie abweichende geschäftspolitische Prinzipien. Die Struktur des gesamten deutschen Banksystems ist gekennzeichnet durch das Nebeneinander von diesen drei großen Bankgruppen mit annähernd gleicher Leistungsfähigkeit[32]. Aufgrund des bestehenden doppelten Spannungsfeldes zwischen örtlich und überregional tätigen Kreditinstituten einerseits und gewinn-, mitglieder- und aufgabenorientierter Geschäftspolitik andererseits wird vom Bestehen des sogenannten Gruppenwettbewerbs im deutschen Kreditgewerbe gesprochen[33]. Dieser Wettbewerb wird als ursächlich für den hohen Grad der Marktdurchdringung angesehen[34].

(1) Private Geschäftsbanken

Zu den privaten Geschäftsbanken zählen die Groß-, Regional- und sonstigen Kreditbanken, die Privatbankiers sowie die Zweigstellen ausländischer Ban-

---

30 Zweig, Universalbankprinzip, HWS Band 4, S. 205.

31 Süchting, Bankmanagement, S. 166 f; Hauschildt, Unterschiede in der Zielkonzeption privatwirtschaftlicher, genossenschaftlicher und öffentlicher Banken, ZögU 1978, S. 26 ff.; Rehm, Die öffentlichen Banken in der Bundesrepublik Deutschland, ÖBA 1988, S. 1160 ff.; ders., Zur Korrespondenz von Aufgabenstellung, Rechtsform und Unternehmensverfassung in der privaten und öffentlichen Wirtschaft, FS-Potthoff, S. 248 ff; Klein, Die Bankensysteme der EG-Länder, S. 11 ff.

32 Zweig, Universalbankprinzip, HWS Band 4, S. 209.

33 Fischer, Sparkassenstruktur und Privatisierung, Sparkasse 1992, S. 567 ff; Zweig, Universalbankprinzip, HWS Band 4, S. 209.

34 Fischer, Sparkassenstruktur und Privatisierung, Sparkasse 1992, S. 567 ff.

ken[35]. Sie sind mehrheitlich als Kapitalgesellschaften in der Rechtsform einer Aktiengesellschaft, einer Kommanditgesellschaft auf Aktien oder einer Gesellschaft mit beschränkter Haftung organisiert. Zu den bedeutendsten Instituten unter ihnen zählen die Großbanken. Als Großbanken werden in der Statistik der Bundesbank die Deutsche Bank, die Commerzbank und die Dresdner Bank geführt[36]. Sie operieren in der Rechtsform der AG mit einem Geschäftsstellennetz, das sich über das gesamte Bundesgebiet erstreckt[37]. Dieses Geschäftsstellennetz ist jedoch - im Gegensatz zu den Sparkassen - organisatorisch auf eine Zentrale ausgerichtet. Von dort aus werden die geschäftlichen Aktivitäten der privaten Geschäftsbank gesteuert und abgestimmt, die Geschäftspolitik festgelegt und die Geschäftsführung und Vertretung gestellt[38]. Die Wirtschaftstätigkeit der privaten Geschäftsbanken ist auf reine Gewinnerzielung und -maximierung ausgerichtet, ein weiteres Kennzeichen, das sie von den Sparkassen unterscheidet.

(2) Genossenschaftliche Kreditinstitute

Die Organisationsstruktur der Genossenschaftsbanken wird geprägt von einem dreistufigen Aufbau[39]. Die lokale Ebene bilden die selbständigen genossenschaftlichen Kreditinstitute. Während die gewerblichen Genossenschaftsbanken, überwiegend als Volksbanken firmierend, ihren Geschäftsbereich in den Städten haben, sind die als Raiffeisenbank oder Spar- und Darlehenskasse bezeichneten Genossenschaftsbanken im ländlichen Raum angesiedelt[40]. Eine Genossenschaft als Rechtsform ist eine Gesellschaft von nicht geschlossener Mitgliederzahl, welche die Förderung des Erwerbes oder der Wirtschaft ihrer

---

35 Süchting, Bankmanagement, S. 166 f.

36 Früher wurden die Berliner Tochterinstitute der oben genannten Banken als jeweils eigenständige Großbank gezählt. Im Zuge der Wiedervereinigung ist die Notwendigkeit der rechtlichen Selbständigkeit der Berliner Tochtergesellschaften verloren gegangen und die Großbanken sind mit ihrem jeweiligen Tochterinstitut fusioniert.

37 Ausführlich dazu Büschgen, Die Großbanken, S. 15 ff.

38 Stein, Das Bankwesen in Deutschland, S. 15 ff.

39 S. dazu im einzelnen: Oellerking/Holzgabe, Sparkassen und Genossenschaftsbanken im Spannungsverhältnis zwischen Moral und Ökonomie: Strukturelemente, Organisationsgrundsätze und Geschäftspolitik, S. 94 ff.

40 Süchting, Bankmanagement, S. 167 f.

Mitglieder mittels gemeinschaftlichen Geschäftsbetriebes bezwecken[41]. Die Kunden der Genossenschaftsbanken können demzufolge als Mitglieder einen Anteil erwerben, dessen Gegenwert zum Kapital der jeweiligen Kreditgenossenschaft wird. Das Zielkonzept dieser Bankengruppe ist demzufolge die Förderung ihrer Mitglieder und nicht die reine Maximierung ihres Gewinnes. Die Volks- und Raiffeisenbanken betreiben das eigentliche Bankgeschäft, bieten die eigenen Produkte und Dienstleistungen sowie die aller Verbundpartner an.
Die übergeordnete regionale Ebene bilden die Zentralbanken der Volks- und Raiffeisenbanken, die überwiegend als AG geführt werden. Anteilseigner sind in der Mehrheit die jeweils angeschlossenen Kreditgenossenschaften[42]. Die Zentralbanken fungieren u.a. als Geldausgleichsstellen und Refinanzierungsquellen der ihnen angeschlossenen Kreditgenossenschaften und koordinieren den bargeldlosen Zahlungsverkehr.
Als Spitzeninstitut der genossenschaftlichen Organisation hat die Deutsche Genossenschaftsbank (DG-Bank)[43] mit Sitz in Frankfurt auf nationaler Ebene die Aufgabe, das Genossenschaftswesen in Deutschland zu fördern[44]. Durch die Zusammenarbeit der drei Ebenen der Institutsgruppe ist diese in der Lage ihren Kunden ein komplettes Leistungsangebot zur Verfügung zu stellen, das vom einfachen Girokonto bis zum komplizierten Auslandsgeschäft reicht.

(3) Öffentlich-rechtliche Kreditinstitute

Öffentlich-rechtliche Kreditinstitute sind neben den Landesbanken/ Girozentralen, die aufgrund ihrer besonderen Aufgabenstellung zu den Instituten mit einer Mischform zu zählen sind[45], insbesondere kommunale Sparkassen[46]. Die

---

[41] § 1 Abs. 1 GenG in der Fassung vom 19.08.1994 (BGBl. I S. 2202).

[42] Oellerking/Holzgabe, Sparkassen und Genossenschaftsbanken im Spannungsverhältnis zwischen Moral und Ökonomie: Strukturelemente, Organisationsgrundsätze und Geschäftspolitik, S. 95.

[43] Die DG-Bank war bis zum 31.12.1997 eine Körperschaft des öffentlichen Rechts und wurde aufgrund des DG-Bank-Umwandlungsgesetzes rückwirkend in eine Aktiengesellschaft umgewandelt; vgl. o.V., Rechtsformwechsel der DG Bank perfekt, Börsen-Zeitung vom 19.08.1998.

[44] Stein, Das Bankwesen in Deutschland, S. 39 ff; Klein, Die Bankensysteme der EG-Länder, S. 29 ff.

[45] S. Punkt II. 3. der Untersuchung.

Organisationsstruktur der Sparkassen ist geprägt von einer regionalen und dezentralen Ausrichtung, so daß sie grundsätzlich mit der der Genossenschaftsbanken vergleichbar ist. Das Verbundsystem der kommunalen Sparkassen ist ähnlich wie das der Genossenschaftsbanken auf Arbeitsteilung ausgerichtet. Charakteristisch für die Sparkassen ist ihre aufgabenorientierte Geschäftspolitik und ihre örtlich gebundene Tätigkeit mit dezentraler Willensbildung[47].

2. Spezialbanken

Die Spezialbanken lassen sich entsprechend ihrer Rechtsform aufteilen in private Banken und in öffentlich-rechtliche Institute. Zu den privaten Banken zählen private Hypothekenbanken, Schiffsbanken, Teilzahlungsinstitute, Kreditinstitute mit Sonderaufgaben, Kapitalanlagegesellschaften, private Bausparkassen, Wertpapiersammelbanken, Wohnungsunternehmen mit Spareinrichtung sowie Bürgschaftsbanken einschließlich genossenschaftlicher Kreditgarantiegemeinschaften[48]. Zu den öffentlich-rechtlichen Instituten zählen hingegen die öffentlich-rechtlichen Grundkreditanstalten, Kreditinstitute mit Sonderaufgaben und öffentliche Bausparkassen.
Die Errichtung spezieller Förderinstitute, wie beispielsweise der Kreditanstalt für Wiederaufbau, der Deutschen Ausgleichsbank, der Deutschen Pfandbriefanstalt sowie der Landwirtschaftlichen Rentenbank vollzog sich nach dem 2. Weltkrieg zum Zwecke des Wiederaufbaus[49]. Eine Spezialbank zeichnet sich dadurch aus, daß ihre Tätigkeit auf eine Sparte des Bankgeschäftes beschränkt ist[50].

---

[46] Dazu ausführlich: Rehm, Die öffentlichen Banken in der Bundesrepublik Deutschland, ÖBA 1988, S. 1160 ff.

[47] Geiger, Sparkassen und Landesbanken/Girozentralen im Bankensystem, HWS Band 4, S. 150.

[48] Süchting, Bankmanagement, S 168 f.

[49] Rehm, Die öffentlichen Banken in der Bundesrepublik Deutschland, ÖBA 1988, S. 1160 ff.

[50] Ullrich, Die deutsche Sparkassenorganisation, S. 14.

3. Institute mit einer Mischform

Zu den Instituten, die von einer Mischform geprägt sind, zählen die Landesbanken/Girozentralen. Wie bereits aus der Bezeichnung hervorgeht, erfüllen sie mehrere Funktionen. Zum einen sind sie Hausbank des jeweiligen Bundeslandes, zum anderen übernehmen sie Spezialaufgaben, wie die Sparkassenzentralbankfunktion und die Kommunalbankfunktion[51]. Daneben betätigen sie sich als universelle Geschäftsbanken.

4. Zwischenergebnis

Die deutsche Bankenlandschaft wird geprägt durch drei Institutstypen, nämlich den Universal- und Spezialbanken sowie den Instituten mit einer Mischform. Die Universalbanken werden wiederum in die Gruppe der privaten Geschäftsbanken, der genossenschaftlichen Kreditinstitute und die der öffentlich-rechtlichen Banken unterteilt. Bei der Definition des Begriffes der Universalbank ist zwischen dem Leistungsangebot als primärer Universalität, der aquirierten Kundengruppen als sekundärer Universalität und der regionalen Tätigkeitsgebiete als tertiärer Universalität zu unterscheiden. Zusammenfassend läßt sich festhalten, daß Sparkassen unabhängig von dieser Definition in der Gruppe der öffentlich-rechtlichen Banken als sogenannte dritte Säule der deutschen Bankenlandschaft unter rein formalen Gesichtspunkten mit der Bezeichnung Universalbank geführt werden. Eine kritische Würdigung im Rahmen einer Subsumtion unter dem abgestuften Begriff der Universalbank insbesondere im Hinblick auf die Art und den Umfang von Geschäftsbeschränkungen entfällt in dieser ersten Stufe der institutionellen Einordnung von Sparkassen. Insoweit lassen sich aus der Positionierung der Sparkassen in deutschen Bankensystem keine materiellen Schlußfolgerungen für die Frage der Universalität ableiten.

III. Sparkassen als Teil der deutschen Sparkassenorganisation

Die Sparkassenorganisation ist die Gesamtheit aller Sparkassen, Landesbanken/Girozentralen, Landesbausparkassen und ihrer weiteren Gemeinschaftseinrich-

---

[51] Fischer, Sparkassenstruktur und Privatisierung, Sparkasse 1992, S. 567; vgl. auch Ullrich, Die deutsche Sparkassenorganisation, S. 51.

tungen auf regionaler und zentraler Ebene[52]. Sparkassen sind in dieser Organisation zur Erfüllung der ihnen obliegenden Aufgaben im Rahmen des arbeitsteiligen Zusammenwirkens eingebunden. Die formale Einbindung verlangt für die Fragestellung nach den rechtlichen Möglichkeiten und Grenzen allgemeiner Bankgeschäfte Sparkassen nicht als einzelne Kreditinstitute, sondern sie als Teil der gesamten Organisation zu sehen. Es gilt die zur Bestimmung der Reichweite der Geschäftstätigkeit von Sparkassen bestehenden Wechselwirkungen innerhalb der Gruppe aufzuzeigen. Dabei sind Aufbau und Struktur ebenso wichtig wie Rechtsgrundlagen und Willensbildung. Innerhalb der aufbauorganisatorischen Überlegungen ist im Hinblick auf die den Aufgabenbereich der Sparkassen tangierende aktuelle Strukturdiskussion die derzeitig stark im Fluß befindliche Entwicklung der Landesbanken näher zu skizzieren. Auf Landesbankenebene zeichnen sich Verschiebungen von Anteilen sowie Fusionen und darüber hinaus gehende Strukturveränderungen ab, deren Auswirkungen auch für das Sparkassenwesen von erheblicher Bedeutung sind. Unterhalb dieser Ebene sind für die Beurteilung der Ausgestaltung der Geschäftstätigkeit sowie der Geschäftsführung das organisationsrechtliche Verhältnis der Sparkassen untereinander sowie die Befugnisse der gesetzlichen Organe der Sparkassen als Teil ihrer internen Struktur, insbesondere der Vorstand und der Verwaltungsrat, heranzuziehen.

1. Aufbau und Struktur

Die Struktur der Sparkassenorganisation ist geprägt von einzelnen Handlungseinheiten auf drei verschiedenen Organisationsebenen[53]. Für den Aufbau und die Gestaltung der Sparkassenorganisation ist einerseits als wesentliches Ordnungsprinzip die dezentrale, dreistufige Gliederung und andererseits das Zusammenwirken zwischen lokaler, regionaler und zentraler Ebene charakteristisch[54].

---

52 Zur Definition vgl. Geiger, Sparkassenorganisation, HWS Band 4, S. 119.

53 Keßler, Strukturfragen der Sparkassenorganisation, S. 346; Geise, Sparkassen-Finanzgruppe und Allfinanz, Sparkasse 1993, S. 58; Geiger, Sparkassenorganisation, S. 119 f.

54 Geiger, Sparkassenorganisation, HWS Band 4, S. 122 f.

Abb. 1: Aufbau der Sparkassenorganisation[55]

3. Stufe:	DSGV e.V. DSGV ö.K.	DGZ	
2. Stufe:	Regionale Sparkassen- und Giroverbände	Landesbanken/ Girozentralen	Angegliederte oder verbundene Unternehmen
1. Stufe:	Sparkassen		

a. Primärebene

Als eigenständige, dezentral organisierte Institute bilden die Sparkassen auf der lokalen Ebene, der Primärstufe, die Grundlage der Sparkassenorganisation, die von einem föderalen Aufbau geprägt ist[56]. Die Sparkassen sind weisungsungebunden und müssen als individueller, selbständiger Unternehmenstypus angesehen werden, dessen Rechtsform und Ausgestaltung einschließlich der Beziehungen zum Gewährträger allein im Sparkassenrecht geregelt ist.

(1) Rechtsform der Sparkassen und Gewährträgerschaft

Die Sparkassen sind nach den Sparkassengesetzen der Länder als Anstalten des öffentlichen Rechts errichtet[57]. Anstalten des öffentlichen Rechts sind öffentlich-rechtliche Verwaltungseinrichtungen, die einem bestimmten Nutzungszweck dienen. Im Gegensatz dazu stehen Körperschaften des öffentlichen

---

[55] In Anlehnung an: Nachbaur, Vertikale Verbundkooperation zwischen Sparkassen und Girozentralen, S. 6.

[56] Am 31.12.1997 gab es in der Bundesrepublik insgesamt 598 Sparkassen, vgl. dazu Schaubild in: Sonderbeilage Deutsche Sparkassenzeitung vom 19.06.1998, Deutscher Sparkassen- und Giroverband e.V. (Hrsg.), S. II.

[57] § 1 SpkG Baden-Württemberg; Art. 3 Bay. SpkG; § 1 SpkG Bremen; § 1 Abs. 1SpkG Hessen; § 1 SpkG Niedersachsen; § 2 SpkG NW; § 1 Abs. 1 SpkG Rheinland-Pfalz; § 1 Abs. 1 SpkG Saar; § 1 Abs. 1 SpkG Schleswig-Holstein; § 1 Abs. 1 SpkG Brandenburg; § 1 Abs. 1 SpkG Meckl.-Vorp.; § 1 Abs. 1 SpkG Sachsen; § 1 Abs. 1 SpkG Sachsen-Anhalt; § 1 Abs. 1 SpkG Thüringen.

Rechts, die nicht mitgliedschaftlich organisiert und als rechtlich selbständige Einheit der mittelbaren Staatsverwaltung mit Satzungsautonomie ausgestattet sind[58]. Diese Definition geht zurück auf den von Otto Mayer geprägten juristischen Anstaltsbegriff[59]. Dieser definiert die Anstalt als einen "Bestand von Mitteln, sächlichen und persönlichen, welche in der Hand eines Trägers öffentlicher Verwaltung einem besonderen öffentlichen Zweck dauernd zu dienen bestimmt sind"[60]. Den "Träger öffentlicher Verwaltung", in dessen "Hand" sich die Anstalt befindet, definiert Mayer als den "ursprünglich Berechtigten" und bezeichnet ihn als "Muttergemeinwesen"[61]. Der von Mayer geprägte Begriff des Muttergemeinwesens, der im Verwaltungsrecht zum feststehenden Begriff geworden ist[62], steht als Synonym in der sparkassen-rechtlichen Terminologie für den "Gewährträger"[63]. Die Funktion eines Gewährträgers für Sparkassen können - entsprechend der unterschiedlichen gesetzlichen Regelung des Landes - Gemeinden bzw. Städte, Gemeindeverbände, Ämter, Landkreise oder Zweckverbände übernehmen[64].

Die Sparkassen sind von ihren Trägern rechtlich und organisatorisch verselbständigte juristische Personen, die gesetzlich zugewiesene öffentliche Aufgaben zu erfüllen haben. Als Anstalten des öffentlichen Rechts sind sie Teil der kom-

---

58 Vgl. Creifelds, Rechtswörterbuch, S. 60.

59 Dazu ausführlich: Berg, Die öffentlichrechtliche Anstalt, NJW 1985, S. 2295.

60 Mayer, Deutsches Verwaltungsrecht, Bd. II, 1. Auflage, S. 318.

61 Mayer, Deutsches Verwaltungsrecht, Bd. II, 3. Auflage, S. 333.

62 Wolff/Bachof, Verwaltungsrecht, Bd. II, 4. Auflage, § 71 III, b.

63 Vgl. § 8 Abs. 1 SpkG Baden-Württemberg; Art. 4 Bay. SpkG; § 1 SpkG Bremen; § 1 Abs. 1 SpkG Hessen; § 3 Abs. 1 SpkG Niedersachsen; § 6 SpkG NW; § 1 Abs. 1 SpkG Rheinland-Pfalz; § 1 Abs. 1 SpkG Saar; § 1 Abs. 1 SpkG Schleswig-Holstein; § 1 Abs. 1 SpkG Brandenburg; § 1 Abs. 1 SpkG Meckl.-Vorp.; § 1 Abs. 1 SpkG Sachsen; § 1 Abs. 1 SpkG Sachsen-Anhalt; § 1 Abs. 2 SpkG Thüringen.

64 Vgl. § 1 SpkG Baden-Württemberg; Art. 1 Abs. 1 Bay. SpkG; § 1 SpkG Bremen; § 1 Abs. 1 SpkG Hessen; § 1 SpkG Niedersachsen; § 1 Abs. 1 SpkG NW; § 1 Abs. SpkG Rheinland-Pfalz; § 1 Abs. 1 SpkG Saar; § 1 Abs. 1 SpkG Schleswig-Holstein; § 1 Abs. 1 SpkG Brandenburg; § 1 Abs. 1 SpkG Meckl.-Vorp.; § 1 Abs. 1 SpkG Sachsen; § 1 Abs. 1 Sachsen-Anhalt; § 1 Abs. 1 SpkG Thüringen.

munalen Dezentralisation[65] und Einrichtungen der mittelbaren Kommunalverwaltung[66]. Die Rechtsform bestimmt sowohl die Unternehmensverfassung als auch die Form und den Inhalt der Aufgabenzuweisung sowie den Rahmen der geschäftlichen Betätigungsmöglichkeit, der den Gegenstand der vorliegenden Untersuchung bildet.

(2) Gesetzliche Organe der Sparkassen als Teil der internen Struktur

Nach dem Sparkassenrecht sämtlicher Länder haben die Sparkassen mit dem Verwaltungsrat und dem Vorstand mindestens zwei gesetzliche Organe, die über Entscheidungskompetenzen verfügen. Darüber hinaus sehen die Sparkassengesetze einiger Länder den Kreditausschuß als weiteres Organ vor[67]. In den meisten anderen Sparkassengesetzen ist der Kreditausschuß zwar nicht Organ, jedoch sind seine Einrichtung und Zusammensetzung innerhalb der Sparkasse zwingend gesetzlich vorgeschrieben[68].
Die Organe unterscheiden sich hinsichtlich ihrer Aufgaben, Kompetenzen und Zusammensetzung. Die Organstruktur der Sparkassen ist vergleichbar mit dem Aufbau privatrechtlicher Unternehmensformen. Die Funktionstrennung in ein Aufsichtsorgan und ein Geschäftsführungs- und Vertretungsorgan ähnelt der Struktur von privaten Gesellschaften.

aa) Der Vorstand

Der Vorstand ist das Geschäftsführungs- und Vertretungsorgan der Sparkasse. Er führt die Geschäfte der Sparkasse in eigener Verantwortung mit der sogenannten "Allzuständigkeit", d.h. der Vorstand entscheidet mit Ausnahme der Geschäfte, die durch Gesetz oder Satzung ausdrücklich dem Verwaltungsrat oder dem Kreditausschuß vorbehalten sind[69]. Die Verantwortlichkeit des Vor-

---

65 Wolff/Bachof/Stober, Verwaltungsrecht II, 5. Auflage 1987, § 98 II 2 a (Rn. 17).

66 BVerfGE 75, 192 (199); OVG Lüneburg, NVwZ-RR 1989, 11 (12) m.w.N.

67 § 10 SpkG Baden-Württemberg; § 8 SpkG NW; § 7 SpkG Saar.

68 § 6 SpkG Hessen; § 21 SpkG Niedersachsen; § 16 SpkG Schleswig-Holstein; § 16 SpkG Brandenburg; § 16 SpkG Meckl.-Vorp.; § 16 SpkG Sachsen; § 16 SpkG Sachsen-Anhalt; § 14 SpkG Thüringen.

standes für die Führung der Sparkassengeschäfte bedeutet eine klare Abgrenzung gegenüber den Aufgaben der anderen Organe, vornehmlich des Verwaltungsrates.
Der Vorstand ist ein Kollegialorgan, das aus mindestens zwei hauptamtlichen Mitgliedern besteht[70]. Die Sparkassengesetze sehen vor, daß der Vorstand einen Vorsitzenden hat, der wie die weiteren Mitglieder vom Verwaltungsrat bestellt wird[71]. Obwohl alle Mitglieder eines Kollegialorganes grundsätzlich gleichberechtigt sind, verfügt der Vorstandsvorsitzende über eine gewisse Sonderstellung. Er ist Dienstvorsetzter für die übrigen Sparkassenangestellten, beruft die Vorstandssitzungen ein und leitet diese, regelt die Geschäftsverteilung und vertritt die Sparkasse in der Verbandsversammlung des regionalen Sparkassen- und Giroverbandes[72]. Insoweit wird der Vorstandsvorsitzende auch als "primus inter pares" bezeichnet[73].

bb) Der Verwaltungsrat

Der Verwaltungsrat ist als Aufsichtsorgan nach dem Sparkassenrecht der Länder das oberste Organ der Sparkasse[74] und wie der Vorstand ein Kollegialorgan

---

69 § 22 Abs. 1 SpkG Baden-Württemberg; Art. 5 Abs. 2 Bay. SpkG; § 16 Abs. 1 SpkG Bremen; § 7 SpkG Hessen; § 19 Abs. 2 SpkG Niedersachsen; § 19 Abs. 1 SpkG NW; § 14 Abs. 1 SpkG Rheinland-Pfalz; § 16 Abs. 1 SpkG Saar; § 15 Abs. 2 SpkG Schleswig-Holstein; § 18 Abs. 1 SpkG Brandenburg; § 18 Abs. 1 SpkG Meckl.-Vorp.; § 18 Abs. 1 SpkG Sachsen; § 18 Abs. 1 SpkG Sachsen-Anhalt; § 15 Abs. 1 SpkG Thüringen.

70 Art. 5 Abs. 4 Satz 1 Bay. SpkG, wonach der Vorstand auch aus einem Mitglied bestehen kann, ist aufgrund von §§ 32 Abs. 1, 33 Abs. 1 Nr. 4 KWG gegenstandslos. Nach dem vorrangigen Bundesrecht muß der Vorstand eines Kreditinstitutes nach dem "Vier-Augen-Prinzip" mindestens zwei Mitglieder haben.

71 § 21 Abs. 1 SpkG Baden-Württemberg; Art. 5 Abs. 4 Bay. SpkG; § 15 Abs. 4 SpkG Bremen; § 18 Abs. 5 SpkG Niedersachsen; § 18 Abs. 7 SpkG NW; § 11 Abs. 1 SpkG Rheinland-Pfalz; § 19 Abs. 6 SpkG Brandenburg; § 19 Abs. 6 SpkG Meckl.-Vorp.; § 19 Abs. 6 SpkG Sachsen; § 19 Abs. 6 SpkG Sachsen-Anhalt; § 15 Abs. 3 SpkG Thüringen.

72 Güde, Geschäftspolitik der Sparkassen, S. 414.

73 Schlierbach, Das Sparkassenrecht in der Bundesrepublik Deutschland, S. 222.

74 § 11 Abs. 1 SpkG Baden-Württemberg; Art. 5 Abs. 1 Bay. SpkG; § 12 Abs. 1 SpkG Bremen; § 5 SpkG Hessen; § 8 Abs. 1 SpkG Thüringen.

mit einem Vorsitzenden. Dieser ist zugleich der Vorsitzende des Hauptorgans bzw. der Leiter der Verwaltung des Gewährträgers[75]. Im Gegensatz zum Vorstand setzt sich das Organ jedoch aus ehrenamtlichen Mitgliedern zusammen, die je nach Landesrecht zwischen 5 und 18 Personen betragen[76]. Nach der Mehrzahl der Sparkassengesetze wählt das Vertretungsorgan des Gewährträgers zwei Drittel der Mitglieder[77]. Ein weiteres Drittel wird im Sinne der Mitbestimmung von den Bediensteten der Sparkasse gewählt. Aufgrund der Zusammensetzung des Verwaltungsrates bildet dieser die Nahtstelle zwischen der Sparkasse und deren Gewährträger.

Zu den Aufgaben des Verwaltungsrates gehört die Bestimmung der Richtlinien der Geschäftspolitik und der Erlaß von Geschäftsanweisungen für den Vorstand und den Kreditausschuß. Daneben stehen ihm Überwachungskompetenzen gegenüber dem Vorstand sowie Einzelentscheidungskompetenzen in Form von Alleinentscheidungs- und Zustimmungskompetenzen zu[78]. Die Alleinentscheidungskompetenz obliegt dem Verwaltungsrat immer dann, wenn der Vorstand von einer Maßnahme betroffen ist. So hat der Verwaltungsrat bei der Anstellung und Entlassung von Vorstandsmitgliedern oder der Entscheidung über ihre Anstellungsbedingungen unter Beachtung des sparkassenrechtlichen Anforderungsprofiles die Alleinentscheidungskompetenz[79]. Wesentliche Zustimmungs-

---

[75] § 13 Abs. 1 SpkG Baden-Württemberg; Art. 7 Abs. 1 Bay. SpkG; § 10 Abs. 1 SpkG Bremen; § 11 Abs. SpkG Niedersachsen; § 10 Abs. 1 SpkG NW; § 9 SpkG Saar; § 9 Abs. 1 SpkG Schleswig-Holstein; § 10 Abs. 1 SpkG Brandenburg; § 10 SpkG Meckl.-Vorp.; § 10 SpkG Sachsen; § 10 SpkG Sachsen-Anhalt; § 10 SpkG Thüringen.

[76] Siehe dazu im einzelnen: Völker, Die Verantwortlichkeit von Verwaltungsratsmitgliedern von Sparkassen, S. 61 ff; Schlierbach, Das Sparkassenrecht in der Bundesrepublik Deutschland; S. 157 ff.

[77] Vgl. §§ 12 Abs. 2, 14 Abs. 1 SpkG Baden-Württemberg; § 10 Abs. 3 SpkG Bremen; § 5b SpkG Hessen; § 12 Abs. 1 SpkG Niedersachsen; § 11 Abs. 1 SpkG NW; § 5 Abs. 2 SpkG Rheinland-Pfalz; § 10 Abs. 1 SpkG Saar; § 11 Abs. 1 SpkG Brandenburg; § 11 Abs. 1 SpkG Meckl.-Vorp.; § 11 Abs. 1 SpkG Sachsen; § 11 Abs. 1 SpkG Sachsen-Anhalt; § 11 Abs. 1 SpkG Thüringen.

[78] Zu den Aufgaben und Kompetenzen des Verwaltungsrates ausführlich: Völter, Die Verantwortlichkeit von Verwaltungsratsmitgliedern von Sparkassen, S. 127 ff.

[79] Vgl. § 11 Abs. 2 SpkG Baden-Württemberg; § 12 Abs. 2 SpkG Bremen; § 15 Abs. 2 SpkG Niedersachsen; § 14 Abs. 2 SpkG NW; § 8 Abs. 2 SpkG Rheinland-Pfalz; § 8 Abs. 2 SpkG Brandenburg; § 8 Abs. 2 SpkG Meckl.-Vorp.; § 8 Abs. 2 SpkG Sachsen; § 8 Abs. 2 SpkG Sachsen-Anhalt.

kompetenzen obliegen dem Verwaltungsrat bei besonders wichtigen Geschäften wie dem Erwerb, der Veräußerung und der Belastung von Grundstücken, dem Eingehen von Beteiligungen sowie bei bedeutenden organisatorischen Veränderungen wie der Errichtung und Schließung von Zweigstellen sowie der Errichtung von Gebäuden[80]. Die Entscheidungen in den genannten Bereichen müssen von dem Vorstand und dem Verwaltungsrat übereinstimmend getroffen und getragen werden. In den Bundesländern Baden-Württemberg, Rheinland-Pfalz und dem Saarland obliegt dem Verwaltungsrat darüber hinaus die gesetzliche Befugnis, die Geschäftstätigkeit der Sparkasse zu beschränken[81]. Wie die Beschränkungsmöglichkeiten im einzelnen ausgestaltet sind und welche Konsequenzen daraus für die Geschäfte folgen, wird an anderer Stelle ausführlich dargestellt[82].

cc) Der Kreditausschuß

Der Kreditausschuß ist - vergleichbar mit der Innenrevision - ein Instrument des innerbetrieblichen Aufsichtssystems. Der Ausschuß hat unabhängig davon, ob er Organ kraft Gesetzes oder bloßer satzungsmäßiger Ausschuß der Sparkasse ist, die Aufgabe, bei der Gewährung von Krediten mitzuwirken, die außerhalb der alleinigen Bewilligungsbefugnis des Vorstandes liegen[83] Dies trifft jedoch nur auf bestimmte Kredite zu. Die Zuständigkeiten sind nach Art und Höhe des Kredites aufgeteilt. Bei einem Teil der Kreditarten, beispielsweise dem Organkredit, ist der Kreditausschuß unabhängig von der Höhe des Kredites zuständig, bei anderen Krediten dagegen erst von einem bestimmten Betrag bzw. einer

---

80 Vgl. § 11 Abs. 2 SpkG Baden-Württemberg; § 12 Abs. 2 SpkG Bremen; § 15 Abs. 2 SpkG Niedersachsen; § 14 Abs. 3 SpkG NW; § 8 Abs. 3 SpkG Rheinland-Pfalz; § 8 Abs. 3 SpkG Brandenburg; § 8 Abs. 3 SpkG Meckl.-Vorp.; § 8 Abs. 3 SpkG Sachsen; § 8 Abs. 3 SpkG Sachsen-Anhalt.

81 Vgl. § 11 Abs. 2 Nr. 15 SpkG Baden-Württemberg; § 8 Abs. 1 Satz 2 SpkG Rheinland-Pfalz; § 12 Abs. 2 Nr. 4 SpkG Saar.

82 S. Punkt VI.3.c.(2) der Untersuchung.

83 § 20 Abs. 1 SpkG Baden-Württemberg; § 6 Abs. 3 SpkG Hessen; § 21 Abs. 2 SpkG Niedersachsen; § 17 SpkG NW; § 18 SpkG Saar; § 17 SpkG Schleswig-Holstein; § 16 SpkG Brandenburg; § 16 SpkG Meckl.-Vorp.; § 16 SpkG Sachsen; § 16 SpkG Sachsen-Anhalt; § 14 Abs. 4 SpkG Thüringen.

gewissen Gesamtverschuldung des Kreditnehmers an[84]. Der Gesamtvorstand beschließt zunächst in eigener Verantwortung den zustimmungsbedürftigen Kredit und legt ihn sodann dem Kreditausschuß vor. Dem Kreditausschuß obliegt keine eigenständige Geschäftsführungsfunktion, sondern seine Kompetenz beschränkt sich auf die rechtliche Prüfung, ob die betreffenden Unterlagen richtig und vollständig sind und der Kredit nach Gesetz und Satzung zulässig ist[85].

Der Kreditausschuß setzt sich aus dem Vorsitzenden des Verwaltungsrates und mindestens zwei weiteren Verwaltungsratsmitgliedern zusammen[86]. Einige Sparkassengesetze sehen des weiteren die Teilnahme von Vorstandsmitgliedern vor[87]. Die Art der Zusammensetzung garantiert wie beim Verwaltungsrat die Möglichkeit der Einflußnahme durch den Gewährträger.

Der Kreditausschuß als internes Kontrollinstrument unterscheidet die kommunalen Sparkassen von den privatrechtlichen Geschäftsbanken. Auch wenn er in den meisten Fällen der Vorlage des Vorstandes folgen wird, bedeutet sein Vorhandensein im Kreditgeschäft eine Beschränkung der Handlungsfreiheit des Gesamtvorstandes. Vergleicht man den Verwaltungsrat als Aufsichtsorgan mit dem Aufsichtsrat eines als Aktiengesellschaft geführten Kreditinstitutes, so verbleibt der Kreditausschuß als weiteres Instrument zur Einflußnahme der öffentlichen Verwaltung.

---

[84] Vgl. § 2 des Musters einer Geschäftsanweisung für den Kreditausschuß Baden-Württemberg; Nr. 2 der Mustergeschäftsanweisung für den Kreditausschuß Hessen; § 2 der Mustergeschäftsanweisung für den Kreditausschuß Niedersachsen; Nr. 1 der Mustergeschäftsanweisung für den Kreditausschuß Rheinland-Pfalz; § 2 der Mustergeschäftsanweisung für den Kreditausschuß Saar.

[85] Schlierbach, Das Sparkassenrecht in der Bundesrepublik Deutschland, S. 232; Güde, Geschäftspolitik der Sparkassen, S. 411 f.

[86] Vgl. § 21 Abs. 1 SpkG Baden-Württemberg; § 6 SpkG Hessen; § 21 SpkG Niedersachsen; § 16 Abs. 1 SpkG NW; § 17 SpkG Saar; § 16 SpkG Schleswig-Holstein; § 17 Abs. 1 SpkG Brandenburg; § 17 Abs. 1 SpkG Meckl.-Vorp.; § 17 Abs. 1 SpkG Sachsen; § 17 Abs. 1 SpkG Sachsen-Anhalt; § 14 SpkG Thüringen.

[87] Die Kompetenzen der Vorstandsmitglieder im Kreditausschuß sind je nach Landesrecht jedoch unterschiedlich geregelt. Während in Baden-Württemberg, Nordrhein-Westfalen, Saarland, Bremen, Mecklenburg-Vorpommern, Sachsen-Anhalt, Brandenburg und Sachsen die Vorstandsmitglieder lediglich eine beratende Funktion haben, sind sie in Niedersachsen und Schleswig-Holstein stimmberechtigt und vollwertiges Mitglied.

(3) Das organisationsrechtliche Verhältnis der Sparkassen untereinander

Das organsiationsrechtliche Verhältnis der Sparkassen, d.h. die Einteilung der Geschäftsgebiete in der örtlichen Dimension, wird durch das Regionalprinzip geprägt. Eine Legaldefinition des Regionalprinzips findet sich weder in den Sparkassen- noch in den Kommunalgesetzen. Obwohl keine ausdrückliche gesetzliche Generalnorm existiert, ist das Regionalprinzip in allen Sparkassengesetzen inhaltlich verankert, sei es in ausdrücklicher, sei es in konkludenter Form[88]. Daraus ergibt sich, daß die Sparkassen grundsätzlich nur in einem räumlich begrenzten Geschäftsgebiet, nämlich nur in dem Hoheitsgebiet ihres Gewährträgers tätig werden dürfen[89]. Dieser Grundsatz ist als wesentliches Merkmal für die Sparkassenorganisation sowohl in der Literatur als auch von der Rechtsprechung anerkannt[90].

Die Begrenzung des Wirkungskreises der Sparkassen auf ihr Geschäftsgebiet gilt sowohl im Sparkassenorganisations- als auch im Sparkassengeschäftsrecht[91]. Auf die geschäftlichen Auswirkungen im Hinblick auf die aus dem Regionalprinzip resultierenden Beschränkungen für die Geschäftstätigkeit der Sparkassen wird im folgenden noch einzugehen sein[92]. In organisationsrecht-

---

88 Ausdrücklich genannt in: § 2 Abs. 1 Bay. SpkO i.V.m. Art. 2 Abs. 1 Bay. SpkG, § 3 Abs. 1 SpkG NW, §§ 1 Abs. 3 und 2 Abs. 1 SpkG Rheinland-Pfalz, §§ 1 Abs. 3 und 2 Abs. 1 SpkG Saar, § 5 Abs. 1 SpkG Brandenburg, § 5 Abs. 1 SpkG Meckl.-Vorp., § 5 Abs. 1 SpkG Sachsen, § 5 Abs. 1 SpkG Sachsen-Anhalt, § 6 Abs. 1 SpkG Thüringen; Konkludent verankert in : § 6 Abs. 1 SpkG Baden-Württemberg, § 3 Abs. 1 SpkG Bremen, § 1 Abs. 3 SpkG Hessen, § 6 Abs. 2 SpkG Niedersachsen i.V.m. § 8 MuSa Niedersachsen, § 2 SpkG Schleswig-Holstein; Vgl. dazu Weides, Synoptische Darstellung der Sparkassengesetze im Geltungsbereich des Grundgesetzes, S. 8 ff.

89 Dazu grundlegend: Stern/Nierhaus, Das Regionalprinzip im öffentlich-rechtlichen Sparkassenwesen, S. 9 ff.

90 Vgl. Broszka, Die öffentlich-rechtlichen Sparkassen zwischen Staat und Verwaltung, S. 26 ff; Stern/Nierhaus, Das Regionalprinzip im öffentlich-rechtlichen Sparkassenwesen, S. 70 f; Nierhaus, Sparkassen zwischen öffentlichem Auftrag und Wettbewerbsfunktion, Sparkasse 1985, S. 18; Thöle, Die Bedeutung des sparkassentypischen Regionalprinzips, Sparkasse 1988, S. 83 ff; Merten, Sparkassenrechtliches Regionalprinzip und kommunale Neugliederung, DVBl. 1983, S. 1141; BVerwG, Sparkasse 1973, S. 36; VerfGH NRW, Sparkasse 1980, S. 271; BayVGH, Sparkasse 1981, S. 351; BVerwG, DÖV 1983, S. 73.

91 Ausführlich dazu: Nierhaus/Stern, Regionalprinzip und Sparkassenhoheit im europäischen Bankenbinnenmarkt, S. 11 ff.

92 S. Punkt VI. 3. c. (1) bb) der Untersuchung.

licher Hinsicht führt das Regionalprinzip im Ergebnis zu einer horizontalen Arbeitsteilung unter den Sparkassen. Die Entwicklung des Prinzips in diesem Bereich folgt aus allgemeinen anstaltsrechtlichen Grundsätzen. Danach begrenzt sich der Wirkungskreis der Anstalt auf das Hoheitsgebiet des Muttergemeinwesens. Bei den Gewährträgern wie Gemeinden und Kreisen handelt es sich um Gebietskörperschaften, deren Wirkungskreis nach kommunalrechtlichen Grundsätzen auf ihr Hoheitsgebiet beschränkt ist. Entsprechendes gilt für die von ihnen getragenen Sparkassen, die als Anstalten des öffentlichen Rechts nicht mehr Rechte innehaben können als ihre Gewährträger[93]. Damit ergibt sich eine Deckungsgleichheit von Sparkassen- und Gewährträgergebiet.

Neben dem Prinzip der Deckungsgleichheit ist ein weiteres anstaltsrechtliches Merkmal der Anstaltszweck. Aus beiden Merkmalen folgt das "Verbot der Doppelverwaltung"[94]. Danach muß ein Gemengelage unter Sparkassen und somit eine Sparkassenkonkurrenz vermieden werden. Insoweit stellt das Regionalprinzip organisationsrechtlich einen Schutz der Sparkassen vor gegenseitiger Konkurrenz zur Wahrung und Förderung des Anstaltszweckes dar. Die Schutzgarantie sichert sie davor, in ihrer Leistungsfähigkeit durch die Tätigkeit anderer Sparkassen gefährdet zu werden. Das Regionalprinzip bedeutet als territoriales Begrenzungsinstrument gleichzeitig ein Expansionsverbot für die Sparkassen. Das Expansionsverbot hindert die Sparkassen und ihre Gewährträger, ihre Aktivitäten über den eigenen Zuständigkeitskreis hinaus auszudehnen. Die Möglichkeit der Geschäftsbanken, den Standort ihrer Filialen nach Rentabilitäts- und Ertragsgesichtspunkten auszusuchen, bleibt den Sparkassen damit verschlossen.

b. Sekundärebene

Die regionalen Sparkassen- und Giroverbände stellen zusammen mit den 12 Landesbanken/Girozentralen und weiteren angegliederten oder verbundenen Unternehmen wie beispielsweise den Landesbausparkassen und öffentlichen Versicherern die regionale Sekundärebene dar.

---

93 Vgl. dazu: Schlierbach, Das Sparkassenrecht in der Bundesrepublik Deutschland, S. 129.

94 Ständige Rechtsprechung des Verfassungsgerichtes für das Land Nordrhein-Westfalen, DÖV 1980, 691 (692) mit Anmerkung: Blümel; OVG Münster, DVBl. 1982, 504 (505).

(1) Sparkassen- und Giroverbände

Insgesamt gibt es in Deutschland derzeit 12 Sparkassen- und Giroverbände. Das sind der Badische, der Württembergische, der Bayerische, der Hanseatische, der Niedersächsische, der Rheinische, der Westfälisch-Lippische und der Ostdeutsche Sparkassen- und Giroverband sowie der Sparkassen- und Giroverband Hessen-Thüringen, Rheinland-Pfalz, Saar und für Schleswig-Holstein. Die Sparkassen in den Stadtstaaten Bremen und Hamburg gehören gemeinsam dem Hanseatischen Verband an. Die übrigen westdeutschen regionalen Sparkassen- und Giroverbände sind identisch mit dem Geltungsbereich der jeweiligen Sparkassengesetze. Das Verbandsgebiet des Ostdeutschen Sparkassen- und Giroverbandes umfaßt die Länder Brandenburg, Mecklenburg-Vorpommern, den Freistaat Sachsen und das Land Sachsen-Anhalt.
Für das Bundesland Berlin besteht eine Besonderheit[95]. Nachdem im Zuge der Wiedervereinigung die Sparkassen der Stadt Berlin durch den Beschluß der Gesamtberliner Landesregierung im Wege der Gesamtrechtsnachfolge auf die Landesbank Berlin - Girozentrale - übertragen wurden, gilt die Landesbank gemäß § 3 Abs. 5 Landesbankgesetz Berlin als eigener Sparkassenverband[96].

aa) Rechtsform, Mitglieder und Satzungen der regionalen Verbände

Die regionalen Sparkassen- und Giroverbände sind mit Ausnahme des Hanseatischen Verbandes Körperschaften des öffentlichen Rechts. Für den Hanseatischen Verband existiert kein Gesetz, aus dem die Rechtsform abgeleitet werden kann. Der Verband ist deshalb organisiert als Verein des Privatrechts und besitzt seine Rechtsfähigkeit durch staatliche Verleihung nach § 22 BGB i.V. mit § 1 Abs. 2 Satzung des Hanseat. SGV.
Mitglieder der Verbände sind kraft Gesetzes die öffentlich-rechtlichen Sparkassen[97]. Bei der überwiegenden Zahl der regionalen Verbände sind auch die Ge-

---

95 Keil, Regionale Sparkassen- und Giroverbände, HWS Band 3, S. 430 f.

96 Beschluß Nr. 224/90 vom 11. Dezember 1990.

97 § 37 Abs. 1 SpkG Baden-Württemberg; Art. 22 Abs. 1 Bay. SpkG; § 8 SpkG Bremen; § 3 Abs. 1 Satzung des Hanseatischen SGV; § 8 SpkG Niedersachsen; § 47 SpkG NW; § 25 Abs. 1 SpkG Rheinland-Pfalz; § 40 SpkG Saar; § 38 Abs. 1 SpkG Schleswig-Holstein; § 1 Abs. 1 Satzung OSGV.

währträger ausdrücklich als Mitglieder genannt[98]. Der Bundesfinanzhof, der in seinem Urteil vom 27.02.1976 zu der grundsätzlichen Rechtsstellung der Regionalverbände zu ihren Mitgliedern Stellung genommen hat, bezeichnet die Sparkassen und deren Gewährträger als Zwangsmitglieder in dem an sich auf freiwilliger Basis beruhenden Zusammenschluß[99]. Aufgrund gesetzlicher Ermächtigung haben die Sparkassen- und Giroverbände das Recht, sich eine Satzung zu geben[100]. Davon haben alle 12 Regionalverbände Gebrauch gemacht.

bb) Aufgaben der regionalen Sparkassen- und Giroverbände

Wie bereits aus der Bezeichnung der regionalen Verbände hervorgeht, gab es ursprünglich sowohl die Sparkassenverbände als auch die Giroverbände, die zunächst unabhängig voneinander gegründet wurden und ihre selbständige Ent-

---

98 § 37 Abs. 2 SpkG Baden-Württemberg; Art. 22 Abs. 1 Bay. SpkG; § 8 SpkG Niedersachsen; § 47 SpkG NW; § 25 Abs. 1 SpkG Rheinland-Pfalz; § 40 SpkG Saar; § 38 Abs. 1 SpkG Schleswig-Holstein; § 1 Abs. 1 Satzung OSGV.

99 AZ: VI R 97/72, auszugsweise in: Sparkasse 1976, S. 297 ff.

100 Satzung des Badischen Sparkassen- und Giroverbandes (StAnz. vom 19.02.1969) in der im StAnz. vom 11.06.1988 veröffentlichen Fassung, geändert durch Beschluß der Verbandsversammlung vom 24.06.1993 (StAnz. Nr. 58 vom 24.07.1993); Satzung des Bayerischen Sparkassen- und Giroverbandes vom 30.01.1973 (StAnz. Nr. 13), zuletzt geändert am 1.07.1983 (StAnz. Nr. 28); Satzung des Hanseatischen Sparkassen- und Giroverbandes vom 23.08.1989; Satzung des Sparkassen- und Giroverbandes Hessen-Thüringen in der Fassung vom 27.08.1992 (StaatsAnz. für Hessen Nr. 41 S. 2645); Satzung des Niedersächsischen Sparkassen- und Giroverbandes in der Fassung vom 18.05.1994 (Nieders. MBl. 1994 S. 555); Satzung des Rheinischen Sparkassen- und Giroverbandes in der Fassung vom 27.06.1996; Satzung des Sparkassen- und Giroverbandes Rheinland-Pfalz vom 24.03.1980 (StAnz. vom 09.06.1980) in der Fassung vom 11.11.1988 (StAnz. vom 20.02.1982 S. 157); Satzung des Sparkassen- und Giroverbandes Saar vom 07.04.1965 (ABl. S. 363), in der Fassung vom 03.09. 1993 (ABl. S. 1251); Satzung des Sparkassen- und Giroverbandes für Schleswig-Holstein in der Fassung vom 10.05.1982 (Amtsbl. Schl.-H./AAz. 1983 S. 58), zuletzt geändert am 23.01.1995 (Amtsbl. Schl.-H./AAz. 1995 S. 32); Satzung des Westfälisch-Lippischen Sparkassen- und Giroverbandes in der Fassung vom 19.06.1996; Satzung des Württembergischen Sparkassen- und Giroverbandes vom 09.07.1968, zuletzt geändert durch Beschluß der 98. Verbandsversammlung vom 22.07.1996 (Staatsanz. vom 12.08.1996, Nr. 33); Satzung des Sparkassen- und Giroverbandes für die Sparkassen in den Ländern Brandenburg, Mecklenburg-Vorpommern, im Freistaat Sachsen und im Land Sachsen-Anhalt (Ostdeutscher Sparkassen- und Giroverband) vom 22.12.1995 (Amtsblatt für Brandenburg Nr. 2 vom 10.01.1996, S. 27).

wicklung nahmen[101]. Neben ihrer Haftungsfunktion für die Girozentralen als klassische Verbandsfunktion haben die Sparkassen- und Giroverbände heute entsprechend ihrer Satzungen die Aufgabe, das Sparkassenwesen auf der Grundlage der Gemeinnützigkeit durch Förderung der Mitgliedsparkassen und ihrer Verbundpartner bei der Erfüllung ihres öffentlichen Auftrages und durch die Wahrnehmung ihrer gemeinsamen Interessen zu unterstützen[102]. Ein Vergleich der Satzungen zeigt, daß es identische Aufgaben gibt, die ein gemeinsames Anliegen aller regionalen Verbände bilden. Darüber hinaus werden weitergehende, konkrete Aufgaben benannt, die aus dem Bedürfnis einer einzelnen Region resultieren.

Die identischen Aufgaben teilen sich auf in die Unterstützung der Sparkassen sowie in die Beratung der jeweiligen Rechts- und Fachaufsichtsbehörden der Sparkassen. Zu dem ersten Aufgabenbereich zählen die Vertretung der gemeinsamen Angelegenheiten der Sparkassen, die Wahrnehmung allgemeinwirtschaftlicher Belange, die Fortentwicklung und Vervollkommnung des Sparkassenwesens, die Pflege und Förderung des Geld- und Kreditwesens, die Unterrichtung und Beratung der Sparkassen in allen Sparkassenangelegenheiten sowie die Unterstützung bei technischen und sonstigen Entwicklungen, die Förderung des bargeldlosen Zahlungsverkehrs sowie des Bauspar- und Versicherungswesens, die Aus- und Fortbildung der Mitarbeiter der regionalen Sparkassenorganisation und die Unterhaltung der entsprechenden Schulungseinrichtungen, die Prüfung der Sparkassen sowie die Bildung und Unterhaltung regionaler Sparkassenstützungsfonds.

Als individuell regionale Aufgaben werden beispielsweise die Förderung und Vertretung der Interessen der Sparer[103], die Beobachtung der Entwicklungen im Finanzdienstleistungsbereich und die Entwicklung geeigneter Geschäftsstrate-

---

[101] Zu der geschichtlichen Entwicklung im einzelnen: Mura, Geschichte der Sparkassen- und Giroverbände, HWS Band 2, S. 274 ff; ders., Zur Geschichte der Sparkassen- und Giroverbände (I) - Regionalverbände -, Sparkasse 1980, S. 200 ff; Hoffmann, Deutsche Sparkasseneinheit, S. 227f; Trende, Geschichte der deutschen Sparkassen, S. 333 ff.

[102] § 3 Satzung des Bad. SGV; § 3 Satzung des Bay. SGV; § 5 Satzung des Hanseat. SGV; § 8 Satzung Sparkassenverband Hessen-Thüringen; § 5 Satzung des Nieders. SGV; § 2 Satzung RSGV; § 8 Satzung des SGV Rheinland-Pfalz; § 4 Satzung des SGV Saar; § 6 Satzung des SGV Schleswig-Holstein; § 2 Satzung WLSGV; § 6 Satzung WSGV; § 3 Satzung OSGV.

[103] § 3 Abs. 2 Satzung des Bay. SGV.

gien[104], die Schaffung einer zusätzlichen Alters-, Berufsunfähigkeits-, Erwerbsunfähigkeits- und Hinterbliebenenversorgung für Mitarbeiter öffentlich-rechtlicher Sparkassen und sonstiger Beteiligter der Sparkassenorganisation[105] sowie die Gründung einer gemeinnützigen Zwecken dienenden Sparkassenstiftung[106] genannt.
Besonders im Bereich der marktpolitischen Unterstützung der Mitgliedsparkassen steigt die Bedeutung der regionalen Verbände. Dies hat seine Ursache primär in dem gestiegenen Wettbewerbs- und Kostendruck[107]. Zur Einsparung von Kosten übernehmen die Verbände beispielsweise die Fortentwicklung des Produkt- und Serviceangebotes der Sparkassen, die Koordination der Datenverarbeitung durch regionale Rechenzentren, die Erhebung und Aufbereitung von statistischen, betriebswirtschaftlichen Daten, sowie die einheitliche Darstellung der Werbung und Öffentlichkeitsarbeit[108]. Als Bindeglied zwischen den Sparkassen und den jeweiligen Landesbanken haben die Sparkassen- und Giroverbände darüber hinaus die Aufgabe, die Tätigkeiten zwischen diesen beiden Ebenen zu koordinieren[109].

(2) Landesbanken/Girozentralen

Neben den Sparkassen- und Giroverbänden bilden die Landesbanken/ Girozentralen im Rahmen der Arbeitsteilung die regionale Ebene der Sparkassenorganisation. Zur Zeit gibt es in der Bundesrepublik 12 Landesbanken/Girozentralen. Das sind die Bayerische Landesbank Girozentrale, die Landesbank Berlin - Girozentrale-, die Bremer Landesbank Kreditanstalt Oldenburg - Girozentrale -, die Hamburgische Landesbank - Girozentrale -, die Landesbank Hessen-Thüringen Girozentrale, die Nord/LB Girozentrale, die Landesbank Rheinland-Pfalz Girozentrale, die Landesbank Saar Girozentrale, die Landesbank Schles-

---

104 § 2 Abs. 1 Nr. a) Satzung WLSGV.

105 § 5 Satzung des Nieders. SGV.

106 § 3 Abs. 1 Nr. 9 Satzung OSGV.

107 Geiger, Die deutsche Sparkassenorganisation, S. 128.

108 Geiger, Die deutsche Sparkassenorganisation, S. 128.

109 Ebner-Nehring, Die Landesbanken zwischen Ländern und Sparkassen, BWVPr. 1988, S. 145.

wig-Holstein Girozentrale, die Sachsen LB Girozentrale, die WestLB Girozentrale sowie die neue Landesbank Baden-Württemberg als vormals SüdwestLB Girozentrale[110].

aa) Rechtsnatur und Trägerschaft

Die Landesbanken/Girozentralen sind öffentlich-rechtliche Kreditinstitute in Form von Anstalten oder Körperschaften des öffentlichen Rechts. Die Trägerschaft bei den einzelnen Landesbanken/Girozentralen gestaltet sich durchaus unterschiedlich. Zu unterscheiden ist zwischen reinen Girozentralen, den Gemeinschafts-Girozentralen sowie den Funktions-Girozentralen[111]. Während bei den reinen Girozentralen Träger die regionale Sparkassenorganisation, wie z.B. der Regionalverband mit den Sparkassen als Mitgliedern, ist, haben Gemeinschafts-Girozentralen sowohl organisationseigene als auch externe Träger, wie z.B. das Land. Funktions-Girozentralen bilden dagegen ausschließlich außerhalb der Organisation stehende Träger. Ihre Besonderheit besteht darin, daß sie ohne eine Kapitalbeteiligung eines organisationseigenen Trägers aufgrund vertraglicher Regelung die Aufgaben einer Sparkassenzentralbank übernommen haben. Letzteres traf beispielsweise bis Ende 1996 auf die Hamburgische Landesbank - Girozentrale - zu, die bis dahin zu 100 % von der Freien und Hansestadt Hamburg getragen wurde.

bb) Aufgaben und Geschäftstätigkeit

Wie bereits der Doppelname deutlich macht, durchliefen die Landesbanken/ Girozentralen in ihrer geschichtlichen Entwicklung zunächst eine eigenständige Phase als Landesbanken und Girozentralen, bevor sie zur Vermeidung von Überschneidungen, insbesondere im Kommunalkreditgeschäft, zusammengeführt wurden[112]. Die Landesbanken/Girozentralen haben auf diese Weise die

---

[110] Sparkassenfachbuch 1997, Deutscher Sparkassen- und Giroverband e.V. (Hrsg.), S. 116 ff.

[111] Huber, Landesbanken/Girozentralen, HWS Band 3, S. 71.

[112] Zu der geschichtlichen Entwicklung im einzelnen: Korbach, Die Landesbanken/ Girozentralen und die Interessen ihrer Gewährträger, S. 3 ff, Mura, Geschichte der Landesbanken/ Girozentralen, HWS Band 2, S. 247 ff; Dick, Die Verflechtung zwischen Sparkassen und Girozentralen, S. 20.

originäre Funktion erhalten, zugleich Hausbank des jeweiligen Bundeslandes und Sparkassenzentralbanken zu sein[113]. Sie erfüllen damit im Rahmen der bestehenden Arbeitsteilung ihre finanzwirtschaftlichen Aufgaben innerhalb der Sparkassenorganisation.
Den Sparkassen dienen sie gemäß der landesrechtlichen Vorschriften[114] als zentrale Verrechnungsstelle für den bargeldlosen Zahlungsverkehr sowie als Verwaltungsstelle für deren Liquiditätsreserven und als Liquiditätsrückhalt[115]. Für die jeweiligen Länder nehmen sie die Aufgabe als Staats- und Kommunalbank wahr. In dieser Funktion unterstützten sie die Länder und Kommunen durch eine umfassende kredit- und finanzwirtschaftliche Betreuung bei der Erfüllung öffentlicher Aufgaben und fördern die wirtschaftlichen Zielsetzungen des jeweiligen Landes[116]. Neben der Tätigung von Kassengeschäften der öffentlichen Hand im Rahmen ihrer Hausbankfunktion übernehmen die Landesbanken/Girozentralen insbesondere die Finanzierung von Maßnahmen der Länder und Kommunen zur regionalen und sektionalen Wirtschaftsförderung, zur Verbesserung der Infrastruktur und die Durchführung und Abwicklung zentraler Kreditaktionen[117]. Des weiteren betreibt die Mehrzahl der Landesbanken/ Girozentralen eine rechtlich unselbständige öffentliche Bausparkasse - Landesbausparkasse - und sind somit Organ der staatlichen Wohnungspolitik. Zudem haben die Landesbanken/Girozentralen das Emissionsrecht nach dem Pfandbriefgesetz, so daß sie Pfandbriefe und Kommunalobligationen zur Mittelbeschaffung ausgeben können. Außerdem emittieren sie sonstige Inhaberschuldverschreibungen. Der Erlös aus dem Verkauf von Schuldverschreibungen stellt

---

[113] Ullrich, Die deutsche Sparkassenorganisation, S. 51; Huber, Landesbanken/ Girozentralen, HWS Band 3, S. 70.

[114] § 4 Abs. 5 Satzung LB/GZ Berlin, § 5 Abs. 1 Satzung SüdwestLB, § 4 Satzung BayLB, § 5 Abs. 1 Satzung Bremer LB, § 5 Abs. 3 Gesetz über die Hamburgische Landesbank - Girozentrale -, § 5 Abs. 1 und 2 Satzung Helaba, § 4 Abs. 2 Satzung Nord/LB, § 1 Abs. 3 Satzung LB Rheinland-Pfalz, § 5 Abs. 1 Satzung LB Saar, § 5 Abs. 1 Satzung LB Schleswig-Holstein, § 5 Abs. 1 und 3 Satzung WestLB, § 2 Abs. 1 und 3 Satzung SachsenLB.

[115] Ullrich, Die deutsche Sparkassenorganisation, S. 51; Huber, Landesbanken/ Girozentralen, HWS Band 3, S. 75; Geiger, Die deutsche Sparkassenorganisation, S. 89.

[116] Geiger, Die deutsche Sparkassenorganisation, S. 89.

[117] Huber, Landesbanken/Girozentralen, HWS Band 3, S. 75.

neben den Einlagen der Sparkassen und sonstigen Kunden die wichtigste Refinanzierungsquelle der Landesbanken/Girozentralen dar[118].
Bemerkenswert ist, daß die landesrechtlichen Vorschriften ausdrücklich das Betreiben allgemeiner Bankgeschäfte durch die Landesbanken/Girozentralen vorsehen[119]. Sie enthalten - anders als bei Sparkassen - keine Geschäftsbeschränkungen. Die Geschäfte müssen nach wirtschaftlichen Grundsätzen geführt werden, wobei jedoch die Gewinnerzielung nicht Hauptzweck ist. Die Landesbanken/Girozentralen müssen trotz ihrer öffentlichen Aufgabe und ihrer Gemeinnützigkeit als weltweit tätige Universalbanken angesehen werden, die ihr Geschäft mit Zweigstellen im Ausland, Tochterbanken sowie Industriebeteiligungen betreiben[120]. Im Gegensatz zu den Sparkassen, die primär das Mengengeschäft sowie das Geschäft mit kleinen und mittleren Unternehmen betreiben, konzentrieren sich die Landesbanken/Girozentralen in ihrer Geschäftstätigkeit auf das Groß-, insbesondere Industrie- und Realkreditgeschäft[121]. So umfaßt der Geschäftsbereich die ganze Breite des Privat- und Industrie-, sowie des Auslands- und Beteiligungsgeschäftes einschließlich der Mitwirkung in nationalen und internationalen Konsortien[122].

cc) Landesbanken/Girozentralen in der öffentlichen Diskussion

Die Entwicklung zu Universalbanken als Folge der Einstellung auf veränderte Marktverhältnisse wurde nicht zuletzt durch Fusionen von Landesbanken/Girozentralen vollzogen[123]. Die Tendenz zu Fusionen zeichnet sich derzeit

---

118 Huber, Landesbanken/Girozentralen, HWS Band 3, S. 77.

119 § 3 Abs. 2 Landesbankgesetz Berlin, § 5 Abs. 1 Satzung SüdwestLB, § 4 Abs. 1 Satzung BayLB, § 5Abs. 1 Satzung Bremer LB, § 5 Abs. 1 Gesetz über Hamburgische Landesbank - Girozentrale -, § 5 Abs. 6 Satzung Helaba, § 4 Abs. 1 Gesetz Satzung Nord/LB, § 1 Abs. 5 Satzung LB Rheinland-Pfalz, § 5 Abs.1 Satzung LB Saar, § 5 Abs. 1 Satzung LB Schleswig-Holstein, § 5 Abs.1 Satzung WestLB, § 2 Abs.1 Satzung SachsenLB.

120 Zu den Niederlassungen im Ausland und den Tochtergesellschaften im einzelnen: Sparkassenfach 1997, Deutscher Sparkassen- und Giroverband e.V. (Hrsg.), S. 116 ff.

121 Geiger, Die deutsche Sparkassenorganisation, S. 92 f.

122 Huber, Landesbanken/Girozentralen, HWS Band 3, S. 76.

123 Huber, Landesbanken/Girozentralen, HWS Band 3, S. 76.

nicht nur bei den öffentlich-rechtlichen Kreditinstituten, sondern im gesamten Bankenbereich ab[124]. So erwartet das Bundeskartellamt eine zunehmende Konzentration im Versicherungs- und Kreditgewerbe[125]. Nach Einschätzung des Präsidenten des Bundeskartellamtes, Dieter Wolf, deute vieles darauf hin, daß sich die Unternehmen wegen der Globalisierung der Finanzmärkte zu größeren Einheiten zusammenschließen werden[126]. Durch das Zusammenwachsen der Weltmärkte verwirkliche die Bankenbranche derzeit eine echte Globalisierung. Zu bedenken sei, daß die deutschen Branchenführer auf den Weltmärkten gemessen an den Konkurrenten aus Japan und den USA teilweise wesentlich kleiner seien. Zudem sorge die Einführung der gemeinsamen Währung Euro für einen zusätzlichen Schub[127].
Allein für das Jahr 1998 rechnete das Bundeskartellamt mit rund 1500 anzeigepflichtigen Zusammenschlüssen[128]. Beispiel für eine Großfusion im Bankensektor im Jahr 1997 ist der Zusammenschluß der Bayerischen Vereinsbank mit der Bayerischen Hypotheken- und Wechselbank, die nach dem Zusammenschluß mit einer Bilanzsumme von 815 Milliarden Ende 1997 nach der Deutschen Bank die zweitgrößte Bank in Deutschland ist[129]. Der Genossenschaftsverband Frankfurt erwartet, daß sich die Zahl der Volks- und Raiffeisenbanken in dem aus den Bundesländern Hessen, Rheinland-Pfalz und Thüringen bestehenden Verbandsgebiet bis zum Jahr 2000 durch Fusionen von 309 Instituten (Ende 1997) auf etwa 250 verringern wird[130]. Im gesamten Bundesgebiet sank

---

124 Beispielsweise bei den Genossenschaftsbanken, s. dazu: o.V., Kreditgenossen forcieren Konzentrationsprozeß - Verband erwartet in Hessen, Rheinland-Pfalz und Thüringen etwa 60 Fusionen bis zum Jahr 2000 -, Börsen-Zeitung vom 28.05.1998.

125 Busse, Fusionswelle rollt auf Banken und Versicherungen zu, Handelsblatt vom 30.12.1997.

126 Zitiert nach Busse, Fusionswelle rollt auf Banken und Versicherungen zu, Handelsblatt vom 30.12.1997.

127 Zitiert nach Busse, Fusionswelle rollt auf Banken und Versicherungen zu, Handelsblatt vom 30.12.1997.

128 Busse, Fusionswelle rollt auf Banken und Versicherungen zu, Handelsblatt vom 30.12.1997.

129 o.V., Fusionierte Bank plant hohe Rendite, Handelsblatt vom 20./21.02.1998.

die Zahl der selbständigen Kreditgenossenschaften im Jahr 1998 von 2417 auf 2250[131]. Das in 1999 erstellte Strategiekonzept des Bundesverbandes der Deutschen Volksbanken und Raiffeisenbanken zur Bündelung der Kräfte im genossenschaftlichen Verbund sieht eine Verringerung der Zahl der Primärbanken auf 800 mit einer durchschnittlichen Bilanzsumme von rund 2 Milliarden DM binnen zehn Jahren vor[132]. Zu den häufigsten Gründen für Fusionen zählen Wachstum, Synergien, Diversifikationen und Marktanteilsgewinne, um die Kostenstruktur nachhaltig zu verbessern und die Marktposition weiter auszubauen[133]. Fraglich ist, wie sich die Zahl der Landesbanken/Girozentralen zukünftig entwickeln wird. Bereits heute besteht eine enge Verflechtung zwischen den Instituten. Um im Wege einer verstärkten Zusammenarbeit neue in- und ausländische Märkte zu erschließen, gemeinsame Produktionsabläufe zu schaffen und Geschäftsfelder zu bündeln und Synergieeffekte zu erzielen, besteht die Tendenz der Beteiligungen auch zwischen den Landesbanken/Girozentralen. So bestehen beispielsweise zwischen der WestLB, der SüdwestLB, der Landesbank Rheinland-Pfalz und der Landesbank Schleswig-Holstein untereinander Beteiligungen[134]. Die Landesbank Schleswig-Holstein wiederum ist rückwirkend zum 01.01.1997 mit 49,5 % an der Hamburgischen Landesbank beteiligt[135] und er-

---

130 o.V., Kreditgenossen forcieren Konzentrationsprozeß - Verband erwartet in Hessen, Rheinland-Pfalz und Thüringen etwa 60 Fusionen bis zum Jahr 2000, Börsen-Zeitung vom 28.05.1998.

131 o.V., Das Lager der Kreditgenossen rückt zusammen - Fusionsprozeß hat sich verstärkt, Börsen-Zeitung vom 31.12.1998.

132 Das Konzept ist bislang nicht veröffentlicht worden; der Inhalt wurde zitiert nach: o.V., Kreditgenossen machen den Weg für neue Verbundstruktur frei, Börsen-Zeitung vom 20.05.1999.

133 o.V., Fusionen machen sich nicht immer bezahlt, Handelsblatt vom 11.02.1998; o.V., Genossen wollen Ertragskraft stärken - Risikoaufwendungen müssen sinken, Börsen-Zeitung vom 27.05.1999.

134 So ist beispielsweise die WestLB zu 39,9 % an der Landesbank Schleswig-Holstein beteiligt; vgl. o.V., Neuber will mit Helaba sprechen - Sparkassenstruktur wird in NRW nicht angetastet, Börsen-Zeitung vom 15.05.1998. Die WestLB und die SüdwestLB sind zusammen zu 50 % an der Landesbank Rheinland-Pfalz beteiligt; vgl. o.V., Helaba: Demnächst Gespräche über Landesbanken Allianz, Börsen-Zeitung vom 29.05.1998.

135 S. dazu im einzelnen: o.V., LB Kiel erhält Zuschlag für Hamburger Landesbank, Deutsche Sparkassenzeitung vom 4.07.1997; o.V., Position als Bank des Nordens gestärkt, Deutsche

hielt vor den Angeboten der Nord/LB sowie der Hamburger Sparkasse den Zuschlag[136]. Die Freie und Hansestadt Hamburg, die nunmehr mit 50,5 % die Mehrheit an der Hamburgischen Landesbank hält, hat für die Anteile von der Landesbank Schleswig-Holstein 1,35 Milliarden DM erhalten und will damit einen Teil des Etatdefizits ausgleichen[137]. Nach Einschätzung des Vorstandsvorsitzenden der Landesbank Schleswig-Holstein, Dietrich Rümker, ist die Kooperation eine ideale Ergänzung, da beide Institute auf vielen Geschäftsfeldern komplementäre Strukturen aufweisen. Die neue norddeutsche Landesbank-Kooperation werde der Landesbank Schleswig-Holstein in ihrer Positionierung als Bank des Nordens zusätzliche Impulse geben und zur Stärkung der Region Hamburg/Schleswig-Holstein beitragen[138]. Der Landesbank sei es auch 1997 gelungen, ihre führende Rolle als regionale Kundenbank mit Hausbankfunktionen zu festigen. Diese regionale Verankerung biete zugleich die Basis, überregionale und internationale Geschäftsbeziehungen auf- und auszubauen[139]. Weiteres Beispiel für eine Beteiligung der Landesbanken untereinander ist der Erwerb der Anteile an der Bremer Landesbank Ende 1996 durch die Nord/LB vom Land Bremen. Die Nord/LB hält nunmehr eine Beteiligung in Höhe von 92,5 % an der Bremer Landesbank[140].

aaa) Entwicklung der Nord/LB

Die Nord/LB sollte als Landesbank eine Entwicklung nehmen, die an das Berliner Modell von 1993 anknüpft. Die Bankgesellschaft Berlin AG ist durch die Zusammenführung von zwei privaten Instituten, der Berlin Hyp und der Berli-

---

Sparkassenzeitung vom 17.03.1998; o.V., Risiken in Asien prägen Vorsorge, Handelsblatt vom 13./14.03.1998 .

136 o.V., LB Kiel erhält Zuschlag für Hamburger Landesbank, Deutsche Sparkassenzeitung vom 4.07.1997.

137 o.V., LB Kiel erhält Zuschlag für Hamburger Landesbank, Deutsche Sparkassenzeitung vom 4.07.1997.

138 Rümker wurde zitiert im Artikel o.V., LB Kiel erhält Zuschlag für Hamburger Landesbank, Sparkassenzeitung vom 4.07.1997.

139 o.V., Position als Bank des Nordens gestärkt, Deutsche Sparkassenzeitung vom 17.03.1998.

140 o.V., Nord-Fusion eher positiv gewertet, Handelsblatt vom 17.03.1998.

ner Bank mit der öffentlich-rechtlichen Landesbank Berlin entstanden. Um die Berliner Bank mit der Landesbank Berlin unter das Dach einer neuen Bankgesellschaft zu bringen, wählte der Berliner Senat die Konstruktion einer Aktiengesellschaft als Holding und einem öffentlich-rechtlichen selbständigen Institut sowie zwei privatrechtlichen Banken als Säulen. Das Land Berlin war danach noch mit 24,99 % an der Landesbank Berlin beteiligt, der Rest lag bei der Bankgesellschaft. Die Aktien der Bankgesellschaft wurden zu 56,8 % von dem Land Berlin gehalten[141].

Geplant war, daß die Nord/LB ab dem 01.01.1999 als öffentlich-rechtliches Institut von der Bankgesellschaft Berlin AG übernommen und damit unter dem Dach einer börsennotierten, privaten Bank plaziert wird. Das öffentlich-rechtliche und privatrechtliche Mischgebilde hätte dann unter den Namen "Bankgesellschaft Berlin-Hannover AG" firmiert[142]. Bereits im Herbst 1994 kündigten beide Institute an, in der Datenverarbeitung zusammenzuarbeiten und verpflichteten sich, eine umfassende strategische Partnerschaft aufzubauen[143].

Rechtliche Voraussetzung für die Übernahme war die Zustimmung der Gewährträger und der betroffenen Länderparlamente durch entsprechende Beschlüsse. Gewährträger der Nord/LB ist das Land Niedersachsen mit 40 %, der Niedersächsische Sparkassen- und Giroverband mit 26,67 %, die Länder Mecklenburg-Vorpommern und Sachsen-Anhalt jeweils mit 10,00 % sowie der Sparkassen-Beteiligungsverband Sachsen-Anhalt und der Sparkassen-Beteiligungszweckverband Mecklenburg-Vorpommern mit jeweils 6,67 %[144]. Des weiteren war die Zustimmung der Länderparlamente in Niedersachsen, Mecklenburg-Vorpommern und Sachsen-Anhalt aufgrund der notwendigen Änderung der drei Staatsverträge erforderlich.

An der geplanten Bankgesellschaft AG wären das Land Berlin mit 36,1 % und die Gewährträger der Nord/LB mit 36,2 % beteiligt gewesen[145]. Um die Ge-

---

141 o.V., Bankgesellschaft bleibt auf steiniger Strecke - Unklare Ertragsaussichten-Dividende ohne Steuergutschrift - 400 Mill.DM in die Reserve -, Börsen-Zeitung vom 7.04.1998.

142 o.V., Bankgesellschaft und Nord/LB kommen voran, Börsen-Zeitung vom 23.06.1998.

143 o.V., Chronik einer schweren Geburt, Börsen-Zeitung vom 6.03.1998.

144 o.V., Bankfinale Berlin-Hannover voraussichtlich im Mai, Börsen-Zeitung vom 6.03.1998.

145 o.V., Fahrplan zur Bankenehe in Berlin und Hannover steht, Handelsblatt vom 13./14.03.1998.

währträgerhaftung für die Nord/LB nicht zu gefährden, mußte der Anteil der öffentlichen Hand an der neuen Bankgesellschaft mindestens 50 % betragen[146]. Die Sprecher der Nord/LB unterstrichen vor dem Scheitern der Übernahme, daß die Nord/LB in dem neuen Bankkonzern weiterhin uneingeschränkt als eigenständiges und öffentlich-rechtliches Kreditinstitut bestehen und Anstaltslast sowie Gewährträgerhaftung aufrecht erhalten bleibe[147]. Die Nord/LB werde wie bisher ihre Funktion als Landesbank, Sparkassenzentralbank und Geschäftsbank in den Ländern Niedersachsen, Sachsen-Anhalt und Mecklenburg-Vorpommern wahrnehmen[148]. Geplant war die Übernahme des 100 % igen Stammkapitals der Nord/LB durch die Bankgesellschaft im Wege einer Kapitalerhöhung[149]. Dabei sollte die Nord/LB als Sacheinlage in die Bankgesellschaft eingebracht werden[150]. Neben einer Vielzahl von juristischen und steuerlichen Problemen bestanden bis zuletzt Unklarheiten über die Regelung von Zuständigkeiten, die Erreichung von Synergien und nicht zuletzt über die Bewertung der beiden Banken[151]. Die Gewährträger der Nord/LB sollten für ihre Sacheinlage 125 Millionen Aktien und eine Auszahlung in Höhe von 1,3 Milliarden DM von der Bankgesellschaft erhalten[152]. Von dieser Zahlung hätte das Land Niedersachsen 520 Millionen DM erhalten. Der Aktienkurs war stichtagsbezogen rechnerisch auf der Basis eines Wertgutachtens festgesetzt worden. Nachdem noch in Juni 1998 sämtliche Fragen der Bewertung geklärt schienen, fielen die Aktien der Bankgesellschaft Berlin beträchtlich, so daß die Gewährträger der Nord/LB ihre

---

146 o.V., Grünes Licht für die Nord-Bankenfusion, Handelsblatt vom 6./7.03.1998.

147 o.V., Bankfinale Berlin-Hannover voraussichtlich im Mai, Handelsblatt vom 6.03.1998.

148 o.V., Bankfinale Berlin-Hannover voraussichtlich im Mai, Handelsblatt vom 6.03.1998.

149 o.V., Durchbruch für Bankenehe im Nordosten - Bankgesellschaft übernimmt Nord/ LB voll, Börsen-Zeitung vom 6.03.1998.

150 o.V., Bankgesellschaft Berlin und Nord/LB kommen nicht zusammen, FAZ vom 19.10.1998.

151 o.V., Probleme bei NordLB/Bankgesellschaft, Börsen-Zeitung vom 14.02.1998; o.V., Bankgesellschaft und Nord/LB kommen voran, Börsen-Zeitung vom 23.06.1998; o.V., Offene Fragen zur Bankenehe im Nordosten, Börsen-Zeitung vom 6.10.1998.

152 o.V., Bankgesellschaft Berlin übernimmt Nord/LB, Handelsblatt vom 6./7. 03.1998.

Zustimmung zu der Fusion versagten[153]. Der endgültig als gescheitert anzusehende geplante Konzern wäre mit einer Bilanzsumme von 620 Milliarden DM die viertgrößte Bank in Deutschland geworden[154].

bbb) Entwicklung der SüdwestLB zur Landesbank Baden-Württemberg

Die neue Landesbank Baden-Württemberg ging zum 01.01.1999 aus der Fusion der drei öffentlich-rechtlichen Kreditinstitute Südwestdeutsche Landesbank (SüdwestLB), Landeskreditbank Badenwürttemberg (L-Bank) und Landesgirokasse Stuttgart (LG) in der Rechtsform einer Anstalt des öffentlichen Rechts hervor. Träger der fusionierten Bank sind das Land Baden-Württemberg mit 39,5 %, der Badische und der Württembergische Sparkassen- und Giroverband mit 39,5 % sowie die Stadt Stuttgart mit 21,0 %[155]. Kapitalträger der L-Bank war vor der Fusion zu 100 % das Land Baden-Württemberg, die SüdwestLB gehörte zu 100 % den Sparkassen in Baden-Württemberg. Die Beteiligung an der Landesgirokasse hielt zu 33,33 % das Land Baden-Württemberg und zu 66,67 % die Stadt Stuttgart[156].
Erforderlich für die Fusion war die Zustimmung des Baden-Württembergischen Landtages, der Verbandsversammlungen der beiden Sparkassenverbände und des Gemeinderates der Stadt Stuttgart[157]. Zur Vorbereitung der Fusion wurden neun Arbeitsgruppen gebildet, die unter anderem die Bewertungsverhältnisse, steuerliche Fragen und die Sonderfunktion des künftigen Instituts als Sparkassen-Zentralbank klärten[158]. Die neue Bank, die nach der Bilanzsumme gerechnet

---

153 o.V., Bankgesellschaft Berlin und Nord/LB kommen nicht zusammen, FAZ vom 19.10.1998.

154 o.V., Teile der Bankgesellschaft werden 1999 plaziert, Börsen-Zeitung vom 13.03.1998.

155 Ausführlich dazu s.: Dannecker/Mutter, Die neue Landesbank im Süden, Börsen-Zeitung vom 29.12.1998; o.V., Neue Großbank für Baden-Württemberg - SüdwestLB, L-Bank und LG fusionieren, Handelsblatt vom 20.01.1998.

156 o.V., Zusammenschluß im Südwesten, Handelsblatt vom 20.01.1998.

157 o.V., Bankenfusion nimmt wichtige Hürden - Beide Sparkassenverbände stimmen zu, Börsen-Zeitung vom 17.09.1998; o.V., Gemeinderat muß noch über Landesbankfusion abstimmen, Deutsche Sparkassenzeitung vom 29.09.1998; Stuttgarter Landtag gibt den Weg für Bankenfusion frei, Deutsche Sparkassenzeitung vom 13.11.1998.

das siebtgrößte deutsche Kreditinstitut darstellt, hat volle Niederlassungs- und Geschäftsfreiheit erhalten und nimmt die Funktion einer Sparkassenzentralbank wahr[159]. Zugleich ist sie Universalbank, Förderbank, Sparkasse in Stuttgart sowie nationale und internationale Geschäftsbank[160]. Die Möglichkeit, bundesweit Filialen errichten zu können, stellt ein Novum in der deutschen Sparkassenorganisation dar[161]. Die Landesbank bildet damit im Südwesten einen Finanzverbund mit den 82 südwestdeutschen Sparkassen, den Verbundunternehmen LBS Baden und LBS Württemberg sowie der Sparkassen-Versicherungsgruppe[162]. Der Förderbereich der L-Bank wird in dem neuen Institut als unselbständige Anstalt des öffentlichen Rechts weitergeführt. Durch diese Funktionstrennung zwischen den Aufgaben des Förderbereiches und den übrigen Aufgaben der Landesbank soll die Wettbewerbsneutralität gegenüber den Privat- und Genossenschaftsbanken gesichert werden[163].

Wie der Vorstandsvorsitzende der LG, Dr. Thomas R. Fischer, auf der Bilanzpressekonferenz für das Jahr 1997 ausführte, entstehe die neue Landesbank aus einer "Komplementärfusion" dreier Banken, bei der verschiedenartige geschäftliche Schwerpunkte zusammengeführt würden[164]. So bringe die LG beispielsweise ihre Erfahrung im Privatkundengeschäft ein, die SüdwestLB ihre Kompetenz als Sparkassenzentralbank und die L-Bank ihre am Markt plazierten Spezialgeschäfte. Von einer verbreiterten Basis in Baden-Württemberg könne die Landesbank neue Regionen in Deutschland und im "Euro-Europa" selektiv

---

158 o.V., L-Bank zeigt sich fit für Fusion, Börsen-Zeitung vom 27.02.1998; o.V. Bankenfusion kommt voran - Lenkungsausschuß tagte - Bewertungsfragen noch offen, Börsen-Zeitung vom 21./22.05.1998; o.V., Durchbruch bei Bankenfusion - Bewertung der SüdwestLB, L-Bank und Landesgirokasse geklärt -, Börsen-Zeitung vom 11./12.06.1998.

159 o.V., Bankenfusion stärkt Baden-Württemberg, Börsen-Zeitung vom 13.01.1999.

160 o.V., Neue Großbank für Baden-Württemberg - SüdwestLB, L-Bank und LG fusionieren, Börsen-Zeitung vom 20.01.1998.

161 von der Ropp, Regional-Lösung - Bankenfusion im Südwesten, Handelsblatt vom 20.01.1998.

162 o.V., Zusammenschluß im Südwesten, Handelsblatt vom 20.01.1998.

163 o.V., Neue Großbank für Baden-Württemberg - SüdwestLB, L-Bank und LG fusionieren, Börsen-Zeitung vom 20.01.1998.

164 o.V., Landesgirokasse sieht Charme in der Fusion, Börsen-Zeitung vom 6.03.1998.

angehen und in erster Linie dort neue Märkte und Geschäftsfelder erschließen. Die neue Landesbank verfüge über das dichteste Filialnetz aller Banken in Württemberg und über gut positionierte Stützpunkte im In- und Ausland. So sei beispielsweise die SüdwestLB seit 20 Jahren am Finanzplatz London vertreten[165].

Die Fusion der drei öffentlich-rechtlichen Kreditinstitute hat einen neuen Anstoß in der Frage des Zusammenschlusses der Sparkassen- und Giroverbände Baden und Württemberg ergeben. Auch für deren Fusionierung bestehen konkrete Pläne[166]. Dabei kann auf die schon vorliegende gesetzliche Regelung zurückgegriffen werden. Als Rechtsgrundlage sieht § 35 Abs. 2 SpkG Baden-Württemberg vor, daß sich die beiden Verbände zu einem Sparkassen- und Giroverband zusammenschließen können. Darauf aufbauend regelt § 37 SpkG Baden-Württemberg die Mitgliedschaft in den beiden Verbänden und sieht in Abs. 4 bereits vor, daß nach einer möglichen Vereinigung des Badischen und Württembergischen Sparkassen- und Giroverbandes die Sparkassen und die Landesgirokasse Mitglieder des vereinigten Sparkassen- und Giroverbandes sind.

ccc) Entwicklung der Landesbank Hessen/Thüringen (Helaba)

Die Anstrengungen bei der Nord/LB und die Entwicklung der ehemaligen SüdwestLB hat die Tendenz bei den Landesbanken verstärkt, sich rechtzeitig nach einem geeigneten Partner umzusehen, bevor eine völlige Aufteilung stattgefunden und sich gefestigte Strukturen gebildet haben. Aufgrund der Umstrukturierung des Kreditgewerbes bestehen auch bei dem Sparkassen- und Giroverband Hessen-Thüringen als 100 % iger Kapitalträger der Helaba konkrete Überlegungen, die Landesbank in eine Partnerschaft einzubringen[167]. Als mögliche Partner sind die WestLB, die Bayerische Landesbank, die neue Landesbank Ba-

---

165 o.V., SüdwestLB will dort sein, wo die Musik spielt, Börsen-Zeitung vom 14.02.1998.

166 o.V., WSGV: Bankenfusion soll bis Herbst stehen, Börsen-Zeitung vom 30.01.1998.

167 o.V., Helaba bemüht sich um Landesbank-Allianz, Börsen-Zeitung vom 13.03.1998; o.V., Mit Landesbanken kooperieren - Helaba-Chef bestätigt Mandat für Verhandlungen - Rekordergebnis erzielt, Deutsche Sparkassenzeitung vom 20.03.1998; o.V., Neuber will mit Helaba sprechen - Sparkassenstruktur wird in NRW nicht angetastet -, Börsen-Zeitung vom 15.05.1998; o.V., Helaba: Demnächst Gespräche über Landesbank-Allianz, Börsen-Zeitung vom 29.05.1998.

den-Württemberg sowie die Nord/LB im Gespräch[168]. Eine Entscheidung, an wen der Sparkassen- und Giroverband Hessen-Thüringen bis zu 49 % seiner Anteile veräußern wird, soll spätestens im November 1999 gefallen sein[169]. In die Diskussionen um den Verkauf der Helaba-Anteile mischen sich Gerüchte, wonach die Ministerpräsidenten der Länder Hessen, Bayern und Baden-Württemberg über eine Fusion der drei Landesbanken verhandeln[170]. Die auf diese Weise entstehende „Südbank" wäre mit einer Bilanzsumme von über einer Billion DM das zweitgrößte Institut in Deutschland.

ddd) Entwicklungen der Landesbank Sachsen

Die Sächsische Landesregierung reagierte auf die sich im deutschen und europäischen Umfeld abzeichnenden Wettbewerbsbedingungen im Bankgewerbe mit einer Bündelung der in Sachsen ansässigen öffentlich-rechtlichen Kreditinstitute unter dem Dach einer neuen Holding, die zukünftig den Namen "SachsenBank" tragen soll[171]. Das "Gesetz zur Neuordnung der öffentlich-rechtlichen Kreditinstitute im Freistaat Sachsen einschließlich der Sächsischen Aufbaubank GmbH" wurde zwischenzeitlich in 3. Lesung am 17.03.1999 vom Sächsischen Landtag beschlossen[172]. Als Anstalt des öffentlichen Rechts soll die SachsenBank künftig die Aktivitäten der Landesbank Sachsen, der regionalen Sparkassen und der Sächsischen Aufbaubank koordinieren und steuern[173]. An der SachsenLB sind derzeit der Freistaat Sachsen und die sächsischen Sparkassen zu je 50 % beteiligt. Die 51 % ige Beteiligung der SachsenLB an der Sächsischen

---

168 o.V., Die Zukunft der Helaba ist ein Thema mit langer Vergangenheit, FAZ vom 20.10.1998.

169 o.V., Sparkassenverband will Helaba-Anteile verkaufen, FAZ vom 19.10.1998; o.V., Die Zukunft der Helaba ist ein Thema mit langer Vergangenheit, FAZ vom 20.10.1998.

170 o.V., Länder kommentieren Gerücht um Südbank zurückhaltend, Deutsche Sparkassenzeitung vom 9.07.1999.

171 SachsenLB und Sparkassen unter ein Dach - Konzept verspricht hohe Ausschüttungen, Börsen-Zeitung vom 5.03.1998.

172 Milbradt, Sachsens Antwort auf die Sparkassenfrage, Börsen-Zeitung vom 10.04.1999.

173 o.V., Milbradts Modell der "SachsenBank" - Dresdens Gedankenspiele zur Neustrukturierung des Sparkassenwesens, Deutsche Sparkassenzeitung vom 27.03.1998.

Aufbaubank soll herausgelöst und separat unter das Dach der neuen Sachsen-Bank gestellt werden[174]. Die restlichen 49 % der Sächsischen Aufbaubank, die von der fusionierten Landeskreditbank Baden-Württemberg (L-Bank) gehalten wurden, sind nach der Fusion in Baden-Württemberg auf die SachsenLB übertragen worden[175]. Bei der Holding-Konstruktion wird das Land Sachsen als alleiniger Gewährträger der SachsenBank fungieren[176]. Die Kommunen werden über die von ihnen eingebrachten Sparkassen beteiligt und erhalten eine feste jährliche Ausschüttung.
Geplant ist, daß die neue Holding kein operatives Bankgeschäft übernimmt, sondern als Koordinator für die Entwicklung eines übergeordneten Strategierahmens, der Grundsätze zur Kreditpolitik sowie eines Liquiditäts- und Bilanzstrukturmanagements zuständig ist[177]. Daneben soll sie die Zuteilung von Eigenkapital auf die einzelnen Institute übernehmen und personalpolitische Leitlinien entwerfen[178]. Ziel ist dabei, eine wettbewerbsfähige Finanzgruppe zu schaffen und Ausschüttungen an die künftigen Anteilseigner, die Kommunen und den Freistaat Sachsen, zu ermöglichen. Erforderlich ist die Zustimmung der Gewährträger der 23 sächsischen Sparkassen und eine Änderung des sächsischen Sparkassengesetzes. Anlaß für die Überlegungen zur Umstrukturierung ist zum einen die Intensivierung des Wettbewerbs im deutschen Bankenmarkt und die daraus resultierende Fusionswelle, zum anderen die jährlich steigende Nettoneuverschuldung der sächsischen Kommunalhaushalte[179].

---

[174] o.V., Neue "SachsenBank" soll Eigenkapital zuteilen - Land würde gegebenenfalls bisherige Sparkassenanteile an der Landesbank übernehmen -, Börsen-Zeitung vom 25.03.1998.

[175] o.V., Neue "SachsenBank" soll Eigenkapital zuteilen - Land würde gegebenenfalls bisherige Sparkassenanteile an der Landesbank übernehmen -, Börsen-Zeitung vom 25.03.1998.

[176] o.V., Milbradts Modell der "SachsenBank" - Dresdens Gedankenspiele zur Neustrukturierung des Sparkassenwesens, Deutsche Sparkassenzeitung vom 27.03.1998.

[177] Milbradts Modell der "SachsenBank" - Dresdens Gedankenspiele zur Neustrukturierung des Sparkassenwesens -, Deutsche Sparkassenzeitung vom 27.03.1998.

[178] Neue "SachsenBank" soll Eigenkapital zuteilen - Land würde gegebenenfalls bisherige Sparkassenanteile an der Landesbank übernehmen -, Börsen-Zeitung vom 25.03.1998.

[179] SachsenLB und Sparkassen unter ein Dach - Konzept verspricht hohe Ausschüttungen, Börsen-Zeitung vom 5.03.1998.

Mit der Einrichtung einer öffentlich-rechtlichen Holding wird - unter Vermeidung der Privatisierung - die Möglichkeit geschaffen, die finanzschwachen Kommunen künftig an den Überschüssen der prosperierenden Sparkassen partizipieren zu lassen. Während die Kommunen als Gewährträger der Sparkassen zwar im Falle von Verlusten für deren Verbindlichkeiten haften, haben sie im Falle der Erzielung von Gewinnen in der bisherigen Struktur keinerlei Anspruch auf Gewinnbeteiligung. Dieses ändert sich mit dem Modell der Sachsenbank[180]. Darüber hinaus werden die Kommunen faktisch von allen Haftungsrisiken entbunden. Das Modell sieht vor, die Unternehmensrisiken der angeschlossenen Institute, insbesondere der Sparkassen, zu einem geringeren Gesamtrisiko zusammenzuführen und durch die Risikodiversifizierung eine Art Versicherungsfunktion auszuüben. Alleiniger Gewährträger der SachsenBank ist dann der Freistaat Sachsen, während die SachsenBank ihrerseits als Gewährträger für die ihr angeschlossenen Institute fungiert. Bemerkenswert an dieser Konstruktion ist auch die Tatsache, daß erstmalig die Kräfte der bis dahin isoliert agierenden Einzelinstitute gebündelt würden.

eee) Kritik an der Entwicklung der Landesbanken

Während im Fall des sogenannten Berliner Modells 1993 bei der Zusammenführung einer öffentlich-rechtlichen mit privatrechtlichen Banken nur sehr verhalten Kritik geäußert wurde, war dies im Fall der gescheiterten Übernahme der Nord/LB durch die Berliner Bankgesellschaft anders. Die Einbringung der öffentlich-rechtlichen Nord/LB unter das privatrechtliche Holdingdach der börsennortierten Bankgesellschaft Berlin in der Rechtsform einer AG wurde äußerst kontrovers diskutiert. Nicht nur die privaten Banken, sondern auch die Sparkassenorganisation verfolgte die geplante Einbindung der öffentlich-rechtlichen Nord/LB in die privatrechtliche Bankgesellschaft skeptisch. So befürchteten die Sparkassen in Niedersachsen, Sachsen-Anhalt und Mecklenburg-Vorpommern die Abnahme ihres Einflusses auf die Nord/LB nach der Übernahme[181]. Auch die Sprecher des Sparkassen-Beteiligungsverbandes Sachsen-Anhalt und des Sparkassen-Beteiligungszweckverbandes Mecklenburg-Vorpommern übten Kritik an der Mischkonstruktion aus öffentlich-rechtlichen

180 Zu den Änderungen ausführlich: Milbradt, Ein systemverträglicher Weg zur Sparkassen-Neuordnung, Börsen-Zeitung vom 11.03.1999.

181 o.V., Gespräche mit der Nord/LB ziehen sich hin, Handelsblatt vom 5./6.12.1997.

und privaten Banken[182]. Danach rüttele das Gebilde an den Grundfesten der Sparkassenorganisation. Das Prinzip des Shareholder Value[183] sei nicht vereinbar mit dem öffentlichen Auftrag der Sparkassen.

Darüber hinaus wurde auf die Gefahr der Änderung der Mehrheitsverhältnisse in der neuen Gesellschaft, insbesondere der Verlust der Mehrheit der öffentlichen Hand verwiesen[184]. In diesem Zusammenhang wurde insbesondere auf die Möglichkeit der Risiko- und Kapitalverschiebung in der Holding und auf die Auswirkungen auf die Einlagensicherung der Sparkassenorganisation bei einer Verlagerung der Risiken des privaten Bereiches auf die öffentlich-rechtlichen Institute hingewiesen[185]. Der Vorstandsvorsitzende der Mittelbrandenburgischen Sparkasse, Walter Schubert, sah in der Konstruktion einen "Sprengsatz" für die Sparkassenorganisation[186]. Anstaltslast und Gewährträgerhaftung seien nicht aufrechtzuerhalten. Dies leite er aus der bisherigen Geschichte der Bankgesellschaft ab. Bereits die erste Fusion 1993 habe gezeigt, daß ein öffentlich-rechtlicher Teil den privatwirtschaftlichen habe sanieren müssen. Man sei nur deshalb auf diese Mischform verfallen, damit die Landesbank Berlin die Berliner Bank vor dem Konkurs habe retten können. Zudem führe die Zwitterstellung der Bankgesellschaft bei dem Eigenkapitalstreit in Brüssel zu dem Interessenkonflikt zwischen den Interessen der privaten Holding und der privatrechtlich organisierten Töchter einerseits sowie der öffentlich-rechtlichen Landesbank andererseits[187].

---

[182] o.V., Sparkassen befürchten Flächenbrand - Bis jetzt noch keine Zustimmung zur Bankenehe im Nordosten -, Börsen-Zeitung vom 25.03.1998.

[183] Der Begriff des Shareholder-Value stammt ursprünglich aus dem Aktiengeschäft. Danach ist es primäres Ziel, den Aktienkurs nachhaltig zu steigern und damit den Wert für die Aktionäre zu maximieren. Inzwischen werden unter diesem Schlagwort die unterschiedlichsten Sachverhalte, wie z.B. Arbeitsplatzabbau, Management-Optionsprogramme und Wertmaximierung als oberstes Unternehmensziel subsumiert, siehe dazu ausführlich: Jung, Zunehmende Shareholder-Value-Orientierung, Börsen-Zeitung vom 25.04.1998.

[184] o.V., Helaba bemüht sich um Landesbank-Allianz, Börsen-Zeitung vom 13.03.1998.

[185] o.V., Helaba bemüht sich um Landesbank-Allianz, Börsen-Zeitung vom 13.03.1998.

[186] o.V., "Bankenehe ein Sprengsatz für die Sparkassen" - MBS-Chef Schubert kritisiert den Zusammenschluß von Nord/LB und Bankgesellschaft Berlin, Börsen-Zeitung vom 12.11.1997.

Nachdem auch der ehemalige Präsident des Deutschen Sparkassen- und Giroverbandes, Dr. Horst Köhler, die Grenzen für eine Mischung von privaten und öffentlich-rechtlichen Bankinstituten als überschritten ansah[188], wurde ferner darauf hingewiesen, daß mit der Nord/LB eine Landesbank privatisiert würde, ohne daß die Beteiligten auf die Vorzüge der Gewährträgerhaftung verzichteten[189]. In diesem Zusammenhang wurde die Frage nach der Existenzberechtigung öffentlich-rechtlicher Institute gestellt und der Vorwurf der trickreichen Privatisierung und Versilberung erhoben[190]. Je nach dem aus welchem Lager die Kritiker kamen, war von Rückschritt, halbherzigen Privatisierungsschritten oder einer "Spaltpilz-Politik" die Rede[191].

Im Zuge der Diskussionen über die Zukunft der Nord/LB lebte das Thema Privatisierung von Landesbanken und Sparkassen erneut auf. Obwohl die Argumente pro und contra ausgetauscht zu sein scheinen, ist der Anlaß der Privatisierungsdiskussion als zyklisch auftretendes Phänomen zwar jedesmal ein anderer, aber stets ordnungs- oder fiskalpolitischer Natur. Nachdem ab Mitte der 70iger Jahre aufgrund der zunehmenden Staatstätigkeit und der wachsenden Defizite der öffentlichen Haushalte verstärkt die Privatisierung öffentlicher Unternehmen gefordert wurde[192], leistete der wissenschaftliche Beirat der Gesellschaft für öffentliche Wirtschaft und Gemeinwirtschaft e.V. einen Beitrag zur Versachlichung der Diskussion[193]. Die Stellungnahme des Beirates, die acht

---

187 o.V., "Bankenehe ein Sprengsatz für die Sparkassen" - MBS-Chef Schubert kritisiert den Zusammenschluß von Nord/LB und Bankgesellschaft Berlin, Börsen-Zeitung vom 12.11.1997.

188 o.V., Köhler stimmt Fusionen nur eingeschränkt zu, Börsen-Zeitung vom 6.02.1998.

189 Mihm, Vernunftehe, keine Liebesheirat, Handelsblatt vom 6./.7.03.1998.

190 Mihm, Vernunftehe, keine Liebesheirat, Handelsblatt vom 6./7.03.1998.

191 o.V., "Berlin-Modell muß selbst überzeugen", BZ-Gespräch mit Dr. Dietrich H. Hoppenstedt, Börsen-Zeitung vom 8.07.1998.

192 S. dazu ausführlich: von Koester, Öffentliche Unternehmen im Spannungsfeld der Privatisierung, Sparkasse 1985, S. 126 ff.

193 o.V., Stellungnahme zu dem Beitrag: Öffentliche Unternehmen im Spannungsfeld der Privatisierungsdiskussion - Thesen des Wissenschaftlichen Beirates der Gesellschaft für öffentliche Wirtschaft und Gemeinwirtschaft über öffentliche Unternehmen in der sozialen Marktwirtschaft -, ZögU 1985, S. 70 ff.

Thesen beeinhaltet[194] und erläutert, macht die Vielgestaltigkeit der öffentlichen Wirtschaft in der Bundesrepublik Deutschland deutlich.
In den 90iger Jahren lebte die Diskussion um die Privatisierung der Landesbanken und der Sparkassen durch die Vorlage des 9. Hauptgutachtens der Monopolkommission des Bundesministeriums für Finanzen von 1992[195] wieder auf. Die Kommission sprach sich aus ordnungspolitischer Sicht für eine vollständige Privatisierung von Landesbanken und Sparkassen zur Verminderung der Staatsverschuldung aus und berief sich auf die Aussage des Bundesfinanzministeriums, wonach in der sozialen Marktwirtschaft im Sinne des Subsidiaritätsprinzips grundsätzlich privater Initiative und privates Engagement Vorrang vor staatlicher Zuständigkeit und staatlichem Eigentum zukomme[196]. Das Gutachten, das im Bank- und Versicherungsgewerbe keine tragfähigen Gründe für eine öffentliche Leistungserbringung mehr sieht, löste die erneute kontrovers geführte Erörterung der Fragen der Rechtsform, der Struktur und der Beschaffung externen Eigenkapitals von Landesbanken und Sparkassen aus[197]. Es begann eine Diskussion über die Zukunft der Sparkassenorganisation.
"Ich stelle mich darauf ein, daß die Versuchung, über eine Privatisierung der Sparkassen und Landesbanken Kasse zu machen in der Politik, zumal im Superwahljahr 1994, weiter Zulauf finden wird. Dabei steht uns die eigentlich kritische Zuspitzung der öffentlichen Finanzen vor allem auf kommunaler Ebene erst noch bevor. Und natürlich verfolgen die Großbanken gerade diese Diskussion mit nicht uneigennütziger Sympathie und Freude". Dieser Ausschnitt aus der Rede des Präsidenten des Deutschen Sparkassen- und Giroverbandes, Horst Köhler, auf der Mitgliederversammlung des Verbandes am 09.12.1993 in Bonn[198] hat nach wie vor Aktualität. So legte der Wirtschaftsrat der CDU e.V.

---

[194] S. Punkt X. Anhang 1.

[195] Monopolkommission (Hrsg.): Wettbewerbspolitik oder Industriepolitik, IX. Hauptgutachten 1990/91, S. 43 ff.

[196] Ausführliche Darstellung dazu: Geiger, Öffentliche Rechtsform unverzichtbar, Sparkasse 1992, S. 306; Schuster, Rechtsformüberlegungen im Widerstreit der ökonomischen und politischen Vernunft, Sparkasse 1995, S. 423.

[197] Welteke, Haben die Sparkassen Zukunft - und was für eine?, ZfK 1994, 10 ff.

[198] Abgedruckt in: Köhler, Ein offensives Konzept für die Sparkassenorganisation, Sparkasse 1994, S. 10 ff.

eine erneute Untersuchung vor, die sich an eine bereits 1994 vorgenommene Erhebung anschließt, in der schon einmal der theoretische Privatisierungsbedarf in den alten Bundesländern aufgelistet worden war[199]. Bei den Bundesländern ist nach der Darstellung des Wirtschaftsrates ordnungspolitisch besonders die massive Beteiligung der Länder am Wirtschaftsgeschehen über ihre Landesbanken problematisch[200]. Während die Sparkassen nicht ausdrücklich zu den Privatisierungskandidaten des Wirtschaftsrates zählen, wird für die Landesbanken in Anlehnung an die Erkenntnisse der Monopolkommission die materielle Privatisierung für Landesbanken gefordert.

Gegen die Privatisierung der Sparkassen und Landesbanken streiten die Sparkassen- und Giroverbände seit Jahren in Form eines gemeinsamen Aktionsprogramms[201]. Bemerkenswert ist, daß sich auch die rot-grüne Bundesregierung in ihrer Koalitionsvereinbarung für den Fortbestand der öffentlichen Kreditinstitute ausgesprochen hat[202]. Während die Sparkassen erst in zweiter Linie im Kreuzfeuer der Kritik bei den Gegnern der öffentlich-rechtlichen Institute stehen, bezieht sich der Haupteinwand gegen die Landesbanken auf deren Geschäftsbankfunktion. Die Vertreter der privaten Kreditwirtschaft argumentieren, daß ihnen daraus deutliche Wettbewerbsnachteile erwachsen würden[203]. Bemerkenswert ist, daß die Fusionsbestrebungen bei der Nord/LB und der SüdwestLB zur Neuordnung der öffentlich-rechtlichen Bankenlandschaft von den Verantwortlichen in der Sparkassenorganisation und Politik zu einem Zeitpunkt forciert wurden, als bereits die Aufrechterhaltung der Gewährträgerhaftung und der Anstaltslast als Wettbewerbsvorteil erneuter Gegenstand der Diskussionen und die Beschwerde der Privatbanken über die Zuführung von Wohnungsbauvermögen bei der WestLB vor der EU-Kommission anhängig war. Seit der Erklärung der Regierungschefs der Mitgliedstaaten der Europä-

---

199 Vgl. Beteiligungsberichte und -listen der Länder vom Wirtschaftsrat der CDU.

200 o.V., Landesbanken ordnungspolitisch problematisch - Der CDU-Wirtschaftsrat formuliert neue Forderungen zur Privatisierung, Börsen-Zeitung vom 21.11.1997.

201 Das "Aktionsprogramm gegen die Privatisierung von Sparkassen und Landesbanken" wurde im Juni 1993 vom Bayerischen Sparkassen- und Giroverband herausgegeben.

202 Koalitionsvereinbarung zwischen der Sozialdemokratischen Partei Deutschlands und BÜNDNIS 90/DIE GRÜNEN, Ziff. XI. 2.

203 o.V., Schmidt für Privatisierung der Landesbanken, Börsen-Zeitung vom 16.01.1998.

ischen Union auf dem "Amsterdamer Gipfel" am 16. und 17. Juni 1997 zur Frage der Anstaltslast und Gewährträgerhaftung in Deutschland[204], untersucht die EU-Kommission die Wettbewerbsverhältnisse zwischen privaten und öffentlichen Banken in den Mitgliedsstaaten. Im Mittelpunkt der Untersuchung steht die Frage, inwieweit Kreditinstitute Dienstleistungen von allgemeinem wirtschaftlichen Interesse erbringen. Während die international tätigen Landesbanken einer erhöhten Gefahr aufsichtsrechtlicher Beanstandungen ausgesetzt sind, dürfte die Sparkassen hiervon kaum betroffen sein. Nach einer eigenen Stellungnahme der EU-Kommission bewegen sich Sparkasse solange im nach europäischen Recht unangreifbaren Raum, soweit sie sich auf die Aufgabe beschränken, regional eine flächendeckende Finanzinfrastruktur zur Verfügung zu stellen und dabei das Interesse der Gemeinschaft nicht beeinträchtigen[205].
Der Bundesverband deutscher Banken (BdB) sieht mit der Anstaltslast und der Gewährträgerhaftung den Beihilfetatbestand des Art. 92 EG-V[206] als erfüllt an[207]. In seiner an die EU-Kommission gerichteten Stellungnahme vertritt der Verband die Ansicht, daß die Anstaltslast und die Gewährträgerhaftung einen nicht zu rechtfertigenden Wettbewerbsvorteil für die öffentlich-rechtlichen Kreditinstitute bringe[208]. Als Argument wird angeführt, daß die Anstaltslast und die Gewährträgerhaftung einen beträchtlichen wirtschaftlichen Wert darstellen, weil ein Konkurs auf diese Weise praktisch ausgeschlossen werde. Ein privater Investor könne eine vergleichbare Haftung für die gesamte Geschäftstätigkeit nicht erbringen. Als Argument für den erheblichen Wettbewerbsvorteil wird ferner die durch die Anstaltslast und die Gewährträgerhaftung verbesserte Ra-

---

204 Die sog. "Amsterdamer Erklärung" ist im Wortlaut wiedergegeben bei: Stern, Öffentlich-rechtliche Kreditinstitute und europäisches Beihilferegime, Sparkasse 1997, S. 399.

205 Vgl. den Kommissionsbericht "Dienstleistungen von allgemeinen wirtschaftlichen Interesse im Bankensektor" vom Juni 1998.

206 Gesetzestext der Art. 92, 93 EG-V abgedruckt unter Punkt X. Anhang 2.

207 o.V., Private Banken fühlen sich benachteiligt, Handelsblatt vom 17.03.1998; o.V., Neue Runde im Bankenstreit - Kreditgewerbe/Sparkassen: Falsches Spiel -, Handelsblatt vom 2.04.1998.

208 Stellungnahme bislang nicht veröffentlicht, zitiert aus: o.V., "Gewährträgerhaftung wirtschaftlich wertvoll" - Die privaten Banken schicken eigene Stellungnahme nach Brüssel, Börsen-Zeitung vom 19.03.1998; o.V., Private Banken fühlen sich benachteiligt, Handelsblatt vom 17.03.1998.

ting-Einstufung der Landesbanken und die damit verbundenen Refinanzierungskosten angeführt. Den Landesbanken werden aufgrund ihres Status als öffentlich-rechtliche Kreditinstitute und der damit einhergehenden gesicherten Rückführung der aufgenommenen Gelder von den internationalen Ratingagenturen erstklassige Einstufungen zugestanden, wodurch sie günstiger als andere Banken Kapital an den Finanzmärkten aufnehmen können.
Ein weiterer aktueller Streitpunkt zwischen den privaten und öffentlich-rechtlichen Kreditinstituten ist die Frage, ob die Übertragung des Kapitals der Wohnungsbauförderungsanstalt (WfA) Nordrhein-Westfalens auf die WestLB eine unerlaubte staatliche Beihilfe und damit einen Verstoß gegen Art. 92, 93 EG-V als europäisches Wettbewerbsrecht darstellt. Nachdem das beihilferechtliche Hauptrügeverfahren im Oktober 1997 eröffnet und die Entscheidung aufgrund der Komplexität und der politischen Sensibilität bereits mehrfach verschoben worden war, entschied die EU-Kommission im Juli 1999, daß die WestLB an das Land Nordrhein-Westfalen 1,58 Milliarden DM, entsprechend einschließlich Steuern einen Betrag von 3,1 Milliarden DM zuzüglich Zinsen von 1992 bis 1998, zurückzahlen muß, da der Verzicht auf eine angemessene Vergütung für die Übertragung von Kapital des Landes eine unerlaubte Beihilfe darstelle[209]. Mit der Untersuchung des Beihilfetatbestandes nach Art. 93 Abs. 2 EG-V prüfte die EU-Kommission letztlich die Angemessenheit des von der WestLB für die Übertragung der WfA vereinbarten Preises[210]. Als Vergleichsmaßstab wurde das Verhalten eines renditeorientierten Investors herangezogen. Schwerpunkt der Untersuchung bildete die Frage, wieso sich der nominelle Kapitalanteil des Landes Nordrhein-Westfalens an der WestLB im Vergleich zu den anderen Miteigentümern trotz der Sacheinlagenzuführung nicht erhöht hat. Des weiteren war zu prüfen, wie dieser mögliche Vorteil durch eine angemessene Gegenleistung hätte kompensiert und dadurch wettbewerbsrechtliche Vorteile hätten ausgeschaltet werden können[211].

209 Ausführlich dazu: Didzoleit/Schmidt-Klingenberg, Ein trotziges Nein, Der Spiegel vom 12.07.1999, S. 22f; o.V., WestLB: Brüssel entscheidet „grob fehlerhaft“, Börsen-Zeitung vom 6.07.1999.

210 Gerlach, Teilprivatisierung schränkt Wettbewerb ein - Brüsseler Sparkassendebatte trifft öffentlich-rechtliche Institute nicht am Lebensnerv -, Börsen-Zeitung vom 7.03.1998.

211 Gerlach, Teilprivatisierung schränkt Wettbewerb ein, Brüsseler Sparkassendebatte trifft öffentlich-rechtliche Institute nicht am Lebensnerv, Börsen-Zeitung vom 7.03.1998.

Die Entscheidung der EU-Kommission zu lasten der WestLB stieß sowohl in der gesamten Sparkassenorganisation als auch bei der Bundes- und den Landesregierungen auf Unverständnis und Widerstand[212]. Dies nicht zuletzt deswegen, weil die Entscheidung im Hinblick auf vergleichbare Vorgänge bei anderen Landesbanken als Präsidenzfall gewertet werden muß. So hat beispielsweise der Bundesverband deutscher Banken auch hinsichtlich der Integration des Fördergeschäftes der Landeskreditbank Baden-Württemberg als rechtlich unselbständige Abteilung der neuen Landesbank Baden-Württemberg den Vorwurf schwerwiegender Wettbewerbsverzerrungen erhoben. In einer Pressemitteilung vertrat der Verband die Ansicht, daß mit der Integration erneut einer voll im Wettbewerb stehenden Landesbank wichtige hoheitliche Aufgaben übertragen würden und es damit zu einer wettbewerbspolitisch bedenklichen Verquickung von Wettbewerbsgeschäft und öffentlicher Fördertätigkeit kommen würde. Dies führe zu Akquisitionsvorteilen für die neue Landesbank[213].
Der DSGV-Präsident Hoppenstedt kommentierte den Hintergrund der Entscheidung wie folgt: „Private Bankkonzerne wollen die WestLB als wichtigen Verbundpartner der Sparkassenorganisation beschädigen, um sich den Markt der Sparkassen einverleiben zu können“[214]. Die WestLB kündigte an, Klage vor dem Europäischen Gerichtshof gegen die Entscheidung der EU-Kommission zu erheben[215].
Die von der privaten Kreditwirtschaft geführten Angriffe auf den Bestand der Sparkassenorganisation haben in der Organisation hinsichtlich der Strukturdiskussionen einen Prozeß des Umdenkens in Gang gesetzt bzw. forciert. Es dürfte Einigkeit darüber bestehen, daß Umstrukturierungen vorgenommen werden müssen. Nur hinsichtlich der Art und Weise besteht in der multiplen Zusammensetzung der Organisation Uneinigkeit. Erste - wenn auch unterschiedliche - Ansätze sind in Sachsen mit der Holdingkonstruktion und in Baden-Württemberg mit der vertikalen Fusion gemacht. Diese stießen jedoch wieder-

---

212 o.V., WestLB und DSGV wollen sich gegen „grob fehlerhafte“ Entscheidung wehren, Börsen-Zeitung vom 6.07.1999; o.V., DSGV sieht Diskriminierung, Börsen-Zeitung vom 6.07.1999; Didzoleit/Schmidt-Klingenberg, Ein trotziges Nein, Der Spiegel vom 12.07.1999, S. 22f.

213 o.V., Bankenverband kritisiert Wettbewerbsverzerrung, Börsen-Zeitung vom 28.02.1998.

214 Nach einem Zitat aus: o.V., DSGV sieht Diskriminierung, Börsen-Zeitung vom 6.07.1999.

215 o.V., WestLB: Brüssel entscheidet „grob fehlerhaft“, Börsen-Zeitung vom 6.07.1999.

um auf Kritik aus den eigenen Reihen der Sparkassenorganisation. Der Präsident des Sparkassen- und Giroverbandes Hessen-Thüringen, Udo Güde, warnte im Falle der SüdwestLB wegen der vertikalen Fusion öffentlich-rechtlicher Banken vor dem Ende des kommunalen Sparkassenwesens[216]. Durch diese vertikale Fusion, also die Verbindung einer Landesbank als Zentralinstitut mit der LG als Sparkasse, werde die traditionelle Arbeitsteilung in der Sparkassenorganisation aufgehoben. Daneben wird hinsichtlich der Gewährung der vollen Geschäfts- und Niederlassungsfreiheit befürchtet, daß die neue Landesbank mit den Sparkassen auf der Primärebene in Konkurrenz tritt[217].
Starke Kritik aus den Reihen der Sparkassenorganisation wurde zunächst auch hinsichtlich der von der sächsischen Landesregierung forcierten Neuordnung der öffentlich-rechtlichen Kreditinstitute Sachsens, d.h. die Überführung der Sparkassen, der Landesbank und der Sächsischen Aufbaubank in die Sachsen-Bank als Holding, geübt. In seiner Stellungnahme zu dem ersten Entwurf der Neuordnungspläne sah der Vorstand des DSGV die Grundlage der gesamten Deutschen Sparkassenorganisation als berührt an[218]. Die notwendige Stärkung der Wettbewerbsfähigkeit der öffentlich-rechtlichen Kreditinstitute in Sachsen und Deutschland werde mit der Holding-Konstruktion nicht erreicht. Im Ergebnis würde sie im Gegenteil den Nutzen der öffentlichen Kreditwirtschaft für die sächsischen Bürger, die sächsischen Kommunen und die sächsische Wirtschaft mindern. In einer weiteren Stellungnahme des DSGV wird als einer der Hauptkritikpunkte die durch die Ausschüttungsziele zu erwartende Auszehrung der Sparkassen angeführt. Die geplanten Ausschüttungen führten mittelfristig zu der Notwendigkeit, Eigenkapitalzuführungen vorzunehmen, die angesichts der schwierigen Finanzsituation der öffentlichen Haushalte nicht gewährleistet seien[219]. Diese Konstellation lasse über kurz oder lang eine Diskussion über die Privatisierung der Holding erwarten[220]. In seiner Erklärung zum ersten Refe-

---

216 o.V., Helaba bemüht sich um Landesbank-Allianz, Börsen-Zeitung vom 13.03.1998.

217 o.V., Helaba bemüht sich um Landesbank-Allinaz, Börsen-Zeitung vom 13.03.1998.

218 Stellungnahme des DSGV abgedruckt in: Deutsche Sparkassenzeitung vom 7.04.1998; o.V., OSGV lehnt Pläne für Sachsen-Bank ab, Handelsblatt vom 9.04.1998.

219 o.V., DSGV fürchtet „Auszehrung" der Sparkassen - Breitseite gegen sächsische Pläne zur Schaffung einer Holding für öffentlich-rechtliche Institute -, Börsen-Zeitung vom 1.09.1998.

rentenentwurf der sächsischen Landesregierung stellt der DSGV weiter fest, daß interessanterweise eine formwechselnde Umwandlung der Holding und damit eine mögliche Privatisierung in diesem Entwurf bereits angelegt sei[221].
Eigentlicher Dreh- und Angelpunkt der Diskussion in Sachsen ist angesichts der leeren Kassen des Landes und der Kommunen weniger die Frage nach der grundsätzlichen Neustrukturierung der Sparkassenorganisation als vielmehr die Suche nach Möglichkeiten der Gewinnausschüttungen an die Gewährträger der Sparkassen. So ergab die Sitzung des Sächsischen Landkreistages und des Städte- und Gemeindetages, einer Versammlung sämtlicher Gewährträger der Sparkassen, daß die Gewährträger der sächsischen Sparkassen den von der Landesregierung vorgelegten Plänen zur Neuordnung der öffentlich-rechtlichen Kreditinstitute in Sachsen grundsätzlich aufgeschlossen gegenüber stehen[222]. Allerdings beauftragten die Gewährträger den OSGV, in Zusammenarbeit mit der Unternehmensberatung McKinsey ein Alternativ-Modell zu entwickeln. Damit sollte unter anderem geklärt werden, ob auch bei den bestehenden Sparkassenstrukturen künftig Ausschüttungen vorgenommen werden können[223]. Der OSGV signalisierte bereits vorab, daß nach seiner Einschätzung die Vorschläge der sächsischen Landesregierung mehr Nachteile als Vorteile mit sich bringen würden und die Gründung einer SachsenBank als Holding abzulehnen sei[224]. So kommt das dem Alternativ-Modell zugrunde liegende Rechtsgutachten zum Ergebnis, daß die Bündelung der öffentlich-rechtlichen Kreditinstitute unter dem Dach der Sachsen-Finanzholding verfassungswidrig sei[225]. Durch die Einbrin-

---

220 o.V., DSGV fürchtet „Auszehrung" der Sparkassen - Breitseite gegen sächsische Pläne zur Schaffung einer Holding für öffentlich-rechtliche Institute -, Börsen-Zeitung vom 1.09.1998.

221 o.V., DSGV fürchtet „Auszehrung" der Sparkassen - Breitseite gegen sächsische Pläne zur Schaffung einer Holding für öffentlich-rechtliche Institute -, Börsen-Zeitung vom 1.09.1998.

222 o.V., Alternative zur SachsenBank gesucht - Gewährträger sind aufgeschlossen - OSGV weicher als DSGV-, Börsen-Zeitung vom 25.04.1998.

223 o.V., Gewährträger suchen Alternative zur Sachsen-Bank, Handelsblatt vom 27.04.1998.

224 o.V., Geschlossene Front gegen SachsenBank - Alternativkonzept sieht systematische Gewinnausschüttung vor -, Börsen-Zeitung vom 1./2.05.1998; o.V., Voigt: Bewährte Prinzipien nicht ohne Not aufgeben - Zielsystem der Sparkassenorganisation prüfen -, Deutsche Sparkassenzeitung vom 5.05.1998.

gung der Sparkassen werde die Sparkassentätigkeit von der kommunalen Ebene auf die Landesebene transferiert. Nach der vom Grundgesetz und der Landesverfassung des Freistaates Sachsen getroffenen Systematik sei der Betrieb einer Sparkasse jedoch eine originäre Aufgabe der Kommunen[226].

Das von dem OSGV vorgelegte Gegenmodell sieht hinsichtlich der Gewinnausschüttungen an die Gewährträger vor, daß die Sparkassen zukünftig über ein Ratingsystem beurteilt und deren Ausschüttungsfähigkeit über ein Ampelmodell mit den Kategorien „rot, gelb und grün“ bewertet werden[227]. Die Bewertung „grün“ bedeutet danach eine „akzeptable Geschäftspolitik“, während bei „gelb“ die Geschäftspolitik als „diskussionswürdig“ und bei „rot“ als „kritikwürdig“ definiert wird. Die Gewährträger sollen auf diese Weise über die Leistungsfähigkeit ihrer Sparkasse informiert werden und anschließend mit Hilfe des Verwaltungsrates eigenständig über die Verwendung etwaiger Überschüsse in der eigenen Region entscheiden. Das Modell sieht eine entsprechende Änderung des sächsischen Sparkassengesetzes vor[228]. Nach der Vorstellung des OSGV soll das Modell und die Gesetzesänderung nicht nur für Sachsen, sondern für sämtliche Bundesländer gelten[229].

Das OSGV-Modell ist bei der sächsischen Landesregierung umgehend auf Kritik gestoßen. Gegen eine öffentliche Benotung der einzelnen Sparkassen sprechen kommunal-, geschäfts- und wettbewerbspolitische Aspekte. Sie berge die Gefahr von Rufschädigungen und Motivationsverlusten bei den mit „rot“ oder

---

225 Das Rechtsgutachten der Leipziger Rechtsanwaltskanzlei Prof. Dr. Franz Kasper, Dr. Frieder Schäuble & Partner ist bislang nicht veröffentlicht worden. Zitate sind entnommen aus: o.V., OSGV hält Sachsenbank für verfassungswidrig - Rechtsgutachten vorgelegt - Milbradt weist Vorwurf zurück und kritisiert das Ampelmodell, Börsen-Zeitung vom 4.09.1998.

226 Vgl. o.V., OSGV hält Sachsenbank für verfassungswidrig - Rechtsgutachten vorgelegt - Milbradt weist Vorwurf zurück und kritisiert das Ampelmodell, Börsen-Zeitung vom 4.09.1998.

227 Das Gegenmodell des OSGV ist bislang nicht veröffentlicht worden. Die Zitate stammen aus: o.V., OSGV mit Ampelmodell gegen die Sachsenbank - Rating zur Beurteilung der Ausschüttungsfähigkeit - Sparkassengewinne weiter unter Druck , Börsen-Zeitung vom 25.08.1998.

228 Zur vorgeschlagenen Änderung des § 27 SpkG Sachsen siehe Punkt X. Anhang 3.

229 o.V., OSGV hält Sachsenbank für verfassungswidrig - Rechtsgutachten vorgelegt - Milbradt weist Vorwurf zurück und kritisiert das Ampelmodell -, Börsen-Zeitung vom 4.09.1998.

„gelb" bewerteten Instituten. Der OSGV gebe in seinem Modell keine Antwort auf die durch die sächsische Verbundlösung aufgeworfenen Fragen nach der Wettbewerbsfähigkeit[230].

Das Modell des OSGV mit der einhergehenden Änderung des Sparkassengesetzes bietet im Gegensatz zur derzeitigen Regelung die Möglichkeit, zukünftig zweckungebundene Gewinnausschüttungen an die Gewährträger zu deren freien Verfügung vornehmen zu können. Es stellt damit in diesem Punkt eine Alternative zu der geplanten Holding-Konstruktion der Landesregierung dar. Die Gewährträger der 23 sächsischen Sparkassen reagierten sowohl auf die vorliegende Form des Sachsenbank-Holdingmodells als auch auf das vom OSGV vorgeschlagene Ampelmodell ablehnend, wenngleich eine Tendenz zu der Holding-Lösung zu erkennen war[231]. Zur Vorbereitung der geplanten Sachsen-Finanzholding kündigte Sachsen bereits den mit den Ländern Brandenburg, Mecklenburg-Vorpommern und Sachsen-Anhalt bestehenden Staatsvertrag über den OSGV zum 31.12.2000[232].

Aufgrund der Kritik des DSGV wurde der erste Entwurf des Gesetzes zur Neuordnung der öffentlichen Kreditinstitute in Sachsen überarbeitet und die Belange der Sparkassen stärker berücksichtigt[233]. So behalten die Sparkassen und die SachsenLB ihren öffentlich-rechtlichen Status als rechtlich selbständige Anstalten und ihre Eigenständigkeit als Kreditinstitute.

dd) Zwischenergebnis

Die geschilderte Entwicklung auf der Landesbankenebene zeigt, daß die Fundamente der öffentlich-rechtlichen Kreditwirtschaft ins Wanken geraten. Die von

---

230 Für vorstehendes: Vgl. o.V., OSGV hält Sachsenbank für verfassungswidrig - Rechtsgutachten vorgelegt - Milbradt weist Vorwurf zurück und kritisiert das Ampelmodell, Börsen-Zeitung vom 4.09.1998; die Stellungnahme der Landesregierung ist bislang nicht veröffentlicht worden, die Zitate sind der angegebenen Quelle entnommen worden.

231 o.V., Sachsenbank „in vorgelegter Form" abgelehnt - Gewährträger fordern Nachbesserungen - OSGV-Ampelmodell auch keine Alternative, Börsen-Zeitung vom 10.09.1998; o.V., „Klimawechsel zugunsten der SachsenBank", Börsen-Zeitung vom 23.10.1998.

232 o.V., Sachsen kündigt OSGV-Staatsvertrag, Börsen-Zeitung vom 23.12.1998.

233 S. dazu ausführlich: Milbradt, Ein systemverträglicher Weg zur Sparkassen-Neuordnung, Börsen-Zeitung vom 11.03.1999.

der Sparkassenorganisation für unabdingbar gehaltenen Grundelemente wie kommunale Verankerung, Regionalprinzip und Gemeinwohlorientierung werden in Frage gestellt. Die Strukturüberlegungen haben sich zwischenzeitlich in einer Neuordnung der Landesbankenlandschaft niedergeschlagen. Zusammenfassend kann hinsichtlich der derzeit geführten Diskussionen um die Zukunft von Landesbanken/ Girozentralen und Sparkassen festgestellt werden, daß es sowohl auf horizontaler Ebene - Landesbanken unter sich - als auch auf vertikaler Ebene - Landesbanken und Sparkassen - zu Blockbildungen kommt. Insoweit ist in die Landesbank- und Sparkassenlandschaft eine Bewegung gekommen, die im Begriff ist, die alten Strukturen zu beseitigen. Bei der Blockbildung auf horizontaler Ebene steht die Nord/LB im Norden der WestLB in der Mitte mit ihren Beteiligungen in Schleswig-Holstein und in Rheinland-Pfalz gegenüber. Im Süden plaziert sich die Bayerische Landesbank. Die neue Landesbank Baden-Württemberg ist mit ihrer Niederlassungsfreiheit gegenwärtig als Pendelfigur einzuschätzen, während die Zukunft der Landesbank Hessen-Thüringen und der Landesbank Sachsen noch ungewiß ist. Die in Baden-Württemberg und Sachsen entwickelten Modelle haben der systemstrukturellen Diskussion für die Zukunft der Sparkassenorganisation jedenfalls einen neuen Anstoß gegeben.
Die Sparkassen orientieren sich derzeit noch regional an der jeweiligen Landesbank. Fusionen mit Landesbanken außerhalb des Geschäftsgebietes einer Sparkasse sind nicht Gegenstand der aktuellen Diskussion. Festzuhalten ist jedoch, daß die Neuordnung einer Landesbank nicht nur Auswirkungen auf die Sekundärebene der Sparkassenorganisation hat, sondern vielmehr auch die Primärebene, d.h. die Sparkassen, betrifft und letztlich die gesamte Struktur und Rechtsnatur der Organisation in Frage stellen kann. Für die Sparkassen bedeutet dies eine Einschränkung ihrer Individualität und Entscheidungskompetenz. Die Frage, ob die Sparkassenstruktur eine grundlegende Änderung oder lediglich eine Weiterentwicklung erfährt, hat eine Eigendynamik erhalten, die die gesamte Sparkassenorganisation betrifft.

(3) Angegliederte oder verbundene Unternehmen

In der Sekundärebene der Sparkassenorganisation sind des weiteren eine Vielzahl regionaler Verbundpartner angesiedelt, deren Entwicklung den stetig wachsenden Ausbau des Verbundes widerspiegelt. Träger dieser Einrichtungen sind überwiegend die Landesbanken/Girozentralen und die regionalen Verbände, denen sie als rechtlich selbständige Abteilungen oder als selbständige Tochterunternehmen angegliedert sind. Zu diesen Verbundunternehmen zählen die Landesbausparkassen, Öffentliche Versicherungsanstalten und deren gemeinsame Einrichtungen, Immobilienfonds, Kapitalanlagegesellschaften, Kapitalbeteiligungsgesellschaften, Leasinggesellschaften, Factoringgesellschaften, Kommunalberatungsgesellschaften, Sparkassenberatungsgesellschaften sowie Unternehmensberatungsgesellschaften. Ferner gehören dazu Gemeinschaftseinrichtungen der Sparkassenfinanzgruppe, Einrichtungen, an denen die Sparkassenfinanzgruppe beteiligt ist, wie beispielsweise die Deutsche Sparkassenverlag GmbH, Aus- und Weiterbildungseinrichtungen, Stiftungen der Sparkassen- und Giroverbände sowie Verbandsrechenzentren und Datenverarbeitungsgesellschaften.

Neueres, erwähnenswertes Beispiel für eine Beteiligung in Niedersachsen ist der Kauf der zu 99,7 % landeseigenen Lotto-Gesellschaft zu gleichen Teilen von der Nord/LB und dem NSGV. Das Land Niedersachsen erhielt dafür einen Erlös von 398 Millionen DM zur Sanierung des Haushaltes[234]. Bemerkenswert ist, daß mit dieser Beteiligung der Bereich der Kreditwirtschaft und Finanzdienstleistung im weiteren Sinne von der Sparkassenorganisation verlassen wurde.

c. Tertiärebene

Auf der dritten, nationalen Ebene der Sparkassenorganisation sind der Deutsche Sparkassen- und Giroverband e.V. (DSGV) in Bonn bzw. Berlin als Dachverband der regionalen Sparkassen- und Giroverbände sowie die Deutsche Girozentrale/Deutsche Kommunalbank (DGZ) in Frankfurt als Spitzeninstitut der Girozentralen angesiedelt.

(1) Deutscher Sparkassen- und Giroverband e.V.

Zu beachten ist, daß es zwei Deutsche Sparkassen- und Giroverbände gibt, einen in der Rechtsform des eingetragenen Vereins und einen als Körperschaft des öffentlichen Rechts. Beiden Verbänden kommen unterschiedliche Aufgaben zu, so daß die historisch bedingte Ähnlichkeit ihres Namens nicht zu Verwechslungen führen sollte.

Der Deutsche Sparkassen- und Giroverband e.V. bildet den Spitzenverband der deutschen Sparkassenorganisation und hat gemäß § 2 Abs. 1 seiner Satzung die Aufgabe der Förderung der gemeinsamen Interessen seiner Mitglieder und der

---

[234] o.V., Lotto-Verkauf bringt dem Land 398 Millionen Mark, Handelsblatt vom 8.04.1998.

angeschlossenen Sparkassen durch Beratung, Erfahrungsaustausch und Unterstützung[235]. Die Mitgliedschaft in dem Zentralverband beruht auf freiwilliger Basis. Ordentliche Mitglieder sind gemäß § 3 Abs. 1 der Satzung des DSGV e.V. die regionalen Sparkassen- und Giroverbände sowie die Landesbanken/ Girozentralen. Als außerordentliche Mitglieder können dem Verband u.a. Verbände gemeinnütziger Sparkassen, öffentlich-rechtliche Verbände sonstiger Art und Unternehmen der Sparkassenorganisation auf Bundesebene beitreten.
Der Deutsche Sparkassen- und Giroverband ö.K. ist hingegen Träger der Deutschen Girozentrale - Deutschen Kommunalbank -, für deren Verbindlichkeiten er haftet. Zu seinen ordentlichen Mitgliedern zählen ausschließlich die regionalen Sparkassen- und Giroverbände. Gemäß § 2 Abs. 2 der Satzung des DSGV ö.K.[236] wird als Aufgabe des Verbandes die Förderung des Sparkassenwesens genannt, wozu nach dem Wortlaut des Gesetzes insbesondere die Vertretung der Interessen der Mitglieder der Sparkassenorganisation gegenüber Behörden und der Öffentlichkeit, die weitere Entwicklung des Sparkassenwesens einschließlich des öffentlich-rechtlichen Bausparwesens, die Pflege des kommunalen Geld- und Kreditwesens einschließlich des bargeldlosen Zahlungsverkehrs sowie die Unterstützung der Verbandsmitglieder bei der Aus- und Weiterbildung der Mitarbeiter der Sparkassenorganisation gehören. Diese satzungsmäßige formale Aufgabenbeschreibung ist lediglich historisch bedingt und trifft nicht mehr zu. Seit dem Ende des 2. Weltkrieges beschränkt sich Aufgabe des DSGV ö.K. auf die Gewährträgerfunktion für die Deutsche Girozentrale.
Wie die formale Aufgabenbeschreibung des DSGV ö.K. heute noch deutlich macht, war der Verband gewissermaßen ein Vorläufer des DSGV e.V.[237]. Als der Deutsche Sparkassen- und Giroverband ö.K. im Zuge der Vereinheitlichungsbestrebungen durch die Verschmelzung der bestehenden Zentralverbände Deutscher Sparkassenverband, Deutscher Zentral-Giroverband und Deutscher Verband der kommunalen Banken 1924 gegründet worden war, übernahm

---

235 S. zu dem Aufbau und den Aufgaben des Verbandes ausführlich: Oberbeckmann, Deutscher Sparkassen- und Giroverband e.V., HWS Band 1, S. 456 ff.

236 In der Fassung vom 16.05.1984, zuletzt geändert am 6.05.1993 i.V.m. § 2 des Gesetzes über den Deutschen Sparkassen- und Giroverband vom 6.04.1933, RGBl. I S. 166, verk. am 6.04.1933 (BGBl. III 7621-19).

237 Zur geschichtlichen Entwicklung: Winkelmann, Die Gründung des Deutschen Sparkassenverbandes, S. 454 ff; Mura, Zur Geschichte des Deutschen Sparkassen- und Giroverbandes, Sparkasse 1984, S. 458 ff.

dieser neben der Gewährträgerschaft und Betreuung der Deutschen Girozentrale - Deutsche Kommunalbank - die genannten satzungsmäßigen Aufgaben, die heute der DSGV e.V. erfüllt[238]. Nachdem 1945 die Verbandstätigkeit vollständig zum Erliegen kam, dachte man in der Sparkassenorganisation erst wieder mit der Wiederaufnahme der Geschäftstätigkeit der Deutschen Girozentrale - Deutsche Kommunalbank - über die Zukunft des DSGV ö.K. nach. Die 1947 aus praktischer Notwendigkeit gegründete "Arbeitsgemeinschaft Deutscher Sparkassen- und Giroverbände und Girozentralen", die 1953 in den heutigen Deutschen Sparkassen- und Giroverband e.V. unbenannt wurde, etablierte sich so stark innerhalb der Organisation, daß sie schließlich die klassischen Verbandsfunktionen der Mitgliederberatung und Interessenvertretung übernahm. Da der DSGV rechtlich fortbestand und als Gewährträger für die Deutsche Girozentrale - Deutsche Kommunalbank - erhalten bleiben mußte, wurde 1955 ein Kompromiß geschlossen, wonach der DSGV ö.K. die freiwillige Suspendierung seiner Aufgaben verfügte, die mittlerweile der DSGV e.V. wahrgenommen hatte[239]. Fortan beschränkte sich die Tätigkeit auf die Gewährleistung der DGZ.

(2) Deutsche Girozentrale - Deutsche Kommunalbank -

Die Deutsche Girozentrale - Deutsche Kommunalbank - (DGZ) ist in der Rechtsform einer Anstalt des öffentlichen Rechts die Zentralbank der deutschen Sparkassenorganisation. Ihr Gewährträger ist gemäß § 2 Abs. 1 Satzung der DGZ, wie bereits ausgeführt, der Deutsche Sparkassen- und Giroverband ö.K.[240]. Neben dem Betreiben allgemeiner Bankgeschäfte hat sie sämtliche Aufgaben zu erfüllen, die ihre Stellung als Zentralbank mit sich bringt. Insoweit stellt sie eine Geldausgleichsstelle zwischen den Landesbanken/Girozentralen dar und betreibt Geldgeschäfte mit den regionalen Girozentralen und anderen in- und ausländischen Banken[241].

---

238 Mura, Zur Geschichte der Sparkassen- und Giroverbände (II) - Zentralverbände -, Sparkasse 1980, S. 455 f; Fischer, Deutscher Sparkassen- und Giroverband ö.K., HWS Band 1, S. 463.

239 Fischer, Deutscher Sparkassen- und Giroverband ö.K., HWS Band 1, S. 464.

240 S. Punkt III 1.c (1).

241 Sandvoss, Deutsche Girozentrale - Deutsche Kommunalbank-, HWS Band 1, S. 454.

Die DGZ hat seit der Aufnahme ihrer Geschäftstätigkeit im Jahr 1918 viele Veränderungen in ihrer Aufgabenstellung hinnehmen müssen[242]. Gegründet wurde die DGZ aus der Notwendigkeit heraus, den mit der Aufnahme des Spargiroverkehrs erforderlich gewordenen Geldausgleich zwischen den Sparkassen und den Girozentralen überregional zu organisieren. Zugleich sollte die kommunale Bindung der Sparkassen durch ein finanzkräftiges Spitzeninstitut ergänzt und gefestigt werden. Während es ihr im Aktivgeschäft zunächst nur erlaubt war, Mitgliedsverbänden des Deutschen Zentral-Giroverbandes und sonstigen deutschen Kommunalverbänden kurzfristige Darlehen zu gewähren, erhielt die DGZ 1919 die staatliche Genehmigung für das Betreiben des langfristigen Kommunalkreditgeschäftes und zur Ausgabe von Kommunalanleihen[243]. Diese Doppelfunktion wurde 1921 mit dem Zusatz "Deutsche Kommunalbank" im Namen verdeutlicht[244]. Nachdem die Weltwirtschafts- und Bankenkrise 1931 zum Kommunalkreditverbot in Deutschland führte, erfüllte die DGZ bis 1945 nur noch die Funktion einer Liquiditätszentrale, um dann bis 1954 ihre Geschäftstätigkeit einzustellen[245]. Aufgrund der Einführung der Mindestreserven bei der Bank deutscher Länder war die vormals gesetzlich vorgeschriebene Reservehaltung liquider Mittel für Sparkassen bei den Girozentralen und damit für die Girozentralen bei der DGZ entfallen, so daß für die DGZ nur noch die Funktion des Geldausgleichs zwischen den Girozentralen verblieb. Bis heute konnte die DGZ ihre geschäftlichen Aktivitäten jedoch wieder intensivieren. Zu nennen sind dabei insbesondere das Kreditgeschäft im Bereich Großfinanzierungen, das Kommunalkreditgeschäft, der Geld- und Devisenhandel, das Wertpapiergeschäft und der Emissionsbereich[246].

Die Fusionsbestrebungen machen derzeit auch vor der nationalen Ebene der Sparkassenorganisation nicht halt. So wurde die DGZ mit der Deka-Bank GmbH, einer Sparkassenfondstochter, zum 1. Januar 1999 unter der Firma DGZ

---

242 Detaillierte Darstellung der geschichtlichen Entwicklung: Zweig, Deutsche Girozentrale - Deutsche Kommunalbank -, S. 13 ff.

243 Vgl. Mura, Geschichte der Landesbanken/Girozentralen, HWS Band 2, S. 251.

244 Sandvoss, Deutsche Girozentrale - Deutsche Kommunalbank -, HWS Band 1, S. 452.

245 Zweig, Deutsche Girozentrale - Deutsche Kommunalbank -, S. 50.

246 Sandvoss, Deutsche Girozentrale - Deutsche Kommunalbank -, HWS Band 1, S. 454.

Deka-Bank, Frankfurt zusammen geführt[247]. Nachdem sich die Rheinischen Sparkassen sowie der Rheinische Sparkassen- und Giroverband bereits nachdrücklich für die Fusion ausgesprochen hatten[248], gab auch der DSGV seine Zustimmung auf dem letzten Sparkassentag im April 1998[249]. Der Beschluß des DSGV hatte jedoch lediglich empfehlenden Charakter. Die endgültige Entscheidung für die Fusion wurde von den Gremien der beteiligten Institute getroffen[250]. So mußten die Hauptversammlung der DGZ und des DSGV ö.K., die Mitgliederversammlung der regionalen Sparkassen- und Giroverbände, die zuständigen Landesbankgremien sowie die Gesellschafterversammlung der Deka-Bank ihre Zustimmung erteilen.
Als Fusionskonzept diente eine komplizierte mehrstufige gesellschaftsrechtliche Vorgehensweise, die einmal mehr deutlich macht, daß die deutsche Sparkassenorganisation die "Spielwiese" der gesellschaftsrechtlichen Möglichkeiten für sich entdeckt hat. Die Fusion erfolgte im Wege der Aufnahme der DekaBank durch die DGZ. Bislang stand die DGZ je zur Hälfte im Eigentum des DSGV ö.K. und der Landesbanken der alten Bundesländer. An der Deka-Bank waren bis zur Fusion die DGZ mit 14 % und im übrigen die Landesbanken beteiligt[251]. Der DSGV ö.K. erwarb von den Landesbanken 50 % der Deka-Anteile und bezahlte dafür einen Kaufpreis von DM 1,29 Mrd. Danach wurde die DekaBank GmbH in eine Kommanditgesellschaft umgewandelt, deren Komplementärin die DGZ bildet. Die Landesbanken und der DSGV ö.K. nehmen die

---

247 o.V., Verbandschef Köhler vermeldet Fusion - Grünes Licht für die Fusion der Sparkassendachgesellschaft DGZ mit der Sparkassenfondstochter Deka gibt der Sparkassen- und Giroverband in Leipzig -, Handelsblatt vom 30.04.1998.

248 o.V., Rheinische Sparkassen wollen "große Lösung", Börsen-Zeitung vom 25.03.1998; o.V., "Hoffen auf große Lösung", Deutsche Sparkassenzeitung vom 27.03.1998.

249 o.V., Fusion von DGZ und DekaBank ohne BayernLB - Endgültig "grünes Licht" - Börsengänge und Alterssorge im Fokus der Sparkassen, Börsen-Zeitung vom 30.04.1998.

250 o.V., DGZ-Anteilseigner stimmen Fusion mit Deka zu, Börsen-Zeitung vom 16.05.1998; o.V., Die DGZ-Hauptversammlung stimmt der Fusion mit Deka zu, Deutsche Sparkassenzeitung vom 19.05.1998; o.V., Zustimmung zur Fusion von Deka Bank und DGZ, Deutsche Sparkassenzeitung vom 10.07.1998.

251 o.V., Fusion von DGZ und DekaBank ohne BayernLB - Endgültig "grünes Licht" - Börsengänge und Alterssorge im Fokus der Sparkassen, Börsen-Zeitung vom 30.04.1998; o.V., DGZ-DekaBank - „Fusion der besonderen Art“, Börsen-Zeitung vom 12.12.1998.

Kommanditistenstellung ein. Deren Anteile wurden sodann in einem weiteren Schritt gegen Gewährung von Gesellschafterrechten in die DGZ in Form von atypisch stillen Beteiligungen eingebracht. Dieser Schritt führte zur Vereinigung aller Anteile der DekaBank KG in der DGZ. Träger des neuen Institutes sind die Sparkassen über den DSGV ö.K. und die Landesbanken zu jeweils 50 %[252].

Die Fusion von DGZ und Deka zielt auf den Ausbau der Marktposition der Sparkassen im Fondsgeschäft ab. Es soll die Kapitalkraft der im Großkreditgeschäft tätigen DGZ für das durch die Deka gebündelte private Investmentsparen der Sparkassen nutzbar gemacht werden[253]. Gleichzeitig werden die Sparkassen direkt an den Erträgen der DekaBank beteiligt[254].

2. Rechtsgrundlagen der Sparkassenorganisation

Im Rahmen der aufbauorganisatorischen Überlegungen stellt sich die Frage, welche rechtlichen Bestimmungen das Verhältnis und die Zusammenarbeit der Mitglieder der Sparkassenorganisation regeln. Bemerkenswert ist, daß Rechtsgrundlagen für die Sparkassenorganisation als Gesamtheit aller deutschen Sparkassen, Landesbanken/Girozentralen, Sparkassen- und Giroverbände und ihren angegliederten oder verbundenen Unternehmen sowie Gemeinschaftseinrichtungen auf regionaler und zentraler Ebene nicht existieren. Dieser Zusammenschluß von Anstalten und Körperschaften des öffentlichen Rechts beruht überwiegend auf freiwilliger Basis und hat keine einheitliche Regelung durch eine Rechtsquelle gefunden. Entsprechend dem dezentralen, auf einzelne Einheiten ausgerichteten Aufbau enthalten lediglich das einzelne Sparkassenrecht der

---

252 Zur Struktur der neuen DGZ-DekaBank-Gruppe siehe die Übersicht bei: o.V., DGZ-DekaBank - „Fusion der besonderen Art“, Börsen-Zeitung vom 12.12.1998; o.V., Verbandschef Köhler vermeldet Fusion - Grünes Licht für die Fusion der Sparkassendachgesellschaft DGZ mit der Sparkassenfondstochter Deka gibt der Sparkassen- und Giroverband in Leipzig -, Handelsblatt vom 30.04.1998.

253 o.V., Die Fusion der DGZ mit der Deka-Bank wird wie geplant umgesetzt, FAZ vom 21.10.1998.

254 o.V., Fusion von DGZ und DekaBank ohne BayernLB - Endgültig "grünes Licht" - Börsengänge und Altersvorsorge im Fokus der Sparkassen -, Börsen-Zeitung vom 30.04.1998; o.V., Verbandschef Köhler vermeldet Fusion - Grünes Licht für die Fusion der Sparkassendachgesellschaft DGZ mit der Sparkassenfondsgesellschaft Deka gibt der Sparkassen- und Giroverband in Leipzig -, Handelsblatt vom 30.04.1998.

Länder und die Errichtungsgesetze für die Landesbanken/Girozentralen Vorschriften, die die rechtlichen Grundlagen für die Zusammenarbeit im Verbund der Sparkassenorganisation bilden. Die örtliche Definition des Geschäftsgebietes der einzelnen Sparkassen wird bestimmt durch das Regionalprinzip[255]. Die Beschränkung des Geschäftsgebietes auf das Gebiet des Gewährträgers ist Ausdruck des dezentralen Aufbaus der Sparkassenorganisation. Des weiteren wird ausdrücklich das Verhältnis von Sparkassen und den regionalen Verbänden als Zwangsmitgliedschaft in den Sparkassengesetzen der Länder geregelt[256]. Eine weitere Rechtsgrundlage für die Zusammenarbeit im Verbund findet sich in der normierten Verpflichtung der Sparkassen, ihre verfügbaren Mittel überwiegend bei den regional zuständigen Landenbanken/Girozentralen anzulegen[257]. Ferner besteht im Sparkassenrecht der Länder eine generelle Ermächtigung für die Sparkassen, sich an Einrichtungen des regional zuständigen Sparkassen- und Giroverbandes bzw. der Sparkassenorganisation zu beteiligen[258].

3. Die Willensbildung in der Sparkassenorganisation

Aufgrund der Untersuchung des Aufbaus der deutschen Sparkassenorganisation lassen sich nähere Aussagen über den Ablauf und die Ausgestaltung der Willensbildung innerhalb der Organisation treffen. Die Willensbildung ist bei der multiplen Zusammensetzung der Organisation von besonderer Bedeutung, um beispielsweise im Rahmen der Strukturdiskussionen sowie bei der geschäftlichen Positionierung im Markt geschlossen nach außen auftreten zu können.

---

[255] § 8 MuSa Niedersachsen, § 2 Abs. 3 Bay.MuSa Spk., § 1 Abs. 1 MuSa Hessen, § 3 SpkVO NW, § 14 Abs. 1 MuSa A Schl.-Holst. (ö.-r. Spk.), § 5 Abs. 1 SpkG Brandenburg, § 5 Abs. 1 SpkG Meckl.-Vorp., § 5 Abs. 1 SpkG Sachsen, § 5 Abs. 1 SpkG Sachsen-Anhalt, § 6 Abs. 1 SpkG Thüringen.

[256] § 37 Abs. 1 SpkG Baden-Württemberg; Art. 22 Abs. 1 Bay. SpkG; § 8 SpkG Bremen; § 3 Abs. 1 Satzung des Hanseatischen SGV; § 8 SpkG Niedersachsen; § 47 SpkG NW; § 25 Abs. 1 SpkG Rheinland-Pfalz; § 40 SpkG Saar; § 38 Abs. 1 SpkG Schleswig-Holstein; § 1 Abs. 1 Satzung OSGV.

[257] § 16 SpkVO Thüringen, § 13 Abs. 1 SpkVO Sachsen, § 17 SpkVO Brandenburg, § 21 MuSa A Schl.Holst. (ö.-r. Spk), § 21 Abs. 1 MuSa Hessen, § 15 Abs. 1 und 2 Bay.SpkO.

[258] § 19 SpkVO Thüringen, § 16 Abs. 1 SpkVO Sachsen-Anhalt, § 16 Abs. 1 SpkVO Sachsen, § 20 SpkVO Brandenburg, § 24 MuSa A Schl.-Holst. (ö.-r. Spk), § 4 Abs. 1 Nr. 1 SpkVO Rheinland-Pfalz, § 7 Abs. 2 SpkVO NW, § 23 Spk VO Niedersachsen, § 24 MuSa Hessen, § 17 abs. 1 Bay.SpkO.

Festzustellen ist zunächst, daß der dezentrale Aufbau und die dezentrale Entscheidungskompetenz die charakteristischen Merkmale der Sparkassenorganisation sind. Jedes Institut der drei Ebenen ist vom Aufbau her gesehen selbständig sowie mit einer eigenen Führung ausgestattet, die eigenverantwortlich Geschäftspolitik betreibt[259]. Um jedoch zu einem einheitlichen Auftreten nach außen als sogenannte Sparkasseneinheit zu gelangen, muß eine einheitliche Meinungsbildung und Interessenvertretung sichergestellt werden. Mit Blick auf den Organisationaufbau ist anzunehmen, daß sich die Willensbildung grundsätzlich "von unten nach oben" vollzieht, d.h. die Willensbildung funktioniert vom Einzelinstitut über den Regionalverband bis hin zum Spitzenverband. Wie die Darstellung der derzeitigen Position der Sparkassen im Markt in Zahlen ausgedrückt noch zeigen wird[260], ist die einheitliche Willensbildung in den letzten Jahrzehnten mit dem Wachsen der Betriebsgrößen sowie mit dem aufgrund der Ausweitung des geschäftlichen Bereiches gestiegenen Selbstbewußtsein der Sparkassen gegenüber den Landesbanken und den Verbänden deutlich schwieriger geworden. Dies dürfte sich in nächster Zeit noch verstärken, da auf jeder der Ebenen nicht nur gemeinschaftliche Interessen des Verbundes, sondern auch eigene verfolgt werden.

a. Rechtsgrundlagen für eine einheitliche Willensbildung

Eine spezielle Rechtsgrundlage für die einheitliche Willensbildung innerhalb der Organisation gibt es weder in den Sparkassengesetzen der Länder noch in den Errichtungsgesetzen für die Landesbanken/Girozentralen noch in den Satzungen der regionalen und zentralen Verbände. Mangels ausdrücklicher Regelung kann der Ablauf des Willensbildungsprozesses nur konkludent aus den Vorschriften über die Verbandsorgane abgeleitet werden. Diese Vorschriften regeln die Art und Anzahl der Verbandsorgane, deren Zusammensetzung sowie Zuständigkeiten, insbesondere die Berechtigung der Einsetzung von Gremien zwecks gemeinsamer Meinungsbildung.

---

[259] Vgl. Güde, Geschäftspolitik der Sparkassen, S. 56.

[260] S. Punkt III. 4. der Untersuchung.

b. Faktische Gründe für eine einheitliche Willensbildung

Im Gegensatz zum Konzern ist die Sparkassenorganisation ein Zusammenschluß rechtlich selbständiger Institute, die in eigener Verantwortung über ihre Geschäftspolitik entscheiden. Für die Notwendigkeit einer einheitlichen Willensbildung lassen sich jedoch beispielhaft die nachfolgenden Gründe anführen, so daß die Autonomie der verschiedenen Institute bereits insoweit eine Einschränkung erfährt.
Historisch läßt sich die Einheitlichkeit der Meinungsbildung mit den übereinstimmenden Auffassungen über Ziele und Aufgaben der Sparkassen, der sogenannten Sparkassenidee, begründen. Aufgrund ihrer gemeinsamen Entstehungsgeschichte und ihrer kommunalen Bindung bestehen bereits im Grundsatz über Ziele und Aufgaben der Sparkassen einheitliche Ansichten. Die Notwendigkeit einer einheitlichen Willensbildung ergibt sich daneben aus der Vertretung der Interessen der Organisation nach außen und nach innen[261]. Neben dem internen Ausbau und der Stärkung des Verbundes, der Koordinierung der Geschäftspolitik, der Erschließung neuer Geschäftsfelder sowie der übereinstimmenden Werbung muß die einheitliche Darstellung und Meinungsäußerung gegenüber der Öffentlichkeit, insbesondere den Behörden, wie etwa dem Bundesaufsichtsamt für das Kreditwesen, sichergestellt werden.

c. Willensbildung auf regionaler Ebene

Träger der Willensbildung auf regionaler Ebene der Sparkassenorganisation sind die regionalen Sparkassen- und Giroverbände. Ausgehend von der Kräfteverteilung ist festzustellen, daß die Verbände aufgrund der gesetzlich geregelten Zwangsmitgliedschaft der Sparkassen eine starke Stellung gegenüber ihren Mitgliedern haben. Zwar begründet die Zwangsmitgliedschaft im regionalen Verband kein weisungsgebundenes Unterstellungsverhältnis[262], jedoch wird damit eine Form der Unabhängigkeit von Beitritts- oder Austrittserklärungen erzeugt, die bei einer freiwilligen Mitgliedschaft so nicht gegeben ist und Auswirkungen auf die Entscheidungsfindungen hat. Insoweit kann von einem faktischen Unterstellungsverhältnis der Sparkassen gesprochen werden. Als Grund für das Erfordernis der Unabhängigkeit der regionalen Verbände wird ange-

---

261 Geiger/Möder, Willensbildung in der Sparkassenorganisation, HWS Band 4, S. 417.

262 Schlierbach, Das Sparkassenrecht in der Bundesrepublik Deutschland, S. 307.

führt, daß nur auf diese Weise ihre Funktion als Prüfungsinstitution und Hilfsorgan der Aufsichtsbehörden sichergestellt werden kann[263].
Zu beachten ist jedoch, daß das insoweit gegebene faktische Unterstellungsverhältnis eine Umkehrung erfährt, wenn die finanziellen Abhängigkeiten mit herangezogen werden. So sieht etwa die Satzung des NSGV vor, daß der Verband von seinen Mitgliedssparkassen mit einem Stammkapital ausgestattet wird[264]. Dieses wird von den Sparkassen grundsätzlich im Verhältnis ihrer Größe aufgebracht. Damit sind die Sparkassen Kapitalgeber der Verbände. In der Privatwirtschaft würde man sie als Gesellschafter bezeichnen. Des weiteren hat der Verband gemäß § 21 Abs. 1 der Satzung eine Sicherheitsrücklage zu bilden. Sollte im Falle der Haftung des Verbandes nach Heranziehung dieser Sicherheitsrücklage ein Fehlbetrag im Haushalt verbleiben, so kann der Verband gemäß § 22 Abs. 2 der Satzung dessen Deckung durch die Mitgliedsparkassen nach dem Verhältnis ihrer Anteile fordern. Sowohl der Verband als auch die Sparkassen werden darauf bedacht sein, daß ein solcher Fall nicht eintritt, so daß die Meinungsbildung und -findung von diesen monetären Gesichtspunkten mit geprägt wird. Darüber hinaus werden die Sparkassen zur Deckung der laufenden Verbandskosten herangezogen. Während die Nord/LB einen Kostenbeitrag leistet, bringen die Sparkassen den überwiegenden Teil im Wege der Umlage auf. Die Sparkassen sind insoweit nicht nur Gesellschafter, sondern laufende Finanziers des Verbandes.
Innerhalb der Organisation bestehen die unterschiedlichsten Interessenlagen, wie z.B. zwischen kleinen, mittleren und großen Sparkassen, zwischen Sparkassen und Landesbanken/Girozentralen, zwischen Sparkassen und Landesbausparkassen sowie zwischen Sparkassen und den Verbänden. Um diese unterschiedlichen Interessen zu bündeln und kompromißfähig zu machen, ist es erforderlich, die einzelnen Institute frühzeitig in den Entscheidungsprozeß einzubeziehen. Eine direkte Einbeziehung der Sparkassen findet durch Umfragen sowie Einschaltung der Bezirksobmänner, satzungsmäßige Ausschüsse oder Arbeitskreise statt.
Anlaß einer notwendigen Entscheidungsfindung könnte z.B. die von den niedersächsischen Sparkassen mit Blick auf die Liberalisierung der Sparkassengesetze in anderen Bundesländern seit Jahren geforderte Änderung des Geschäftsrechtes

---

263 Güde, Geschäftspolitik der Sparkassen, S. 67.

264 § 8 Abs. 1 und 2 Satzung des Nieders. SGV.

sein. Um dem Gesetzgeber entsprechende Änderungsvorschläge unterbreiten zu können, muß zunächst eine einheitliche Willensbildung über den regionalen Verband erfolgen. Der typische formale Ablauf des Willensbildungsprozesses soll beispielhaft an der Satzung des NSGV[265] dargestellt werden, wobei die Satzungen der anderen regionalen Verbände grundsätzlich vergleichbare Regelungen vorsehen:

Die Organe des Verbandes sind gemäß § 10 der Satzung die Verbandsversammlung, der Verbandsvorstand und der Verbandsvorsteher, wobei entsprechend der öffentlich-rechtlichen Körperschaftsform die Verbandsversammlung als Mitgliederversammlung das oberste Organ ist. Auf die Initiative der Sparkassen hin wird vom Verband eine Umfrage bei den Sparkassen zu einem aktuellen Thema vorgenommen, nach deren Auswertung ein Arbeitskreis aus Vertretern der Sparkassen und des Verbandes eingerichtet wird. Das Ergebnis des Arbeitskreises wird anhand einer Vorlage in einem der satzungsrechtlich vorgesehenen Ausschüsse beraten. Gemäß § 17 der Satzung kann der Verbandsvorstand zur Vorbereitung von Angelegenheiten, die seiner Beschlußfassung unterliegen, aus seinen Mitgliedern Ausschüsse bilden und ihnen widerruflich bestimmte Aufgaben übertragen. Der Vorstand kann danach ferner zu seiner Unterstützung beratende Ausschüsse bilden, zu denen auch dem Vorstand nicht angehörende Mitglieder berufen werden können.

Zur Zeit sind in Niedersachsen fünf satzungsmäßige Ausschüsse eingesetzt, die zum Teil über Unterausschüsse verfügen. Dies sind der Bausparkassen-, der Bildungs-, der Sparkassen- sowie der zentrale Werbungsausschuß und der Betriebswirtschaftliche Ausschuß. Zuständig für die vorgelegte Frage der Änderung des Geschäftsrechtes ist der Sparkassenausschuß mit seinem Unterausschuß für Rechtsfragen. Der weitere Ablauf des Meinungsbildungsprozesses sieht eine zu erarbeitende Empfehlung des Ausschusses vor, die vor der Sondersitzung des Verbandsvorstandes in der Verbandsvorsteherkonferenz erörtert wird. Der Verbandsvorsteher nimmt als ordentliches Mitglied des Verbandsvorstandes an dessen Sitzung teil. Das vom Verbandsvorstand befürwortete Ergebnis wird mangels eigener Zuständigkeit der Verbandsversammlung zur Beschlußfassung vorgelegt. Die Verbandsversammlung besteht u.a. aus Vertretern der Sparkassen und deren Gewährträger sowie dem Verbandsvorsteher[266].

---

265 Satzung des Niedersächsischen Sparkassen- und Giroverbandes (Nieders. MBl. 1994 S. 555).

266 § 11 Abs. 1 Satzung des Nieders. SGV.

Die Sparkassen werden durch ihren Vorstand, die jeweiligen Gewährträger durch den Vorsitzenden des Verwaltungsrates der Sparkasse vertreten[267]. Die Sparkassen sind mithin bei dem theoretisch dargestellten Meinungsbildungsprozeß sowohl zu Beginn als auch bei der Beschlußfassung beteiligt. Der Beschluß der Verbandsversammlung wird sodann von den entsprechenden Vertretern des Verbandes gegenüber der Legislativen vertreten.

d. Willensbildung auf zentraler Ebene

Die Willensbildung vollzieht sich auf der zentralen Ebene im Grundsatz nicht anders als auf der regionalen Ebene. Träger der Willensbildung ist der DSGV e.V. Wichtiger Unterschied ist jedoch, daß die Sparkassen bei der Willensbildung nicht mehr direkt eingebunden sind, sondern ausschließlich über ihren Regionalverband vertreten werden. Insoweit obliegt es den Regionalverbänden vorab einen Willenbildungsprozeß bei ihren Mitgliedssparkassen einzuleiten, um deren Interessen adäquat vertreten zu können.

e. Die Willensbildung von "oben nach unten"

Die Initiative von Meinungsbildungsprozessen innerhalb der Sparkassenorganisation kann sowohl von den regionalen Verbänden, von deren Mitgliedern, vom DSGV e.V. oder auch von Dritten außerhalb der Sparkassenorganisation ausgehen[268]. Letztere sind insbesondere die Bundes- oder Landesregierungen bzw. die Parlamente, die Deutsche Bundesbank oder das Bundesaufsichtsamt für das Kreditwesen (BAK). Die so initiierten Fragestellungen sollten entsprechend dem dezentralen Aufbau der Sparkassenorganisation grundsätzlich von der örtlichen über die regionale zur zentralen Ebene, mithin von "unten nach oben" verlaufen. Diese Reihenfolge kann sich indes auch umkehren. Dies gilt speziell für den Bereich der "Außenpolitik" der Verbände. Wie das Beispiel der letztlich gescheiterten Fusionspläne der Nord/LB zeigt, besteht auch bei einem an sich vorgesehenen Meinungsbildungsprozeß von unten nach oben in der Praxis die Möglichkeit, daß Vertreter der regionalen oder zentralen Ebene öffentlich Stellungnahmen abgeben und Entscheidungen vorweg nehmen, ohne daß die Sparkassen als Basis in den Meinungsbildungsprozeß einbezogen wor-

---

267 § 11 Abs. 2 Satzung des Nieders. SGV.

268 Geiger/Möder, Willensbildung in der Sparkassenorganisation, HWS Band 4, S. 418.

den sind oder eine mehrheitsfähige, basisgestützte Entscheidungsgrundlage vorliegt. Die Gründe für diese Vorgehensweise geben Anlaß zu Spekulationen. Die mangelnde Zeit läßt sich sicherlich für den Bereich der anfallenden Tagesarbeit als Argument anführen, kann allerdings im Bereich von Entscheidungen, denen langwierige Verhandlungen mit Dritten vorausgehen, keine Rolle spielen. Fest steht, daß die Sparkassen bei der vorgenannten Konstellation einer Art Fraktionszwang unterliegen, da sich eine vom regionalen oder zentralen Verband als Interessenvertreter der Sparkassen öffentlich manifestierte Entscheidung praktisch nicht mehr ändern läßt. Zudem würde eine nachträgliche, die vorweggenommene Entscheidung ablehnende Beschlußfassung der Sparkassenvertreter in der Verbandsversammlung mehr schaden als nützen, weil damit die nach außen demonstrierte "Sparkasseneinheit" in Frage gestellt werden würde. Insoweit stellt sich das Verhältnis von Sparkassen und deren Verbänden, wie bereits erörtert[269], als faktisches Unter/Überordnungsverhältnis dar.

4. Die derzeitige Position der Sparkassen im Markt

Der Aufbau des Sparkassensektors ist hinsichtlich seiner Grundstruktur - der Dezentralität, Dreistufigkeit und Verbundkooperation - seit Jahrzehnten unverändert geblieben. Jedoch haben sich innerhalb der einzelnen Ebenen der Sparkassenorganisation und in ihrem Zusammenwirken schon vor der aktuellen Strukturdiskussion bedeutsame Veränderungen ergeben, deren wesentlichen Entwicklungslinien anhand von Strukturdaten für Sparkassen verdeutlicht werden sollen. Mit dem Ausbau und der Vertiefung der verbundwirtschaftlichen Kooperation ist neben einem nach Art und Umfang erweiterten Kreis geschäftlicher Aktivitäten vor allem ein Prozeß der Durchsetzung größerer Betriebseinheiten einhergegangen. Die Entwicklung und Bedeutung der Sparkassen sowohl innerhalb der Sparkassenorganisation als auch im gesamten Bankenbereich verdeutlicht sich bei der Heranziehung von betriebswirtschaftlichen Ergebnissen und Überlegungen.

a. Veränderung der Anzahl der Sparkassen seit 1970

Ausgehend von der Anzahl der Sparkassen in Deutschland haben sich in den vergangenen 20 Jahren einschneidende Veränderungen ergeben, die sich an-

---

[269] S. Punkt III.3.c. der Untersuchung.

hand des nachfolgenden Zahlenmaterials verdeutlichen lassen. Die Zahl der Sparkassen hat sich in dem Zeitraum von 1970 bis 1998 wie folgt geändert[270]:

Jahr	**Institutsanzahl**	**Veränderung**
1970	833	keine
1971	808	- 25
1972	771	- 37
1973	740	- 31
1974	710	- 30
1975	675	- 35
1976	649	- 26
1977	622	- 27
1978	611	- 11
1979	603	- 8
1980	599	- 4
1981	598	- 1
1982	595	- 3
1983	592	- 3
1984	591	- 1
1985	590	- 1
1986	589	- 1
1987	586	- 3
1988	585	- 1
1989	583	- 2
1990	575	- 8
1991	725	+150
1992	723	- 2
1993	703	- 20
1994	655	- 48
1995	624	- 31
1996	607	- 17
1997	598	- 9
1998	594	- 4

[270] Zur empirischen Entwicklung der Sparkassen: Ashauer, Von der Ersparungscasse zur Sparkassen-Finanzgruppe, S. 301; Baxmann, Daten zur Konzentration im Sparkassenwesen, Sparkasse 1991, S. 508 ff; für die einzelnen empirischen Werte dienten die jeweiligen Jahresberichte des DSGV e.V. als Quelle.

Der DSGV e.V. geht davon aus, daß sich die Zahl der Sparkassen in den nächsten Jahren auf 350 bis 400 weiter verringern wird[271]. Diese Entwicklung macht Strukturveränderungen in der "Sparkassenlandschaft" deutlich. Die Tendenz des Konzentrationsprozesses und das damit verbundene Sinken der Anzahl der Sparkassen war in den 70iger Jahren besonders ausgeprägt. In diesem Zeitraum verringerte sich die Zahl der Sparkassen um insgesamt 230, das sind 29,1 %. Ursache war die kommunale Gebietsreform, die zu einer Vielzahl von Fusionen führte[272]. Die 80iger Jahre bildeten einen Zeitraum weitgehender Stabilität mit nur vereinzelten Institutsaufgaben. Diese Phase wurde 1991 im Zuge der deutschen Wiedervereinigung unterbrochen, als 150 Sparkassen auf dem Gebiet der ehemaligen DDR in die deutsche Sparkassenorganisation eingegliedert wurden. Danach kam es zu einer erneuten, immer noch anhaltenden Konzentration, die bislang 1994 ihren Höhepunkt erreichte. Die Institutsaufgabe von 48 Sparkassen allein im Jahr 1994 bedeutete eine Reduktion um 6,8 %. Grund für die Umstrukturierung der "Sparkassenlandschaft" waren betriebswirtschaftliche Warnsignale für die weitere Geschäftsentwicklung der Sparkassen Anfang der 90iger Jahre. Trotz steigender Erträge ergaben sich diese ersten negativen Anzeichen aufgrund der erheblich gestiegenen Kostenquote[273]. Mit dem Ziel der Kostensenkung hat die Sparkassenorganisation ein Kostenmanagement mit der Bezeichnung "Lean-Banking" eingeführt, das mit Hilfe verschiedener Programme, beispielsweise dem Produktivitätssteigerungsprogramm (PSP) sowie dem Vertriebs- und Verkaufssteigerungsprogramm (VSP), die Kostenstruktur positiv beeinflussen soll[274]. Das Steigen der Kosten als ein Auslöser bankbetrieblicher Konzentrationsprozesse führte zudem zu einer vermehrten Fusion von kleineren Sparkassen zu größeren Unternehmenseinheiten. Mit dieser Strukturverände-

---

[271] S. dazu: Schmidhuber, Überlegungen zu künftigen Sparkassenstrukturen, Sparkasse 1998, S. 587.

[272] Baxmann, Daten zur Konzentration im Sparkassenwesen, Sparkasse 1991, S. 511; Nierhaus, Zur kommunalen Bindung und Aufgabenstellung der Sparkassen, DÖV 1984, S. 664 f.

[273] Allein im Geschäftsjahr 1992 stieg die Kostenquote von 2,22 % auf 2,27 %, vgl. zu den Zahlen: Geiger, Pressekonferenz des DSGV am 2.02.1993 in Frankfurt, Redemanuskript.

[274] Vgl. dazu: Ellgering, Zeitgemäßer Vertrieb - Anmerkungen aus der Sicht einer Flächensparkasse -, Sparkasse 1993, S. 460 ff; Heitmüller, Das Strategiekonzept der Sparkassenorganisation in der Realisierungsphase, Sparkasse 1992, S. 556 ff; Rehm, Am Markt beweisen und bewähren, Sparkasse 1992, S. 511 ff.

rung folgte man der Empfehlung der Unternehmensberatungsgesellschaft Mk-Kinsey, die im Auftrag des DSGV e.V. ein Gutachten über die Zukunft der Sparkassen im EG-Binnenmarkt erstellte[275]. McKinsey gelangte in ihrer Studie zur Bedeutung von "Europa '92 für die deutsche Sparkassenorganisation" zu dem Ergebnis, daß der Europäische Binnenmarkt mit dem einhergehenden Strukturwandel ein erhebliches Gefährdungspotential für die "Sparkassenlandschaft" darstellt[276]. Danach wird eine Mindestbetriebsgröße von 1 bis 3 Mrd. DM Bilanzsumme für eine einzelne Sparkasse als notwendig angesehen, um zu einem günstigen Kosten/Nutzen-Verhältnis zu gelangen. Zur Erreichung einer optimalen Betriebsgröße mußten viele Sparkassen fusionieren, um die wirtschaftlichen Voraussetzungen zu schaffen, auf dem europäischen Binnenmarkt bestehen und der fortschreitenden Spezialisierung der Finanzmärkte folgen zu können[277].
Die Diskussion um Betriebsgrößen der Kreditinstitute dauert vor dem Hintergrund des EG-Binnenmarktes und der Allfinanzentwicklung an. Wie bereits ausführlich dargestellt[278], ist demzufolge das Thema Fusionierung auch Ende der 90iger Jahre aktuell, wenngleich der Zusammenschluß von kleineren Sparkassen eine untergeordnete Rolle spielt und vielmehr in größeren Dimensionen, d.h. der Fusion von sämtlichen Sparkassen eines Bundeslandes mit der dazugehörenden Landesbank, gedacht wird.

b. Sparkassen in Zahlen

Entsprechend dem Verbundkonzept der Sparkassenorganisation ist es nicht sinnvoll, die Geschäftsergebnisse einzelner Sparkassen für die Untersuchung der gegenwärtigen Marktstellung der Sparkassen heranzuziehen. Dies würde zu

---

275 Eine Veröffentlichung des Gutachtens ist nicht vorgenommen worden. Die Angaben aus dem Gutachten stammen aus der Zweitveröffentlichung: Heitmüller, Das Strategiekonzept der Sparkassenorganisation in der Realisierungsphase, Sparkasse 1992, S. 557 f.

276 Eine Veröffentlichung des Gutachtens ist nicht vorgenommen worden. Die Angaben aus dem Gutachten stammen aus der Zweitveröffentlichung: Heitmüller, Das Strategiekonzept der Sparkassenorganisation in der Realisierungsphase, Sparkasse 1992, S. 556.

277 Heitmüller, Das Strategiekonzept der Sparkassenorganisation in der Realisierungsphase, Sparkasse 1992, S. 557; a.A. Hahn, Optimale Betriebsgröße von Sparkassen - eine kritische Überlegung, ZfK 1995, S. 32 ff.

278 S. Punkt III. 1.b.(2) cc) eee).

einer verfälschten Darstellung führen, da die Sparkassen sehr unterschiedliche Geschäftsvolumen und unterschiedliche Bedeutung für das jeweilige Geschäftsgebiet aufweisen. Während eine Flächensparkasse in ländlich strukturierten Gegenden beispielsweise die unangefochtene Marktführerposition mit einem entsprechend guten Jahresergebnis innehat, sind in Ballungszentren die Marktanteile hart umkämpft. Zur Verdeutlichung der breiten Streuung der Betriebsgrößen von Sparkassen ist die nachfolgende Auswertung der Bilanzsummen aus dem Jahr 1997 heranzuziehen[279]:

Geschäftsvolumen	**Anzahl der Sparkassen**	**Anteil in %**
100 bis unter 500 Mill. DM	51	8,5
500 bis unter 1000 Mill. DM	93	15,5
1000 bis unter 5000 Mill. DM	382	63,9
5000 bis unter 10000 Mill. DM	50	8,4
10000 bis unter 60000 Mill. DM	22	3,7

Diese Auswertung zeigt, daß 76 % der Sparkassen die von McKinsey empfohlene Mindestbetriebsgröße von 1 Milliarde DM aufweisen. Im Vergleich dazu betrug der Anteil der Sparkassen von einem Geschäftsvolumen von mindestens einer Milliarde DM im Jahr 1991, also vor der Erstellung des Gutachtens, lediglich 55 %[280]. Diese Strukturveränderung in den Größenklassen der Sparkassen ist im wesentlichen das Ergebnis von Fusionen als Reaktion auf die neuen Verhältnisse im EG-Binnenmarkt.

Entscheidend für die Beurteilung der gegenwärtigen Marktstellung der Sparkassen ist zum einen das gesamte Geschäftsvolumen aller Sparkassen zum an-

---

279 Quelle: Jahresbericht 1997 des DSGV.

280 Quelle: Jahresbericht 1991 des DSGV.

deren das der Sparkassen und Landesbanken/Girozentralen als Verbund. Das Geschäftsvolumen aller Sparkassen im Bundesgebiet stieg zum Stichtag 31.12.1997 um 5,4 % gegenüber dem Vorjahr auf 1,691 Billionen DM[281]. Die Sparkassen verfügen damit über einen Marktanteil von rund 18,5 %[282]. Das Geschäftsvolumen der Sparkassen im Verbund mit den Landesbanken/ Girozentralen stieg insgesamt auf 3,4 Billionen DM, was einen Marktanteil von 36,9 % bedeutet[283]. Demgegenüber halten die drei größten deutschen Geschäftsbanken, die Deutsche Bank, die Dresdner Bank und die Commerzbank einen Marktanteil von insgesamt 9,8 %[284]. Die kreditgenossenschaftliche Bankgruppe verfügte dagegen über einen Marktanteil von 10,7 %[285].

Die Sparkassen nehmen somit zusammen mit den Landesbanken/ Girozentralen die Marktführerschaft ein und stellen einen bedeutenden Wirtschaftsfaktor für die deutsche Kreditwirtschaft dar. Trotz dieser Position schwächte sich die Ertragslage der Sparkassen im operativen Geschäft ab. So konnte 1997 ein Reingewinn von 0,28 % der Durchschnittsbilanzsumme (DBS) erwirtschaftet werden, 1996 waren es noch 0,31 %[286]. Der Zinsüberschuß, d.h. der Zinsertrag abzüglich des Zinsaufwandes, ging um durchschnittlich 0,21 % auf 2,68 % der DSB zurück[287]. So läßt eine Analyse der Sparkassenbilanzen eine Strukturver-

---

281 Die Zahlen beziehen sich auf den Stand von Dezember 1997, vgl. DSGV, Jahresbericht 1997, S. 19; Höffer, Moderates Wachstum in Sparkassenbilanzen im Jahr 1997, Sparkasse 1998, S. 224 ff.

282 Die Zahlen beziehen sich auf den Stand von Dezember 1997, vgl. Deutsche Bank, Monatsbericht März 1998, S. 45.

283 Die Zahlen beziehen sich auf den Stand von Dezember 1997, vgl. Deutsche Bank, Monatsbericht März 1998, S. 45; DSGV, Jahresbericht 1997, S. 19; speziell für die bilanzielle Situation der Landesbanken s.: Bizer, Die Geschäftsentwicklung der Landesbanken/ Girozentralen im Jahr 1997, Sparkasse 1998, S. 227.

284 Die Zahlen beziehen sich auf den Stand von Dezember 1997, vgl. Deutsche Bank, Monatsbericht März 1998, Statistischer Teil, S. 20.

285 Die Zahlen beziehen sich auf den Stand von Dezember 1997, vgl. Deutsche Bank Monatsbericht März 1998, S. 46 und Statistischer Teil, S. 20; zur wirtschaftlichen Situation der Genossenschaftsbanken s. ausführlich: Ellgering, Die Kreditgenossenschaften im Jahr 1997, Sparkasse 1998, S. 497 ff.

286 Vgl. DSGV, Jahresbericht 1997, S. 22.

287 Vgl. DSGV, Jahresbericht 1997, S. 23.

änderung im Geschäftsbereich der Sparkassen erkennen. Der hohe Zinsaufwand im traditionellen Spargeschäft wird verursacht durch das renditebewußte Verhalten der Kunden, die gering verzinste Anlagen zugunsten höher verzinslicher Sondersparformen umschichten. Der Marktanteil der Sparkassen in dem traditionell starken Bereich der Spareinlagen beträgt zwar 51,2 %, jedoch ist auffällig, daß die normalverzinslichen Spareinlagen um 3,9 % rückläufig sind, während bei den höherverzinslichen Einlagen ein Zuwachs von 6,7 % zu verzeichnen ist[288]. Bei den längerfristig angelegten Termingeldern von 3 Monaten und mehr konnte sogar ein Zuwachs von 15,2 % erzielt werden[289]. Insgesamt gesehen war das Einlagengeschäft der Sparkassen in 1997 geprägt von der rückläufigen Einkommensentwicklung, der weiter angestiegenen Arbeitslosigkeit und dem niedrigen Zinsniveau[290].
Neben dem Bereich der Spareinlagen als Passivgeschäft ist Schwerpunkt der Geschäftstätigkeit der Sparkassen das Kreditgeschäft. Der Marktanteil im Kreditgeschäft an inländische Nichtbanken, d. h. an Privatpersonen, Öffentliche Haushalte, Organisationen ohne Erwerbszweck und dem Wohnungsbau beträgt 21,3 %, zusammen im Verbund mit den Landesbanken/Girozentralen 37,4 %[291]. Demgegenüber haben die Großbanken einen Marktanteil von 23,9 % und die Genossenschaftsbanken einen Anteil von 14,3 %[292].
Festzustellen ist, daß der Schwerpunkt der Geschäftstätigkeit der Sparkassen zur Zeit noch im Bereich der traditionellen Bankgeschäfte liegt, die Bedeutung dieses Bereiches jedoch tendentiell im Abnehmen begriffen ist. So ist der Anteil der traditionellen Bankgeschäfte im Verhältnis zum Geschäftsvolumen gesunken, während der Anteil nicht typisch traditioneller Sparkassengeschäfte, wie beispielsweise das Kunden-Wertpapiergeschäft, gestiegen ist[293]. Die Sparkassen

---

288 Vgl. DSGV, Jahresbericht 1997, Statistisches Beiheft, S. 18.

289 Vgl. DSGV, Jahresbericht 1997, Statistisches Beiheft, S. 19.

290 Vgl. o.V., Durchwachsene Geschäftsentwicklung - Sparkassenorganisation/ Nachlassende Sparneigung - Ertragsentwicklung unter Druck, Handelsblatt vom 28.04.1998.

291 Vgl. Deutsche Bank Monatsbericht März 1998, Statistischer Teil, S. 20; DSGV, Jahresbericht 1998, Statistisches Beiheft, S. 26.

292 Vgl. DSGV, Jahresbericht 1997, S. 19.

293 Vgl. DSGV, Jahresbericht 1997, S. 20.

haben, um die unterschiedlichen Finanzbedürfnisse ihrer Kunden abzudecken, ihr Produkt- und Dienstleistungsangebot erweitert[294]. Damit stellt sich die Frage, in welcher Form diese Erweiterung stattgefunden hat sowie ob und wie sie mit den sparkassenrechtlichen Vorschriften in Einklang zu bringen ist. Darauf wird im Laufe der Untersuchung näher einzugehen sein.

IV. Besonderheiten der Sparkassen als öffentliche Unternehmen der Kommunen

Die Untersuchung der rechtlichen Möglichkeiten und Grenzen allgemeiner Bankgeschäfte für Sparkassen muß aufgrund deren historischer Entwicklung und den daraus folgenden Geschäftsbeschränkungen die kommunale Bindung sowie den öffentlichen Auftrag als spezielle Aufgabenstellung berücksichtigen. Die Sparkassen sind aufgrund ihrer Rechtsstellung als Anstalten des öffentlichen Rechts Teil der öffentlichen Verwaltung. Wegen ihrer kommunalen Trägerschaft zählen sie zum Bereich der mittelbaren Staatsverwaltung und zwar zu der kommunalen Wirtschaftsverwaltung[295]. Eine Legaldefinition findet sich weder in den Sparkassengesetzen der Länder noch an anderer Stelle. Sparkassen werden jedoch ganz allgemein als öffentliche Unternehmen der Kommunen bezeichnet. Als solche ist ihre Geschäftstätigkeit von den Merkmalen der Gewährträgerhaftung und der Anstaltslast sowie dem öffentlichen Auftrag geprägt. Unter Einbeziehung der geschichtlichen Entwicklung sind diese Merkmale für die Beurteilung der Reichweite der Geschäftstätigkeit von Sparkassen auf ihre Aktualität hin näher zu untersuchen.

1. Die geschichtliche Entwicklung der Sparkassen

Die geschichtliche Entwicklung der Sparkassen zu zweckgebundenen öffentlichen Unternehmen ist geprägt von vier Phasen mit unterschiedlicher Intensität der staatlichen Einflußnahme.

---

294 S. Geise, Sparkassen-Finanzgruppe und Allfinanz, Sparkasse 1993, S. 56 ff.

295 Vgl. OVG Lüneburg, Sparkasse 1970, S. 158; BVerwG, Sparkasse 1972, S. 116; OLG Hamm, DVBl. 1981, S. 228; VerfGH NRW, Sparkasse 1980, S. 270, 311; BayVGH, Sparkasse 1981, S. 351; BayVerfGH, Sparkasse 1986, S. 73; VerfGH NRW, Sparkasse 1986, S. 509 ff.

a. Sparkassen in der Gründungsphase

In das 18. Jahrhundert fallen die Gründungen wichtiger Vorläufer der Sparkassen[296]. So sind seit der Mitte dieses Jahrhunderts insbesondere im süddeutschen Raum Waisenkassen auf Veranlassung von weltlichen und geistlichen Territorialherren entstanden. Mit den Waisenkassen sollte die Möglichkeit geschaffen werden, die Mündelgelder bis zur Volljährigkeit der Mündel sicher und zinsbringend anzulegen. Auch wenn die Waisenkassen ausschließlich die Funktion der Vermögensverwaltung der den Waisen durch den Erbfall zugeflossenen Gelder und sonstigen Vermögenswerte übernahmen[297] und nicht dem eigentlichen Sparen im Sinne des Ansammelns kleiner Kapitalbeträge dienten, werden sie überwiegend als Vorläufer der Sparkassen angesehen[298].
Da es in dieser Zeit schon Banken gab, die nicht nach sozialen Gesichtspunkten das Bankgeschäft betrieben und weite Teile der Bevölkerung von der Versorgung mit bankwirtschaftlichen Dienstleistungen ausgeschlossen waren, entstand im Zuge der geistesgeschichtlichen Zeit der Aufklärung die Vorstellung von sozial verpflichteten Banken. Ausgangspunkt der Überlegungen zur Gründung von sozial verpflichteten Banken waren zum einen die Armen- und Waisenkassen, die sichere und verzinsliche Anlagemöglichkeiten für benachteiligte Bevölkerungsgruppen boten[299], zum anderen die landesfürstlichen und kommunalen (Pfand-)Leihhäuser, die Kredite und Kleindarlehen gewährten[300]. Die Initiative zu den ersten Sparkassengründungen ging interessanterweise nicht von staatlicher Seite, sondern von Zusammenschlüssen von Privatpersonen aus. Diese fügten die vorgenannten Geschäftsarten zusammen und schufen damit den "Prototyp" einer Sparkasse mit sozial orientiertem Aktiv- und Passivge-

---

296 Zur ausführlichen geschichtlichen Darstellung : Ashauer, Von der Ersparungskasse zur Sparkassen-Finanzgruppe, S. 25 ff.

297 Henning, Die historischen Wurzeln des öffentlichen Auftrags der Sparkassen, S. 25.

298 Vgl. Henze/Schmidt : Grundzüge der Geschichte des Sparkassenwesens, S. 13; Trende, Geschichte der deutschen Sparkassen, S. 9 ff.

299 Wohl beginnend mit der 1749 von Abt Anselm gegründeten Waisenkasse in Salem (Baden); vgl. hierzu Henze/Schmidt, Grundzüge der Geschichte des Sparkassenwesens, S. 13 ff.

300 Als eines der ersten Leihhäuser entstand 1765 die Herzogliche Leihhauskasse in Braunschweig, vgl. Ashauer/Mura, Geschichte der Sparkassen, HWS Band 2, S. 259.

schäft. So wurde nach überwiegender Ansicht die erste deutsche Sparkasse als "Ersparungsklasse", einer Abteilung der "Allgemeinen Versorgungsanstalt", von der "Hamburger Patriotischen Gesellschaft zur Beförderung der Künste und des Unterrichtes" gegründet[301]. Gründungsmotiv war neben der Verbesserung des Armenwesens und dem fehlenden Leistungsangebot der bestehenden Banken das mit dem Zeitgeist der Aufklärung entstandene Ziel der moralischen Erziehung in Form der Pflege des Sparsinnes[302]. Die privaten Vereinigungen nahmen somit einen gemeinnützigen Auftrag im Sinne einer vorbeugenden Armenfürsorge wahr, der sich erst später durch die Gründung von kommunalen Sparkassen in einen öffentlichen Auftrag umwandelte[303]. Die Bezeichnung "Spar"kasse war von Anfang an eine unvollständige Umschreibung dieses gemeinnützigen Auftrages. Die den Institutionen zukommende Doppelaufgabe bestand schwerpunktmäßig zwar in der Entgegennahme von Spareinlagen, um diese sicher und zinsbringend anzulegen, jedoch gehörte in Anbetracht der Wucherzinsproblematik als Hilfe zur Selbsthilfe auch die Kreditgewährung an untere und mittlere Einkommensschichten dazu.

Wichtig für die weitere Entwicklung dieses ersten Sparkassentypus war der Umstand, daß bereits in dieser Phase Verbindungen zu den Kommunen und damit erste Ansätze eines öffentlichen Einflusses auf das Sparkassenwesen bestanden. So hatte der Hamburger Senat mit der Gründung der Allgemeinen Versorgungsanstalt eine Zinsgarantie für die Einlagen der Ersparungsklasse übernommen[304] und für die Einlagen einiger anderer zwischenzeitlich gegründeter Sparkassen bürgten die Gemeinden[305].

---

301 Vgl. dazu ausführlich: Trende, Geschichte der deutschen Sparkassen, S. 29 ff; Ashauer/ Mura, Geschichte der Sparkassen, HWS Band 2, S. 259.

302 So bestimmte § 94 der Anordnung der hamburgischen Allgemeinen Versorgungsanstalt, daß "die Ersparungsklasse zum Nutzen geringer fleißiger Personen beiderlei Geschlechts, als Dienstboten, Tagelöhner, Handarbeiter, Seeleute, errichtet" worden sei, "um ihnen Gelegenheit zu geben, auch bei Kleinigkeiten etwas zurückzulegen und ihren sauer erworbenen Not- oder Brautpfennig sicher zu einigen Zinsen belegen zu können, wobei man hoffet, daß sie diese ihnen verschaffte Bequemlichkeit sich zur Aufmunterung gereichen lassen mögen, um durch Fleiß und Sparsamkeit dem Staate nützlich und wichtig zu werden". Quelle: Trende, Geschichte der deutschen Sparkassen, S. 30.

303 Ausführlich dazu: Keßler, Gemeinnützigkeit, HWS Band 2, S. 180 ff.

304 Henze/Schmidt, Grundzüge der Geschichte des Sparkassenwesens, S. 15.

b. Beginn des staatlichen Einflusses

Nachdem in Preußen 1808 mit der Stein`schen Städteordnung die kommunale Selbstverwaltung eingeführt worden war und die privaten Sparkassengründungen in den Napoleonischen Kriegen gravierende Vermögens- und Vertrauensverluste erlitten hatten, entstanden in der Folgezeit - etwa ab 1815 - eine Vielzahl kommunaler Sparkassen[306]. Die öffentlich-rechtliche Organisationsform dominierte seither im Sparkassenwesen[307]. Um das Ziel der sicheren und zinsbringenden Anlage der Spareinlagen garantieren zu können, entstand die Überlegung, öffentliche Gewährträger zu schaffen und die Anlage- und Ausleihpolitik der Sparkassen staatlich zu regeln und zu überwachen. War die Gründung einer Sparkasse bislang ohne behördliche Genehmigung möglich, stellte das "Preußische Reglement, die Errichtung des Sparkassenwesens betreffend"[308] von 1838 einen entscheidenen Einschnitt im deutschen Sparkassenwesen zur Verstärkung des staatlichen Einflusses dar. Das Ziel des Preußischen Sparkassenreglements war nach der Präambel "die Sicherstellung derer, welche den Anstalten ihre Ersparnisse anvertrauen"[309]. Dies hatte zur Folge, daß eine Gemeinde nur dann die Genehmigung zur Errichtung einer Sparkasse erhielt, wenn sie "nach ihrer Lage und dem geordneten Zustand ihres Haushaltes den Einlegern Sicherheit zu leisten imstande" war[310]. Das Reglement wurde zu einer Art "Grundgesetz" und legislativem Vorbild des deutschen Sparkassenwesens[311]. Es war ein Rahmengesetz, das Grundsätze über die Organisation und die

---

305 Clausen, Der Einfluß der Gemeinde auf die kommunale Sparkasse nach dem nordrhein-westfälischen Sparkassengesetz vom 7. Januar 1958, S. 17.

306 Ashauer/Mura, Geschichte der Sparkassen, HWS Band 2, S. 260.

307 Von den 281 Sparkassen in Deutschland waren 1836 bereits rund zwei Drittel kommunale Einrichtungen; vgl. Henze/Schmidt, Grundzüge der Geschichte des Sparkassenwesens, S. 18.

308 Abgedruckt bei Stoepel, Preußisch-Deutscher Gesetz-Codex, S. 491 ff.

309 Vgl. Stoepel, Preußisch-Deutscher Gesetz-Codex, S. 491.

310 Vgl. Stoepel, Preußisch-Deutscher Gesetz-Codex, S. 491.

311 Vgl. Ashauer/Mura, Geschichte der Sparkassen, HWS Band 2, S. 260. Nicht zuletzt die Tatsache, daß das Reglement in Teilen Deutschlands erst in den sechziger Jahren dieses Jahrhundert durch neue Regelungen ersetzt wurde, macht die Vorbildfunktion und Qualität deutlich, vgl. Schlierbach, Das Sparkassenrecht in der Bundesrepublik Deutschland, S. 20.

Verwaltung aufstellte. So wurde die Zuordnung der Sparkassen zum kommunalen Aufgabenbereich und damit die organisatorische Bindung an die Kommune festgelegt[312]. Das Reglement ging, ebenso wie die späteren Regelungen in anderen deutschen Staaten, von der rechtlichen Unselbständigkeit der kommunalen Sparkassen aus[313]. Diese stellten nunmehr Abteilungen der Kommunalverwaltung dar. Ihr Vermögen war ungeteilter, unmittelbarer Bestandteil des Gemeindevermögens[314]. Das Personal bestand aus weisungsgebundenen Beamten des jeweiligen Gewährträgers[315].
Aus dieser Zeit resultieren die traditionell übernommenen Beamtenverhältnisse in den Sparkassen bis weit in das 20. Jahrhundert. Mittlerweile werden jedoch keine Beamten mehr in den Sparkassen ernannt, die letzten Mitarbeiter mit diesem Status haben den Ruhestand erreicht. Neben der Möglichkeit von Privatdienstverträgen in Führungspositionen haben die Bediensteten die Stellung von Angestellten des öffentlichen Dienstes.

c. Entwicklung der Sparkassen in der Zeit von 1931 bis 1945

Die Bankenkrise von 1931 führte im Hinblick auf das Verhältnis von Sparkassen und Kommunen zu einer grundlegenden Umgestaltung des Sparkassenrechts[316]. Der Beginn der Bankenkrise wurde am 13.7.1931, der als "Schwarzer Montag" in die Geschichte eingegangen ist, durch die Schließung der Schalter der privaten Darmstädter-Nationalbank (Danat-Bank) und die Zahlungsunfähigkeit der Landesbank der Rheinprovinz ausgelöst[317]. Das einsetzende Auszah-

---

312 Vgl. Ziffer 1 des Reglements: "Wenn eine Kommune eine Sparkasse einzurichten beabsichtigt".

313 Vgl. dazu Fischer, Rechtsnatur öffentlicher Sparkassen, HWS Band 3 , S. 417.

314 Frick, Die Staatsaufsicht über die kommunalen Sparkassen - Die Sparkassen als Selbstverwaltungsträger und ihr Verhältnis zum Staat in der Bundesrepublik Deutschland, S. 97.

315 Ashauer, Von der Ersparungscasse zur Sparkassen-Finanzgruppe, S, 153.

316 Vgl. zum Ablauf der Bankenkrise im einzelnen sowie zu deren Auswirkungen auf die Sparkassenorganisation auch: Mura, Sparkassenorganisation und Bankenkrise 1931, Sparkasse 1981,S. 252 ff.

317 o.V., Schwarzer Montag, Sparkasse 1961, S. 242; Ashauer/Mura, Geschichte der Sparkassen, HWS Band 2, S. 262.

lungsverlangen ihrer Spareinlagen und die Befürchtungen der Sparkassenkunden, daß kommunale Finanzschwierigkeiten die Sicherheit der Einlagen gefährden könnten, veranlaßte die Reichsregierung, die rechtliche Verselbständigung der Sparkassen und eine organisatorische Trennung herzustellen[318]. So verpflichtete die Dritte Notverordnung des Reichspräsidenten zur Sicherung von Wirtschaft und Finanzen und zur Bekämpfung politischer Ausschreitungen die Landesregierungen dazu, "die Spar- und Girokassen, die unselbständige Einrichtungen von Gemeinden, Gemeindeverbänden oder sonstigen Körperschaften sind, zu Anstalten mit eigener Rechtspersönlichkeit umzugestalten. Insoweit die Gemeinde, der Gemeindeverband oder die Körperschaft nach der bisherigen Rechtslage für die Verbindlichkeiten der Spar- oder Girokasse haftet (Gewährverband), bleibt diese Haftung für die bisherigen und künftigen Verpflichtungen bestehen"[319]. Die Verpflichtung der kommunalen Träger, trotz der rechtlichen Verselbständigung weiterhin für die Verbindlichkeiten der Sparkasse zu haften, führte zu dem Rechtsgebilde der Gewährträgerhaftung[320]. Die erfolgte Umgestaltung der Sparkassen zu rechtsfähigen Anstalten des öffentlichen Rechts bewirkte deren rechtliche, organisatorische und vermögensmäßige Ausgliederung aus dem Gemeindeverband. Die Sparkassen waren damit zu juristischen Personen des öffentlichen Rechts geworden.

d. Entwicklung der Sparkassen nach 1945

Nachdem die Sparkassen nach der Machtergreifung 1933 "gleichgeschaltet" und in das nationalsozialistische System der Zentralverwaltungswirtschaft eingebunden worden waren, wurde in den Jahren nach dem 2. Weltkrieg das bis dahin bestehende Organisationssystem zwischen Kommune und Sparkasse den veränderten politischen und wirtschaftlichen Verhältnisse angepaßt[321]. Unter Beibehaltung der öffentlichen Rechtsform verstärkte sich ihre Selbständigkeit und Unabhängigkeit trotz der kommunalen Bindung[322]. Ausdruck war etwa die

---

318 Fischer, Rechtsnatur öffentlicher Sparkassen, HWS Band 3, S. 417.

319 3. Notverordnung des Reichspräsidenten zur Sicherung von Wirtschaft und Finanzen und zur Bekämpfung politischer Ausschreitungen vom 6.10.1931, RGBl. I S. 537, 554.

320 Vgl. Punkt IV. 3. a.

321 Vgl. Ashauer/Mura, Geschichte der Sparkassen, HWS Band 2, S. 263.

Trennung der bis dahin bestehenden "Einorganschaft" in ein Aufsichtsorgan, dem Verwaltungsrat, und dem Geschäftsführungsorgan, dem Vorstand, mit genau geregelten Zuständigkeiten[323]. Bei der "Einorganschaft" lag die Leitung der Sparkasse hingegen je nach der Regelung des Landes entweder in der Hand eines aus ehrenamtlichen Mitgliedern bestehenden von der Kommune gestellten Vorstandes oder eines Verwaltungsrates[324]. Weiteres Zeichen für die verstärkte Selbständigkeit von den Kommunen als Gewährträger war der Erhalt der Personalhoheit zur Regelung der internen Angelegenheiten. Sparkassen haben sich im Laufe der Zeit zu rechtlich selbständigen kommunalen Wirtschaftsunternehmen entwickelt.

2. Der öffentliche Auftrag

Vor dem Hintergrund der vorstehend dargestellten historischen Entwicklung wird deutlich, daß der Begriff des öffentlichen Auftrages von zentraler Bedeutung im Sparkassenrecht ist. In der Literatur wird vielfach betont, daß der öffentliche Auftrag die entscheidende Grundlage und Voraussetzung für das Bestehen öffentlich-rechtlicher Sparkassen sei[325]. Insoweit wird dieser auch als das entscheidende Abgrenzungskriterium der kommunalen Sparkassen von den freien Sparkassen angesehen. In diesem Zusammenhang ist das Grundsatzurteil des Bundesverwaltungsgerichts[326] zur Abgrenzung beider Sparkassentypen anzuführen, wonach den freien Sparkassen der Betrieb von Bankgeschäften in der Art von Sparkassengeschäften nicht als "öffentliche Aufgabe", d.h. nicht zur Wahrnehmung einer staatlichen oder kommunalen Aufgabe übertragen oder überlassen worden sei. Gerade dadurch unterschieden sie sich von den öffentlich-rechtlichen Sparkassen, den sog. kommunalen Sparkassen, die als Einrich-

---

322 Dazu ausführlich: Fischer, Rechtsnatur öffentlicher Sparkassen, HWS Band 3, S. 418.

323 S. zu dem geltenden organisationsrechtlichen Aufbau von Sparkassen Punkt III. 1. a. (2).

324 Völter, Die Verantwortlichkeit von Verwaltungsratsmitgliedern von Sparkassen, S. 8.

325 Oberbeckmann, Die Kommunalen Sparkassen - Geschäftstätigkeit und Geschäftspolitik, HkWP, Band 5, S. 479; Claussen, Teilprivatisierung kommunaler Sparkassen?, S. 29; Dehe, Öffentlicher Auftrag, HWS Band 3, S. 217; Püttner, Das Sparkassenrecht in Deutschland: Entwicklung und Tendenzen, ZfK 1994, S. 18; Newiger, Der öffentliche Auftrag der Sparkassen, Geldprofi 1997, S. 11; Tiedeken, Sparkassen und Kommunen, Sparkasse 1984, S. 286.

326 BVerwGE 69, 11 (22).

tungen ihrer Gewährträger von diesen errichtet und mit dem Betrieb von Sparkassengeschäften als der von ihnen wahrzunehmenden "öffentlichen Aufgabe" betraut werden[327]. Somit ist der öffentliche Auftrag als eine staatliche und unter Berücksichtigung der Übertragung durch die Gewährträger als eine kommunale Aufgabe zu qualifizieren.

a. Definition des öffentlichen Auftrages der Sparkassen

Um die Bedeutung des öffentlichen Auftrages einordnen zu können, ist zu klären, was unter diesem Begriff im einzelnen zu verstehen ist. Eine feststehende Definition des öffentlichen Auftrages findet sich trotz seiner ausdrücklichen Nennung weder in den Sparkassengesetzen der Länder noch in den Verordnungen oder Satzungen. Es handelt sich somit um einen Rechtsbegriff, der mit Inhalt zu füllen ist. Einigkeit besteht jedoch insoweit, als daß der öffentliche Auftrag sich abschließend nicht umschreiben läßt[328]. Nach Ansicht Tiedekens sei der öffentliche Auftrag letzten Endes politisch zu definieren und unterliege dem zeitlichen und gesellschaftlichen Wandel[329]. Dehe sieht den Begriff des öffentlichen Auftrages bei aller prinzipiellen Konstanz doch nicht für alle Zei-ten gleich und scharf umrissen[330]. Er passe sich der Entwicklung von Wirtschaft und Technik und den jeweils herrschenden volks-, insbesondere geld- und kredit-

---

[327] So auch OVG Lüneburg, NVwZ-RR 1989, 11 (12): "Danach besteht die Eigenart der kommunalen Sparkassen nach wie vor darin, daß sie, von den Kommunen ins Leben gerufen, in Gestalt öffentlicher Anstalten als rechtlich subjektivierte Teile der sog. mittelbaren Kommunalverwaltung öffentliche Aufgaben ihrer Gemeinwesen... wahrnehmen, die zu deren Aufgaben des jeweiligen eigenen Wirkungskreises gehören".); BayVerfGH 38, 118 (127): "Die öffentlichen Aufgaben, welche die Sparkassen wahrnehmen, sind solche der Gemeinden und Gemeindeverbände").

[328] Vgl. Püttner, Das Sparkassenrecht in Deutschland: Entwicklung und Tendenzen, ZfK 1994, S. 18; Newiger, Der öffentliche Auftrag der Sparkassen, Geldprofi 1997, S. 11; Becker-Birck, Die Kommunen und ihre Sparkassen, ZfK 1994, S. 837; Thode, Der öffentliche Auftrag der Landesbanken, ZfK 1994, S. 172; Zügel, Sparkassen zwischen Marktorientierung und öffentlichem Auftrag aus der Sicht der Praxis, Sparkasse 1985, S. 20; Burmeister, Ist die Unternehmensverfassung der Stadt- und Kreissparkassen als öffentliche Anstalten noch funktionsgerecht?, Unternehmensverfassung in der privaten und öffentlichen Wirtschaft, S. 239.

[329] Tiedeken, Sparkassen und Kommunen, Sparkasse 1984, S. 288.

[330] Dehe, Öffentlicher Auftrag, HWS Band 3, S. 210.

wirtschaftlichen sowie gesellschaftspolitischen Grundauffassungen und Notwendigkeiten an[331].

Der Begriff dient im Ergebnis als Sammelbezeichnung für die vom Gesetzgeber und ergänzend von den Gewährträgern den kommunalen Sparkassen gestellten oder übertragenen Aufgaben. Sparkassen sind nach bislang allgemeiner Ansicht kommunale Wirtschaftsunternehmen der gemeindlichen Daseinsvorsorgeverwaltung[332]. Als solche bedürfen sie einer Legitimation durch ein entsprechendes "öffentliches Interesse", einem "öffentlichen Zweck" oder durch die Erfüllung einer "öffentlichen Aufgabe", da die staatliche Betätigung stets legitimiert werden muß[333]. Die vorgenannten Begriffe werden dabei synonym verwandt, wobei sich für die kommunalen Sparkassen der Begriff des öffentlichen Auftrages[334] aufgrund der Bezeichnung in den Landessparkassengesetzen durchgesetzt hat.

Die zur Zeit den öffentlichen Auftrag charakterisierenden Einzelaufgaben lassen sich den einschlägigen Regelungen der Sparkassengesetze entnehmen[335]. Dort wird der Gründungs- und Unternehmenszweck der kommunalen Sparkassen als öffentlicher Auftrag formal in mehrere Einzelaufgaben gegliedert. Danach läßt er sich mit den Begriffen Gewährleistungs-, Förderungs-, Struktursicherungs-, Wettbewerbs- und kommunalpolitische Hausbankfunktion umschreiben.

---

331 Dehe, Öffentlicher Auftrag, HWS Band 3, S. 210.

332 Vgl. BVerwGE 41, 195 ff, zit. nach Weides/Bosse, Rechtsprechung zum Sparkassenrecht, S. 263, 265; BVerfGE 75, 192 (199); BayVerfGH, Sparkasse 1986, S. 73; Fischer, Selbstverwaltung durch und in kommunalen Sparkassen, S. 840f; Nierhaus, Zur kommunalen Bindung und Aufgabenstellung der Sparkassen, DÖV 1984, S. 665.

333 Vgl. BVerfGE 45, 187 (246).

334 Der Begriff "öffentlicher Auftrag" soll erstmals 1965 von Josef Hoffmann geprägt worden sein; vgl. Dehe, Öffentlicher Auftrag, HWS Band 3, S. 211. Er bildet jedoch auf jeden Fall Ende der sechziger Jahre den Gegenstand der Diskussion aufgrund der von der Bundesregierung am 16.11.1968 veranstalteten Enquete zu den Wettbewerbsfragen des Kreditgewerbes, vgl. Schmidt, Der öffentliche Auftrag der Sparkassen, ZfK 1968, S. 1024 ff.

335 Vgl. § 6 SpkG Baden-Württemberg; Art. 2 Bay.SpkG; § 3 SpkG Bremen; § 2 SpkG Hessen; § 4 SpkG Niedersachsen; § 3 SpkG NW; § 2 SpkG Rheinland-Pfalz; § 2 SpkG Saar; § 2 SpkG Schleswig-Holstein; § 2 SpkG Brandenburg; § 2 SpkG Meckl.-Vorp.; § 2 SpkG Sachsen; § 2 SpkG Sachsen-Anhalt; § 2 SpkG Thüringen.

(1) Gewährleistungsfunktion

Die Gewährleistungsfunktion bedeutet die Bereitstellung eines ausreichenden Angebotes an bankwirtschaftlichen Leistungen durch die Sparkassen. Dabei ist zwischen dem Aktiv- und dem Passivgeschäft zu unterscheiden.
Im Aktivgeschäft beinhaltet die aufgrund der historischen Aufgabenstellung entstandene kreditwirtschaftliche Versorgungsfunktion die Pflicht der Sparkassen, ein breites und vor allem flächendeckendes Angebot für private Haushalte einschließlich wirtschaftlich schwächerer Bevölkerungskreise, mittelständische Unternehmen und Kommunen sicherzustellen. Ein überaus wichtiger Gesichtspunkt ist dabei die Verpflichtung, Dienstleistungen auch in Regionen anzubieten, die aufgrund fehlender Rentabilität von anderen Kreditinstituten nicht bedient werden[336].
Im Passivgeschäft müssen die Sparkassen für den vorstehend genannten Kundenkreis sichere Anlagemöglichkeiten schaffen. Darüber hinaus unterliegen die Sparkassen einem Kontrahierungszwang im Bereich der Spareinlagen, da sie verpflichtet sind, solche von jedermann entgegen zu nehmen[337]. So heißt es beispielsweise in § 4 SpkG i.V.m. § 1 Abs. 1 SpkVO Niedersachsen:
"Sie (die Sparkassen)[338] geben Gelegenheit, Ersparnisse und andere Gelder sicher und verzinslich anzulegen,...". "Die Sparkasse nimmt von allen Personen, die Spareinlagen begründen können, diese in Höhe von mindestens 1 Deutsche Mark an".
Seit den achtziger Jahren wird als weitere Konkretisierung der Gewährleistungsfunktion die Einführung eines Kontrahierungszwanges für Sparkassen im Bereich der Führung von Konten für Privatpersonen diskutiert[339]. Empfänger von nicht oder nur teilweise pfändbaren staatlichen Leistungen wie der Arbeitslosenhilfe und der Hilfe zum Leben sowie Inhaber von Konten, die mit Pfän-

[336] Nierhaus, Sparkassen zwischen öffentlichem Auftrag und Wettbewerbsfunktion, Sparkasse 1985, S. 14.

[337] Vgl. dazu Schöpe, Zum öffentlichen Auftrag der Sparkassen, ZögU 1987, S. 189 ff.; Ebner-Nehring, Die Landesbanken zwischen Ländern und Sparkassen, BWVPr. 1988, S. 148.

[338] Klarstellende Ergänzung der Verfasserin.

[339] Oberbeckmann, Die kommunalen Sparkassen - Geschäftstätigkeit und Geschäftspolitik, HkWP, Band 5, S. 480; Platz, Das Girokonto für Jedermann, Geldprofi 1996, S. 8 ff; o.V., Girokonto für Jedermann, Geldprofi 1996, S. 33.

dungs- und Überweisungsbeschlüssen belegt sind, haben erhebliche Schwierigkeiten, eine Kontoverbindung von einer Bank zu erhalten bzw. zu behalten. Aufgrund der schwierigen und zeitaufwendigen Kontoführung werden durch diese Kunden Kosten verursacht, die das Kreditinstitut nur im Wege einer allgemeinen Umlage im Rahmen der von den übrigen Kunden berechneten Entgelte für die bankwirtschaftlichen Leistungen auffangen kann. Um jedoch wettbewerbsfähig zu bleiben, ist es wichtig, die berechneten Entgelte für die "guten" Kunden so niedrig wie möglich zu halten. Deshalb gehen die meisten Banken mit dem oben beschriebenen Personenkreis keine Geschäftsverbindung ein bzw. kündigen diese mit dem Eintreten der kostenverursachenden Umstände.
Unter dem Begriff "Girokonto für Jedermann" soll den Sparkassen im Rahmen ihrer Gewährleistungsfunktion die Pflicht auferlegt werden, auch sozial schwachen und verschuldeten Personen ein Konto auf Guthabenbasis zur Verfügung zu stellen, damit auch diese die Möglichkeit haben, die Geschäfte des täglichen Lebens unbar, d.h. mit Überweisungen, zu erledigen und am bargeldlosen Zahlungsverkehr teilzunehmen. Die Sparkassenorganisation erklärte sich trotz des Widerstandes vieler Sparkassen grundsätzlich bereit, ein Girokonto für jedermann auf Guthabenbasis zu führen[340]. Diese Verpflichtung ist bereits in einigen Sparkassenverordnungen normiert[341].

(2) Förderungsfunktion

Weitere Aufgabe der Sparkassen ist die Förderung des Sparens und der Vermögensbildung. Die Förderungsfunktion beeinhaltet gleichzeitig die Beratung der Bevölkerung in geld- und kreditwirtschaftlichen Angelegenheiten und der Leistung eines Beitrages zur Wirtschaftserziehung der Jugend[342]. Dabei soll insbesondere den sozial schwächeren Bevölkerungsgruppen und in wirtschaftlichen Fragen unerfahrenen Personen bei der Anpassung an veränderte wirtschaftliche Gegebenheiten und der ökonomischen Weiterentwicklung geholfen werden.

---

340 DSGV, Positionspapier zur Frage des Girokontos für Jedermann, Sparkasse 1995, S. 271; o.V., Girokonto für Jedermann, Geldprofi 1996, S. 33.

341 Vgl. § 8 SpkVO Brandenburg; § 4 SpkVO Sachsen; § 4 SpkVO Sachsen-Anhalt.

342 So ausdrücklich: § 3 Abs. 2 SpkG NW; § 2 Abs. 2 SpkG Rheinland-Pfalz; § 2 Abs. 2 SpkG Saar.

Ein Beispiel aus der praktischen Umsetzung dieser Aufgabe ist die Mitfinanzierung der Schuldnerberatung. In Anbetracht der Tatsache, daß die Schuldnerberatungsstellen mit dem Inkrafttreten der Insolvenzordnung am 01.01.1999 neues Gewicht erhielten und die Zahl der überschuldeten Privathaushalte stetig wächst, erhält die Frage der Finanzierung dieser Stellen gesteigerte Aktualität. Die Schuldnerberatungsstellen sind als geeignete Stelle in Sinne des § 305 Abs. 1 Nr. 1 InsO zur Durchführung der neu geschaffenen Verbraucherinsolvenz notwendig. Die Finanzierung dieser Stellen in ausreichender und angemessen ausgestatteter Anzahl ist jedoch allein durch öffentliche Mittel nicht zu gewährleisten. Tendenz ist, daß die Sparkassenorganisation zukünftig direkt zur Mitfinanzierung der Schuldnerberatungsstellen herangezogen wird. So haben der Rheinische und der Westfälisch-Lippische Sparkassen- und Giroverband für das Land Nordrhein-Westfalen einen Fonds in Höhe von 5 Millionen DM für die Beratung überschuldeter Haushalte zur Verfügung gestellt[343]. Die Verpflichtung zur Mitfinanzierung der Schuldnerberatungsstellen ist mittlerweile vom Landesgesetzgeber für Nordrhein-Westfalen gesetzlich normiert worden. Gemäß § 3 Abs. 2 Satz 3 SpkG NW tragen die Sparkassen zur Finanzierung der Schuldnerberatung in Verbraucher- oder Schuldnerberatungsstellen bei, wobei die Gewährträger über den Umfang und die Verteilung der Mittel an die Träger der Beratungsstellen entscheiden. Die von der Sparkassenorganisation geforderte Einbindung des privaten Bankensektors in die Finanzierung der Schuldnerberatungsstellen als Hauptverursacher der überschuldeten Haushalte ist bislang nicht realisiert worden. Die Organisation verweist in diesem Zusammenhang auf ein Gutachten, wonach nur 4 % der kritischen Kredite, deretwegen die Schuldner eine Beratungsstelle aufsuchen, auf die Sparkassen entfallen[344].

Weiteres praktisches Beispiel für die Verwirklichung der Förderungsfunktion durch die Sparkassen ist die Unterstützung von Existenzgründungen. Diese Unterstützung wird geleistet durch spezielle Förderprogramme[345]. Neben der Beratung und Unterrichtung bieten die Sparkassen Finanzierungsmittel an und sind

---

343 o.V., Mehr Mittel für Schuldnerberatung - NRW-Sparkassen/Gründung eines Fonds geplant, Handelsblatt vom 20.01.1998.

344 Gutachten ist nicht veröffentlicht worden, Zitat stammt aus: o.V., Mehr Mittel für Schuldnerberatung - NRW-Sparkassen/Gründung eines Fonds geplant - Handelsblatt vom 20.01.1998.

345 o.V., Bundesweites Gründernetz - Sparkassen-Finanzgruppe und Wirtschaftsjunioren helfen Existenzgründern -, Deutsche Sparkassenzeitung vom 11.09.1998.

bei der Beantragung öffentlicher Mittel behilflich. Darüber hinaus stellt die Sparkassenorganisation Eigenkapital, beispielsweise mit Hilfe von eigenen Kapitalbeteiligungsgesellschaften oder Risikofonds, für Existenzgründer zur Verfügung[346].

(3) Struktursicherungsfunktion

Als Annex zu der Gewährleistungsfunktion haben die Sparkassen eine Struktursicherungsfunktion. Mit Hilfe des flächendeckenden Angebotes von Bankdienstleistungen sollen sie einen Beitrag zu einer räumlich ausgeglichenen Wirtschafts- und Geschäftsstruktur leisten[347]. Da dieser Beitrag auch und gerade in strukturschwachen Regionen zu erbringen ist, werden die Sparkassen als Instrumente staatlicher Strukturpolitik eingesetzt. In der Praxis bedeutet dies, daß sie im Gegensatz zu den Geschäftsbanken auf Veranlassung des Gewährträgers teilweise politisch motivierte Kreditvergaben, beispielsweise zur Arbeitsplatzerhaltung und Standortsicherung, tätigen müssen.

(4) Hausbankfunktion

Die Hausbankfunktion beeinhaltet die Aufgabe der Sparkassen kommunale Investitionsvorhaben wie z.B. den Straßenbau, Kindergärten, Schulen, Sportstätten, Altenheime und Maßnahmen für den Umweltschutz zu finanzieren. Diese Investitionen zur Sicherung der Versorgung der Bevölkerung mit öffentlichen Einrichtungen sind in der Regel nicht renditeträchtig und müssen deshalb mit einen verhältnismäßig geringen Zinssatz finanziert werden, um das ganze Vorhaben finanzierbar zu gestalten. Die Kommunen sind somit auf Kreditinstitute angewiesen, die ihre Kreditentscheidungen nicht allein aufgrund ertragswirtschaftlichen Gesichtspunkten treffen[348].

---

346 S. dazu ausführlich: o.V., Flächendeckendes Netz knüpfen - Deutsche Sparkassenorganisation schafft Basis für Existenzgründungen, Deutsche Sparkassenzeitung vom 27.02.1998.

347 Vgl. Güde, Geschäftspolitik der Sparkassen, S. 25; Aßmann, Zur Ideologie der öffentlichen Aufgaben von Sparkassen, ZögU 1981, S. 345.

348 Sparkassen und Landesbanken bestreiten rund zwei Drittel der Kommunalfinanzierungen. So lag der Marktanteil Ende 1997 bei 61,5 %; vgl. DSGV, Jahresbericht 1997, S. 76.

(5) Wettbewerbsergänzungsfunktion

Neben den vorgenannten Aufgaben kommt den Sparkassen eine Wettbewerbsergänzungsfunktion zu. Aufgrund der garantierten kreditwirtschaftlichen Versorgung breiter Bevölkerungskreise durch die Sparkassen soll es zu einem intensiven Wettbewerb zwischen den Geschäftsbanken, den genossenschaftlichen Banken und den Sparkassen kommen[349]. Daß dieser Wettbewerbsauftrag aus einer neueren, zeitgemäßen Interpretation des öffentlichen Auftrages resultiert, wird an der fehlenden durchgängigen Regelung in den Landessparkassengesetzen deutlich. Während die Stärkung des Wettbewerbs als konkrete Ausgestaltung des öffentlichen Auftrages für die Sparkassen bereits in den Sparkassengesetzen von Baden-Württemberg, Bremen, Nordrhein-Westfalen, Rheinland-Pfalz, dem Saarland, Brandenburg, Mecklenburg-Vorpommern, Sachsen und Sachsen-Anhalt ausdrücklich normiert ist, fehlt eine solche Regelung noch in den Gesetzen von Bayern, Hessen, Niedersachsen, Schleswig-Holstein und Thüringen[350].
Aus Sicht der Wettbewerbsfähigkeit unterliegen die Sparkassen dem Handicap der Gemeinnützigkeit[351]. Während die Geschäftsbanken als Geschäftsziel die Erzielung von Gewinnen haben, sollen die Sparkassen ihre Geschäftstätigkeit nach gemeinwohlorientierten Gesichtspunkten ausrichten. Diese aufgaben- und nicht gewinnorientierte Geschäftstätigkeit der Sparkassen dient als Abgrenzungsmerkmal gegenüber den ertragsorientierten privaten Banken und den mitgliedschaftlich ausgerichteten Kreditgenossenschaften.

b. Das Prinzip der Gemeinnützigkeit

Das Prinzip der Gemeinnützigkeit stellt den Grundsatz dar, der den Handlungsauftrag der Sparkassen prägen und die Geschäftstätigkeit sowie die Richtlinien

---

349 Vgl. Nierhaus, Sparkassen zwischen öffentlichem Auftrag und Wettbewerbsfunktion, Sparkasse 1985, S. 12f; Schöpe, Zum öffentlichen Auftrag der Sparkassen, ZögU 1987, S. 192.

350 Ausdrückliche Nennung der Wettbewerbsfunktion in: § 6 Abs. 2 Satz 1 SpkG Baden-Württemberg; § 3 Abs. 2 Satz 1 SpkG Bremen; § 3 Abs. 2 Satz 1 SpkG NW; § 2 Abs. 2 Satz 1 SpkG Rheinland-Pfalz; § 2 Abs. 2 Satz 1 SpkG Saar; § 2 Abs. 1 Satz 2 SpkG Brandenburg; § 2 Abs. 1 Satz 2 SpkG Meckl.-Vorpommern; § 2 Abs. 1 Satz 2 SpkG Sachsen; § 2 Abs. 1 Satz 2 SpkG Sachsen-Anhalt.

351 S. dazu ausführlich: Keßler, Gemeinnützigkeit, HWS Band 2, S. 180 ff.

der Geschäftspolitik bestimmen soll[352]. Bei der Definition der "Gemeinnützigkeit" verweist Schlierbach darauf, daß es sich um einen unbestimmten Rechtsbegriff handele, der, vergleichbar mit dem Begriff des öffentlichen Auftrages, kein starrer, sondern ein sich stetig wandelnder Begriff sei[353]. Er macht deutlich, daß die Gemeinnützigkeit in der Sparkassenterminologie nicht zu verwechseln ist mit dem steuerrechtlichen Gemeinnützigkeitsbegriff[354] oder mit der allgemeinen Umschreibung für Wohltätigkeit[355]. Zwar führen die Sparkassen ihre Geschäfte nach wirtschaftlichen Grundsätzen, jedoch "liegt der entscheidende Akzent der Geschäftstätigkeit der Sparkassen in der Unterordnung des Gewinnstrebens unter die öffentliche Zielsetzung und Wirtschaftstätigkeit, d.h. in dem Verbot, die Gewinnerzielung und -maximierung als das einzige oder hauptsächliche Ziel der geschäftspolitischen Entscheidungen zu deklarieren"[356]. Gemeinnützigkeit bedeutet insoweit, daß Sparkassen bestimmte an den gesellschaftspolitischen Notwendigkeiten ausgerichtete Aufgaben wahrnehmen. So ist der sparkassentypische Gemeinnützigkeitsbegriff eng verbunden mit der Entwicklungsgeschichte des Sparkassenwesens[357]. Eine ausdrückliche Definition der Gemeinnützigkeit als Handlungsgrundsatz für die Sparkassen findet sich weder in den Landessparkassengesetzen noch in den jeweiligen Sparkassenverordnungen. Der Grundsatz kommt jedoch indirekt und in der Art der Formulierung sehr unterschiedlicher Weise in den sparkassenrechtlichen Vorschriften zum Ausdruck. Dort wird unter Beachtung des Verbotes der Gewinnmaximierung zwischen der Funktion der Sparkassen als Wirtschaftsunternehmen und dem Merkmal der Gemeinnützigkeit gewichtet[358].

---

[352] Vgl. Keßler, Gemeinnützigkeit, HWS Band 2, S. 180.

[353] Schlierbach, Das Sparkassenrecht in der Bundesrepublik Deutschland, S. 52.

[354] Zur steuerrechtlichen Gemeinnützigkeit vgl. § 52 Abs. 1 AO 1977.

[355] Schlierbach, Das Sparkassenrecht in der Bundesrepublik Deutschland, S. 52.

[356] So OVG Münster, DVBl. 1980, S. 71; vgl. dazu auch die Ausführungen der Wettbewerbsenquete vom 18.11.1968, BT-Drs. V/3.500, S. 41.

[357] S. Punkt IV. 1. der Untersuchung.

[358] Vgl. § 1 Abs. 1 Bay.SpkO: "Sparkassen sind gemeinnützige Anstalten des öffentlichen Rechts. Sie führen ihre Geschäfte nach kaufmännischen Grundsätzen mit dem Ziel, ihre gesetzlichen Aufgaben zu erfüllen."; § 6 Abs. 2 und 5 SpkG Baden-Württemberg: "Sie

Die Gemeinnützigkeit als Handlungsgrundsatz ist untrennbar verbunden mit dem öffentlichen Auftrag als Handlungsauftrag der Sparkassen. Während der öffentliche Auftrag die Existenzberechtigung der Sparkassen darstellt und ihre Geschäftsbetätigung bestimmt, konkretisiert der Grundsatz der Gemeinnützigkeit den öffentlichen Auftrag in bezug auf die Einstellung der Sparkassen zu den Faktoren Kosten, Erlös und Gewinn in der praktischen Verwirklichung ihres Auftrages[359]. Durch deren gesetzliche Vorgabe wird der Umfang der Geschäftstätigkeit der Sparkassen bestimmt. Da sich die Interessen und Bedürfnisse der Allgemeinheit im Laufe der gesellschaftlichen Entwicklung ändern, ist es erforderlich, die Inhalte des öffentlichen Auftrages und der Gemeinnützigkeit regelmäßig zu überprüfen und gegebenenfalls zu erneuern[360]. Mit jeder Neudefinition wird ein Aufheben von Geschäftsbeschränkungen einher gehen, da die geänderten Bedürfnisse eine ständige Weiterentwicklung des Leistungsangebotes erforderlich machen. Denn mit der Fortentwicklung des politischen und wirtschaftlichen Umfeldes ändern sich zwangsläufig die Anforderungen an die Sparkassen. Ihre Geschäftstätigkeit und ihr Charakter müssen sich den Bedürfnissen der Kunden anpassen.

c. Der öffentliche Auftrag im Wandel der Zeit und in der Diskussion

Die Erörterung des öffentlichen Auftrages bzw. dessen Erfüllung durch die Sparkassen erfolgt in einer zyklischen Aktualität[361]. Dies nicht zuletzt deshalb, weil stets eine Überprüfung seines Umfanges und seiner zeitgemäßen Interpre-

---

(die Sparkassen) erbringen ihre Leistungen für die Bevölkerung, die Wirtschaft und die öffentliche Hand unter Berücksichtigung der Markterfordernisse. Die Geschäfte der Sparkassen sind unter Beachtung ihres öffentlichen Auftrags nach kaufmännischen Grundsätzen zu führen."; § 2 Abs. 1 SpkG Hessen: "Die Sparkassen haben die Aufgabe, als dem gemeinen Nutzen dienende Wirtschaftsunternehmen geld- und kreditwirtschaftliche Leistungen zu erbringen,..."; § 3 Abs. 3 SpkG NW: " Die Geschäfte der Sparkassen sind unter Beachtung ihres öffentlichen Auftrags nach kaufmännischen Grundsätzen zu führen. Die Erzielung von Gewinn in nicht Hauptzweck des Geschäftsbetriebes".

359 So auch Güde, Geschäftspolitik der Sparkassen, S. 39.

360 Vgl. Becker, Öffentliche Banken als Instrumente der staatlichen Ordnungspolitik, ZögU 1980, 262 ff; Zügel, Sparkassen zwischen Marktorientierung und öffentlichem Auftrag aus der Sicht der Praxis, Sparkasse 1985, S. 21.

361 Vgl. dazu bis zum Jahr 1985: Nierhaus, Sparkassen zwischen öffentlichem Auftrag und Wettbewerbsfunktion - Zur Unternehmensphilosophie der Sparkassen, Sparkasse 1985, S. 12; Henning, Die historischen Wurzeln des öffentlichen Auftrags der Sparkassen, S. 15 ff.

tation Gegenstand der Diskussion bildet. Bereits die Bankenenquete von 1968 kam zu dem Ergebnis, daß der öffentliche Auftrag der Sparkassen viel von seinem ursprünglichen Gewicht verloren habe. Einmal weil sich praktisch alle Geschäftsbanken nunmehr um kleine Spareinlagen und Kleinkredite kümmern würden, zum anderen aber auch durch die extensive Auslegung des öffentlichen Auftrages durch die Sparkassen[362]. Allerdings sei ihr öffentlicher Auftrag dadurch nicht insgesamt obsolet geworden, da sie weiterhin wichtige Aufgaben bei der Betreuung weniger begüterter Kreise, des gewerblichen Mittelstandes und des flachen Landes mit Bankdienstleistungen sowie bei der Kreditversorgung der Gemeinden hätten[363]. Danach wurde die Diskussion um den öffentlichen Auftrag im Zusammenhang von Privatisierungsvorschlägen geführt[364]. Die Monopolkommission des Bundesministeriums für Finanzen fragte vom Ausgangspunkt der Privatisierung in ihrem IX. Hauptgutachten vom Juli 1992[365], ob es für einen öffentlichen Auftrag des Sparkassensektors einschließlich der Landesbanken heute noch tragfähige Gründe gebe und verneinte dies[366]. So spaltet sich dann auch die Diskussion um den öffentlichen Auftrag in das Lager derjenigen, die den öffentlichen Auftrag - teilweise gefüllt mit neuen Inhalten - nach wie vor als vorhanden und erfüllt ansehen[367] sowie derjenigen, die

---

362 Vgl. BT-Drs. V/3500, S. 43 des Berichtes der Bundesregierung über die Untersuchung der Wettbewerbsverschiebung im Kreditgewerbe und die Einlagensicherung vom 18.11.1968.

363 Vgl. BT-Drs. V/3500, S. 44.

364 Burmeister, Ist die Unternehmensverfassung der Stadt- und Kreissparkassen als öffentliche Anstalten noch funktionsgerecht?, FS Potthoff, S. 225 ff; Vonderheid, Grenzen der Privatisierung von Sparkassen, ZögU 1991, S. 269 ff.

365 Monopolkommission (Hrsg.), Wettbewerbspolitik oder Industriepolitik, IX. Hauptgutachten, Tz. 43-53.

366 Vgl. dazu ausführlich: Möschel, Privatisierung der Sparkassen - Zu den jüngsten Vorschlägen der Monopolkommission, WM 1993, S. 95 f.

367 Püttner, Das Sparkassenrecht in Deutschland: Entwicklung und Tendenzen, ZfK 1994, S. 18; Newiger, Der öffentliche Auftrag der Sparkassen, Geldprofi 1997, S. 11; Köhler, "Der Staat hätte ohne öffentlich-rechtliche Sparkassen und Landesbanken mehr Verantwortung und Aufgaben", ZfK 1994, S. 1092; Becker-Birck, Die Kommunen und ihre Sparkassen, ZfK 1994, S. 837; Schmidhuber, Der öffentliche Auftrag der Sparkassen würde mit einer Privatisierung aufgegeben, Sparkasse 1993, S. 348; Winkelmann, In öffentlichem Auftrag, Sparkasse 1986, S. 326.

ihn als überholt und inhaltsleer betrachten[368]. Letztere können meist dem Bereich der privaten Kreditinstitute zugeordnet werden[369].
"Die Sparkassenorganisation klammert sich an den öffentlichen Auftrag wie ein päpstlicher Gesandter an sein Legitimationspapier"[370]. Mit dieser provokativen Formulierung beschrieb Ludwig Poullain, ehemaliger DSGV-Präsident, die Diskussion um den öffentlichen Auftrag. Diese ist rein politisch motiviert. Die sachliche Prüfung der Frage, ob es den öffentlichen Auftrag überhaupt noch gibt und ob die Sparkassen diesen noch ausfüllen, ist nur vordergründig und führt sich selbst ad absurdum. Denn von den einzelnen zur Zeit aus dem Gesetz abzuleitenden Funktionen des öffentlichen Auftrages läßt sich die neuerlich geschaffene Wettbewerbsfunktion der Sparkassen nicht wegdiskutieren, so daß die Verfechter des öffentlichen Auftrages auf jeden Fall eine Aufgabenfunktion gesichert haben.
Hinter der Diskussion um den öffentlichen Auftrag verbirgt sich die Frage nach der Zukunft der Sparkassen, d.h ob sie in der öffentlich-rechtlichen Form weitergeführt oder deren Privatisierung - in welcher Form auch immer - verfolgt werden soll. Das letzte Aufleben der öffentlichen Diskussion um die Zukunft der Sparkassenorganisation fand 1993 statt, einem Jahr, das für den DSGV im Zeichen des Präsidentenwechsels stand. Es liegt nahe, daß die Diskussion eine Personifizierung im jeweiligen Präsidenten erfährt. In Jahr 1998 fand erneut ein Wechsel statt. Dr. Horst Köhler wurde als Präsident des DSGV von Dr. Dietrich H. Hoppenstedt, bislang Präsident des Niedersächsischen Sparkassen- und Giroverbandes, abgelöst[371]. Dieser ist nach Fritz Butschkau (bis 1969), Ludwig Poullain (bis 1972), Helmut Geiger (bis 1993) und Horst Köhler der fünfte DSGV-Präsident der Nachkriegszeit.

---

368 Seelig, Gegenrede zu "Der Staat hätte ohne öffentlich-rechtliche Sparkassen und Landesbanken mehr Verantwortung und Aufgaben" von Horst Köhler, ZfK 1995, S. 173; Dennig, Plädoyer für die Umwandlung von Sparkassen in Privatbanken, Wirtschaftsdienst 1990, S. 536.

369 So auch: Bericht Bayerischer Bundesverband, S. 5; Janberg, Steuerprivilegien und Ertragskraft der Sparkassen, ZfK 1966, S. 692 ff.

370 o.V., Poullain fordert mehr Mut zur Privatisierung, Handelsblatt v. 2.03.1994.

371 S. dazu o.V., Hoppenstedt wird DSGV-Chef - "Offensive" Strukturdiskussion, Börsen-Zeitung vom 21.07.1998; o.V., Hoppenstedts Herausforderungen, Börsen-Zeitung vom 21.07.1998; o.V., Der Stabwechsel ist vollzogen, Deutsche Sparkassenzeitung vom 1.09.1998.

Der Vorstandssprecher der Deutschen Bank, Dr. Rolf E. Breuer, signalisierte bereits, daß in dem "etwas verfahrenen" Verhältnis zwischen dem Sparkassensektor und den privaten Banken mit dem Nachfolger von Köhler ein neuer Anfang gemacht werden könne[372]. Gegenwärtig sei die Situation unter den drei Gruppen des Kreditgewerbes festgefahren und verstrickt in einem Abhandeln von Prinzipien. Um zu einer Progression im Strukturwandel zu kommen, müsse es eine höhere Durchlässigkeit über Banksektoren hinweg geben[373]. Die weitere Entwicklung und das möglicherweise Wiederaufleben der Diskussion um die Zukunft der Sparkassen in Verbindung mit dem Wechsel des Präsidenten bleibt abzuwarten[374]. Der neue Präsident der Sparkassenorganisation kündigte bereits an, die Strukturdiskussion in dem Verbund offensiv weiterzuführen[375].
Die Diskussion um die Struktur der Sparkassenorganisation beeinhaltet auch die Frage nach der Aufgabenstruktur und damit die Frage nach dem öffentlichen Auftrag. Die Strukturierung der Sparkassentätigkeit auf bevorzugte Aufgabenfelder durch Geschäftsbeschränkungen stellt einen Funktionsmechanismus zur Sicherung des öffentlichen Auftrages dar. Wenn man davon ausgeht, daß die Geschäftsbeschränkungen die notwendige Ergänzung zu der Aufgabenbezogenheit der Sparkassentätigkeit darstellen, ist eine solche Funktionssicherung nur noch intakt, wenn es die Geschäftsbeschränkungen noch gibt. Darauf wird im folgenden näher einzugehen sein.

3. Gewährträgerhaftung und Anstaltslast

Zwischen den Anstaltsträgern, nach geltendem Recht Gemeinden, Gemeindeverbände oder kommunale Zweckverbände, bestehen rechtliche und ökonomische Beziehungen, die sich im Organisationsrecht der Sparkassen sowie in be-

---

[372] o.V., Breuer will das Verhältnis zu den Sparkassen bereinigen, Börsen-Zeitung vom 16.06.1998.

[373] o.V., Breuer will das Verhältnis zu den Sparkassen bereinigen, Börsen-Zeitung vom 16.06.1998.

[374] Vgl. o.V., Hoppenstedt ruft Banken zum Konsens auf, Börsen-Zeitung vom 1.09.1998.

[375] o.V., Hoppenstedt wird DSGV-Chef- "Offensive" Strukturdiskussion, Börsen-Zeitung vom 21.07.1998; o.V., Hoppenstedt will ein kämpferischer Sparkassenpräsident sein, Frankfurter Allgemeine Zeitung vom 1.09.1998; o.V., „Einheit in der Vielfalt“ schaffen - Neuer DSGV-Präsident plädiert für Modell der vernetzten Dezentralität -, Deutsche Sparkassenzeitung vom 4.09.1998.

sonderen Merkmalen niederschlagen. Deren Gesamtheit wird unter den Begriff der "kommunalen Bindung" subsumiert[376]. Zu den Wesensmerkmalen dieser kommunalen Bindung zählen neben dem öffentlichen Auftrag und dem Prinzip der Gemeinnützigkeit die Gewährträgerhaftung sowie die Anstaltslast.

a. Gewährträgerhaftung

Die Gewährträgerhaftung beeinhaltet die Pflicht des Anstaltsträgers, im Außenverhältnis für die Verbindlichkeiten der Sparkasse unbeschränkt zu haften[377]. Dabei ist die Haftung gegenüber den Gläubigern der Sparkasse als subsidiäre, öffentlich-rechtliche Ausfallgarantie ausgestaltet. Das bedeutet, daß der Gläubiger sich vorrangig aus dem Vermögen der Sparkasse befriedigen muß, bevor der Gewährträger in Anspruch genommen werden kann. Die Gewährträgerhaftung ist in den Landessparkassengesetzen inhaltlich einheitlich normiert:
"Der Gewährträger haftet für die Verbindlichkeiten der Sparkasse unbeschränkt. Die Gläubiger der Sparkasse können den Gewährträger erst in Anspruch nehmen, wenn sie aus dem Vermögen der Sparkasse nicht befriedigt worden sind"[378].
Die Gewährträgerhaftung reicht zurück in die Zeit, in der die Sparkassen rechtlich unselbständige Abteilungen der Kommunen bzw. ihrer jetzigen Gewährträger waren[379]. Solange die Sparkassen diesen rechtlichen Status hatten, war die Haftung des Gewährträgers für die Verbindlichkeiten seiner Sparkasse eine zwangsläufig eintretende Rechtsfolge. Nach Auflösung der rechtlichen Einheit wurde die wirtschaftliche Verflechtung mit dem Institut der Gewährträgerhaftung aufrecht erhalten. Als Korrelat für die Bürgenfunktion der Gewährträger wird die in den Sparkassengesetzen vorgesehene Zuwendung von erwirtschafteten Überschüssen der Sparkasse an den Gewährträger angesehen[380]. So heißt es beispielsweise in § 20 Abs. 3 Sparkassengesetz Rheinland-Pfalz:

---

376 Rühl, Kommunale Bindung, HWS Band 2, S. 469.

377 Vgl. hierzu ausführlich: Schlierbach, Gewährträgerhaftung, HWS Band 2, S. 296 ff.

378 Z.B. § 8 Abs. 4 SpkG Baden-Württemberg.

379 S. Punkt IV. 1. b.

"Der Verwaltungsrat kann beschließen, daß bei einem haftenden Eigenkapital von mindestens ... ein Zehntel des ... verbleibenden Jahresüberschusses an den Gewährträger ... abgeführt ... wird"[381].

b. Anstaltslast

Während die Gewährträgerhaftung die Sicherung der Gläubiger der Sparkasse betrifft, regelt die Anstaltslast die Verpflichtung des Sparkassenträgers als Anstaltsherrn im Innenverhältnis, seine Sparkasse zur Erfüllung ihrer Aufgaben instand zu halten[382]. Obgleich die Anstaltslast nicht in allen Landessparkassengesetzen ausdrücklich genannt wird[383], gehört sie seit langem zu den im Sparkassenbereich anerkannten Grundsätzen des allgemeinen Verwaltungs- bzw. Anstaltsrechts[384]. Die Anstaltslast betrifft die Sicherheit des Unternehmens "Sparkasse". Die Errichtungskörperschaft muß die wirtschaftliche Basis der Sparkasse als Anstalt sichern und eine eventuelle Unterbilanz ausgleichen.

---

380 Vgl. Schlierbach, Gewährträgerhaftung, HWS Band 2, S. 297; Kritisch zum Thema Gewinnausschüttungen bei Sparkassen: Mauerer, Gewinnentnahmen bei Sparkassen? - Zur Diskussion um die Ausschüttung von Sparkassengewinnen, Sparkasse 1998, S. 462.

381 Vergleichbare Regelungen finden sich in: § 30 Abs. 5 und 6 SpkG Baden-Württemberg; § 16 Abs. 3 SpkG Hessen; § 27 Abs. 3 SpkG Niedersachsen; § 28 Abs. 2 SpkG NW; § 25 Abs. 3 SpkG Saar; § 30 SpkG Schleswig-Holstein; § 27 Abs. 3 SpkG Brandenburg; § 27 Abs. 3 SpkG Meckl.-Vorp.; § 27 Abs. 3 SpkG Sachsen; § 27 Abs. 3 SpkG Sachsen-Anhalt; § 21 Abs. 2 SpkG Thüringen.

382 So Hess VGH, Sparkasse 1966, S. 342 ff - zit. nach Weides/Bosse, Rechtsprechung zum Sparkassenrecht , S. 382 (384); BT-Drs. V/3500, S. 47 ff. des Berichtes der Bundesregierung über die Untersuchung der Wettbewerbsverschiebung im Kreditgewerbe und die Einlagensicherung vom 18.11.1968; Schlierbach, Anstaltslast, HWS Band 1, S. 76 ff; Claussen, Teilprivatisierung kommunaler Sparkassen?, S. 34; Schmidt, Die Anstaltslast als Aufgabenlast, ZfK 1981, S. 762 ff; Schneider, Öffentlicher Auftrag und aufsichtsrechtliches Eigenkapital bei Sparkassen, ZfK 1982, S. 588; a.A. Oebbecke, Die Anstaltslast - Rechtspflicht oder Maxime?, DVBl. 1981, S. 960 ff; ders. Keine Anstaltslast bei den kommunalen Sparkassen, ZfK 1982, S. 60 ff.

383 Ausdrückliche Nennung in: § 6 SpkG NW; § 3 Abs. 2 SpkG Rheinland-Pfalz; § 4 Abs. 1 SpkG Schleswig-Holstein; § 3 Abs. 2 SpkG Brandenburg; § 3 Abs. 2 SpkG Meckl.-Vorp.; § 3 Abs. 2 SpkG Sachsen; § 3 Abs. 2 SpkG Sachsen-Anhalt; § 3 Abs. 2 SpkG Thüringen.

384 Die Anstaltslast wurde für den Sparkassenbereich erstmals durch das Preußische OVG in seiner Entscheidung vom 4.06.1897 (PrVerwBl, Bd. 19, S. 280 ff.) rechtlich begründet; Zu der Anstalt im allgemeinen: Berg, Die öffentlichrechtliche Anstalt, NJW 1985, S. 2294 ff.

Durch die Anstaltslast wird zwar nicht ausgeschlossen, daß eine Sparkasse in der Krisensituation zwangsaufgelöst fusioniert wird[385]. Sie verhindert indes in der Theorie einen Konkurs des Unternehmens "Sparkasse". Gleichzeitig steht sie in der logischen Reihenfolge vor dem Eintreten der Gewährträgerhaftung. Bislang sind jedoch kaum Fälle der Inanspruchnahme aus der Gewährträgerhaftung vorgekommen[386]. Insoweit stellt sich die Frage nach der praktischen Relevanz der Anstaltslast und der Durchsetzbarkeit der Gewährträgerhaftung.

c. Praktische Relevanz und Durchsetzbarkeit

Aufgrund der defizitären Haushaltslage vieler Kommunen als Gewähr- und Anstaltsträger der Sparkassen, ist fragwürdig, ob die Anstaltslast und die Gewährträgerhaftung, wonach der Gewährträger mit seinem gesamten Vermögen haftet, heute noch relevant bzw. durchsetzbar sind. Während noch in den 80iger Jahren die Anstaltslast in Ergänzung zu der Gewährträgerhaftung vielfach als der wirksamste Bestands- und Gläubigerschutz angesehen wurde[387], ist dieser These mittlerweile nicht mehr uneingeschränkt beizupflichten. Auch wenn der Bundesverband deutscher Banken in der Anstaltslast und der Gewährträgerhaftung einen beträchtlichen Wert und somit einen nicht gerechtfertigten Wettbewerbsvorteil der öffentlich-rechtlichen Kreditinstitute im nationalen und internationalen Wettbewerb gegenüber der privaten Kreditwirtschaft sieht[388], dürfte sich der derzeit vor der EU-Kommission in Brüssel ausgetragene Streit für die Frage der praktischen Relevanz von Anstaltslast und Gewährträgerhaftung als rein theoretisch erweisen. Das von der privaten Kreditwirtschaft angestrengte Verfahren wird vielmehr politisch instrumentalisiert, um die Frage nach der Existenzberechtigung öffentlich-rechtlicher Kreditinstitute erneut zu diskutieren. Von wenigen Ausnahmefällen in den letzten Jahrzehnten abgesehen, wurden die kommunalen Gewährträger bei finanziellen Schieflagen von Sparkassen nicht in Anspruch genommen[389]. Wie die Praxis zeigt, wird bei einem drohen-

---

385 Vgl. Schlierbach, Das Sparkassenrecht in der Bundesrepublik Deutschland, S. 146.

386 Dazu Schlierbach, Das Sparkassenrecht in der Bundesrepublik Deutschland, S. 144.

387 Vgl. Schneider, Öffentlicher Auftrag und aufsichtsrechtliches Eigenkapital bei Sparkassen, ZfK 1982, S. 588; Tiedeken, Sparkassen und Kommunen, Sparkasse 1984, S. 287.

388 S. dazu ausführlich: Punkt III. 1. b. (2) cc) eee).

den Konkurs einer Sparkasse - bereits aus Imagegründen - eine Lösung innerhalb der Sparkassenorganisation gefunden. So wird durch den zuständigen regionalen Verband im Einvernehmen mit der zuständigen Aufsichtsbehörde in dem meisten Fällen eine Zwangsfusion mit einer benachbarten, wirtschaftlich geordneten Sparkasse veranlaßt, ohne daß es zu einer Inanspruchnahme des Gewähr- und Anstaltsträgers käme. Neben der Absicherung und Finanzierung aus eigenen erwirtschafteten Mitteln der Sparkassenorganisation haben alle regionalen Sparkassen- und Giroverbände einen Sparkassen-Stützungsfonds errichtet, der der Sicherung der Mitgliedssparkassen dient[390]. Die Errichtung der Fonds geht zurück auf die Forderung der Wettbewerbsenquete der Bundesregierung von 1968, wonach alle kreditwirtschaftlichen Gruppen, aus Gründen der Wettbewerbsgleichheit auch die Sparkassen, ein Einlagensicherungssystem zu entwickeln hatten[391]. Die Sparkassen-Stützungsfonds geben die Möglichkeit, eine schnellere und geräuschlose Ausgleichsmaßnahme bei der betroffenen Sparkasse durchzuführen. Der Gewährträger hat zwar keinen Anspruch darauf, daß der Stützungsfonds vorrangig eintritt und auf diese Weise eine Inanspruchnahme der Kommune verhindert wird. Es entspricht jedoch dem praktischen Interesse der Sparkassenorganisation, Schieflagen der eigenen Institute so schnell wie möglich auszugleichen, damit das Vertrauen der Kunden nicht beeinträchtigt und der Geschäftsbetrieb wie gewöhnlich aufrecht erhalten bleibt. Die praktische Relevanz der Anstaltslast und der Gewährträgerhaftung ist deshalb als gering einzuschätzen.

---

389 Dazu ausführlich: Kurz, Verluste auf Rekordniveau, Der Spiegel vom 12.07.1999, S. 48; Mauerer, Gewinnentnahmen bei Sparkassen? - Zur Diskussion um die Ausschüttung von Sparkassengewinnen, Sparkasse 1998, S. 462, der anschaulich verdeutlicht, daß selbst in dem "Jahrhundertfall" der Stadtsparkasse Mannheim, die 1998 einen Sanierungs- und Vorsorgebedarf für Risikokredite von fast 1 Mrd. DM hatte, die Stadt Mannheim lediglich mit 50 Mill. DM in Anspruch genommen wurde. Mehr als 800 Mill. DM wurden als Soforthilfe von der Sparkassenorganisation geleistet.

390 Vgl. Geiger, Die deutsche Sparkassenorganisation, S. 28; Schlierbach, Das Sparkassenrecht in der Bundesrepublik Deutschland, S. 313; Scholl, Einlagensicherung bei Kreditinstituten, JuS 1981, S. 92 f.

391 S. BT-Drs. V/3500, S. 47 ff. des Berichtes der Bundesregierung über die Untersuchung der Wettbewerbsverschiebung im Kreditgewerbe und die Einlagensicherung vom 18.11.1968.

4. Zwischenergebnis

Die geschichtliche Entwicklung zeigt, daß sich die Sparkassen im Laufe von zwei Jahrhunderten von ihrer ursprünglichen Konzeption als Geldsammel- und Anlagestelle unter Anpassung an die veränderten wirtschaftlichen Verhältnisse aufbauorganisatorisch zu rechtlich selbständigen kommunalen Wirtschaftsunternehmen mit besonderem öffentlichen Auftrag entwickelt haben. Der Begriff des öffentlichen Auftrages läßt sich abschließend nicht umschreiben. Er unterliegt dem Wandel der Zeit und wird stets mit neuen Inhalten gefüllt. Im Ergebnis dient der Begriff als Sammelbezeichnung für die von den Gewährträgern mit Hilfe des Gesetzgebers den kommunalen Sparkassen gestellten oder übertragenen Aufgaben. Ungeachtet der Diskussion über die Inhaltsleere des Begriffes, erfüllen die Sparkassen jedenfalls eine Wettbewerbsergänzungsfunktion. Insoweit verbirgt sich hinter der Diskussion um den öffentlichen Auftrag die Frage nach der zukünftigen rechtlich-organisatorischen Struktur der Sparkassen. In diesem Zusammenhang stellt die Strukturierung der Sparkassentätigkeit auf risikoverminderte Aufgabenfelder durch Geschäftsbeschränkungen einen Funktionsmechanismus zur Sicherung des öffentlichen Auftrages dar. Neben dem öffentlichen Auftrag wird die kommunale Bindung der Sparkassen geprägt durch die Gewährträgerhaftung und der Anstaltslast. Während der öffentliche Auftrag von seinen Inhalten her wandlungsfähig ist und ihm insoweit eine Aktualität nicht abgesprochen werden kann, haben die Gewährträgerhaftung und die Anstaltslast vor dem Hintergrund der defizitären Haushaltslage vieler Kommunen sowie der Absicherung durch Stützungsfonds ihre praktische Relevanz nahezu vollständig verloren.

V. Sparkassen und Verfassungsrecht - Zulässigkeit und Grenzen sozial- und erwerbswirtschaftlicher Betätigung

Nachdem die Einbindung der Sparkassen in die deutsche Bankenlandschaft und Sparkassenorganisation sowie die Doppelnatur der Sparkassen und die daraus folgenden Besonderheiten als überwiegend institutionell ausgerichteter Ausgangspunkt der Untersuchung diente, um daraus Rückschlüsse auf die mögliche Reichweite der Geschäftstätigkeit in der Praxis ziehen zu können, stellt sich vor dem Hintergrund der sich anschließenden rechtlichen Einordnung die Frage, inwieweit die Geschäftstätigkeit der Sparkassen Beschränkungen erfährt.

Neben ökonomischen sind es vor allem rechtliche Rahmenbedingungen, durch die der Handlungsspielraum festgelegt wird. Entsprechend der bestehenden Normenhierachie sind vorrangig die Grenzen der Geschäftstätigkeit von Sparkassen als Wirtschaftsunternehmen der öffentlichen Hand im Hinblick auf verfassungsrechtliche Grenzen zu untersuchen. Dabei ist als Vorfrage zu klären, ob und in welchem Umfang diese Tätigkeit der öffentlichen Verwaltung im Sinne der Daseinsvorsorge und/oder der erwerbswirtschaftlichen Teilnahme am Wettbewerb zuzuordnen ist. Die Teilnahme der öffentlichen Hand an der Wirtschaftstätigkeit kann sich grundsätzlich in beiden Formen vollziehen, wobei die zulässigkeitsbegründenden Voraussetzungen und Grenzen zu beachten sind.

1. Rechtliche Einordnung der Tätigkeit der Sparkassen

Unter Daseinsvorsorge[392] als Teil sozialwirtschaftlicher Tätigkeit der öffentlichen Hand wird die Wahrnehmung jener Aufgaben verstanden, „... auf deren Erfüllung die Bürger ... in ihrer Gesamtheit angewiesen sind..." und die die öffentliche Hand im Rahmen ihrer Garantiepflicht für eine sozialstaatliche Daseinssicherung zu erbringen hat[393]. Die Verpflichtung zur staatlichen Daseinsvorsorge leitet sich aus dem verfassungsrechtlich durch Art. 20 Abs. 1 und Art. 28 Abs. 1 GG verankerten Sozialstaatsprinzip ab[394]. Danach hat der Staat in den Bereichen sozialwirtschaftlich tätig zu werden, in denen unter sozialstaatlichen Gesichtspunkten ein Leistungsangebot erforderlich ist, das durch private Unternehmen nicht oder nicht in ausreichendem Maße zur Verfügung gestellt werden kann[395]. Im Gegensatz zu der als Pflichtaufgabe dem Staat übertragenen Daseinsvorsorge steht die erwerbswirtschaftliche Tätigkeit der öffentlichen Hand[396]. Diese zielt auch auf die Erwirtschaftung von Gewinnen ab und nicht

---

392 Der Begriff der Daseinsvorsorge stammt von Forsthoff, Lehrbuch des Verwaltungsrechts, S. 370.

393 BVerfGE 47, 273; Ossenbühl, Daseinsvorsorge und Verwaltungsprivatrecht, DÖV 1971, S. 513 ff; Schmidt, Zur erwerbswirtschaftlichen Tätigkeit der Sparkassen, ZfK 1989, S. 48.

394 Zum Sozialstaatsprinzip im allgemeinen vgl.: Herzog, in: Maunz/Dürig, GG, Art. 20 Abschnitt VIII Rn 6.

395 Statt vieler: Schnapp, in: v. Münch, GG, Band 1, Art. 20 Rn 16.

396 Vgl. dazu: Schmidt, Zur erwerbswirtschaftlichen Tätigkeit der Sparkassen, ZfK 1989, S. 48 ff.

auf die ausschließliche Erfüllung eines öffentlichen Verwaltungszweckes[397]. Für die rechtliche Einordnung der Tätigkeit der Sparkassen ist vorweg zu schicken, daß die Abgrenzung und Zuordnung des wirtschaftlichen Handelns des Staates schwierig ist, da häufig die Zielsetzung und Ausgestaltung der Maßnahmen sowohl sozialwirtschaftliche als auch erwerbswirtschaftliche Funktionen erfüllen. Die Zuordnung im Einzelfall hängt letztlich von der Gewichtung der Faktoren ab, die für die Daseinsvorsorge bzw. für die erwerbswirtschaftliche Tätigkeit sprechen.

Ausgehend von der Rechtsnatur der Sparkassen als Anstalten des öffentlichen Rechts sowie ihrer geschichtlichen Entwicklung sind sie nach bislang überwiegender Auffassung als kommunale Wirtschaftsunternehmen organisatorisch Teil der gemeindlichen Daseinsvorsorgeverwaltung[398]. Dies könnte für eine ausschließliche sozialwirtschaftliche Tätigkeit der Sparkassen sprechen. Die Einordnung ihrer Tätigkeit aufgrund der öffentlich-rechtlichen Organisationsform ist jedoch nicht sachgerecht, da den wesentlichen Abgrenzungsfaktor der Zweck der Unternehmung darstellt. Der Zweck eines Unternehmens ist hingegen dem Wandel der Zeit und subjektiven Beurteilungskriterien ausgesetzt, so daß hinsichtlich der rechtlichen Einordnung der Tätigkeit der Sparkassen unterschiedliche Ansichten vertreten werden. Bildete den alleinigen Unternehmenszweck der Sparkassen aufgrund der geschichtlichen Entwicklung früher unstreitig die Erfüllung der dem Staat auferlegten Daseinsvorsorge zur sicheren Geldanlage sowie zur Kreditversorgung, wird diese eindeutige Einordnung in der neueren Sparkassengeschichte nicht mehr vertreten. Vielmehr gelangt eine Ansicht zu der gegensätzlichen Einordnung wonach Sparkassen heute als reine Erwerbsunternehmen angesehen werden[399]. Voraussetzung für diese Einordnung ist, daß

---

397 Badura, Die Erfüllung öffentlicher Aufgaben und die Unternehmenszwecke bei der wirtschaftlichen Betätigung der öffentlichen Hand, FS Schlochauer, S. 7.

398 BVerwGE 41, 195 ff; BayVerfGH, Sparkasse 1986, S. 73; BVerfGE 75, 192 (199); Burmeister, Ist die Unternehmensverfassung der Stadt- und Kreissparkassen als öffentliche Anstalten noch funktionsgerecht?, FS für Potthoff, S. 230 m.w.N.; Nierhaus, Zur kommunalen Bindung und Aufgabenstellung der Sparkassen, DÖV 1984, S. 665; Wolff/Bachof/ Stober, Verwaltungsrecht II, § 100 Rn 19 m.w.N.

399 Badura, Die Erfüllung öffentlicher Aufgaben und die Unternehmenszwecke bei der wirtschaftlichen Betätigung der öffentlichen Hand, FS Schlochauer, S. 17; Weides, Zur Eigenständigkeit des Sparkassenrechts gegenüber dem Kommunalrecht, DÖV 1984, S. 43 f; Schöpe, Zum öffentlichen Auftrag der Sparkassen, ZögU 1987, S. 192.

den Sparkassen eine „zum Unternehmenszweck erhobene leistungsverwaltungsrechtliche Versorgungsaufgabe“[400] abgesprochen und sie demzufolge als weitgehend entkommunalisierte erwerbswirtschaftliche Unternehmen qualifiziert werden, die sich nur noch in der Art der Gewinnverwendung von den sonstigen Kreditinstituten unterscheiden. So führt Weides an, daß heute keine nennenswerten Funktions- und Aufgabenunterschiede zwischen Sparkassen und Banken mehr bestünden; insbesondere erfüllten die Sparkassen seit etlichen Jahrzehnten keine besondere „Sozialfunktion“ mehr[401].

Nach einer anderen Auffassung wird die Einordnung der Tätigkeit der Sparkassen von dualistischen Gesichtspunkten geprägt[402]. Danach erfüllen die kommunalen Sparkassen sowohl sozial- als auch erwerbswirtschaftliche Zwecke. Innerhalb dieser Ansicht erfolgt die Gewichtung in unterschiedlicher Weise. Während zum einen von einem Gleichgewicht der öffentlichen Aufgabenerfüllung und der Ertragsorientierung ausgegangen wird[403], erfolgt zum anderen die Einordnung der Wettbewerbsteilnahme als überwiegende Haupttätigkeit der Sparkassen[404]. Auch die Rechtsprechung betont zunehmend den erwerbswirtschaftlichen Teilcharakter kommunaler Sparkassen[405].

Ausgangspunkt der verschiedenen Ansichten ist die Bewertung des öffentlichen Auftrages der Sparkassen[406]. Gelangt man zu dem Ergebnis, daß ein solcher

---

400 Badura, Die Erfüllung öffentlicher Aufgaben und die Unternehmenszwecke bei der wirtschaftlichen Betätigung der öffentlichen Hand, FS Schlochauer, S. 17

401 Vgl. Weides, Zur Eigenständigkeit des Sparkassenrechts gegenüber dem Kommunalrecht, DÖV 1984, S. 43 f.

402 Kirchhof, Hoheitsgebiet und Sparkassengebiet - Funktion und begriffliche Voraussetzungen der Sparkassenneuordnung bei Gebietsänderungen der Gewährträger-, DVBl. 1983, S. 922 ff; Zügel, Sparkassen zwischen Marktorientierung und öffentlichem Auftrag aus der Sicht der Praxis, Sparkasse 1985, S. 21; Schmidt, Zur erwerbswirtschaftlichen Tätigkeit der Sparkassen, ZfK 1989, S. 100 .

403 Zügel, Sparkassen zwischen Marktorientierung und öffentlichem Auftrag aus der Sicht der Praxis, Sparkasse 1985, S. 21.

404 Schmidt, Zur erwerbswirtschaftlichen Tätigkeit der Sparkassen, ZfK 1989, S. 100; Kirchhof, Hoheitsgebiet und Sparkassengebiet - Funktion und begriffliche Voraussetzungen der Sparkassenneuordnung bei Gebietsänderungen der Gewährträger, DVBl. 1983, S. 922 ff.

405 BVerfGE 64, 240; BVerwG, WM 1984, S. 1397.

nicht mehr besteht, erfolgt die Einordnung der Sparkassen als reine Erwerbsunternehmen. Kommt man hingegen dazu, daß sich der öffentliche Auftrag zwar im Laufe der Zeit gewandelt hat, er aber noch existiert und daß lediglich neue, erwerbswirtschaftliche Aufgaben hinzugekommen sind, erfolgt die Einordnung - je nach Gewichtung - dualistisch. Der Wortlaut der Sparkassengesetze der Länder spricht für eine gemischt sozial- und erwerbswirtschaftliche Zielsetzung der Sparkassen[407]. Danach obliegt es den Sparkassen, Aufgaben im öffentlichen Interesse mit unternehmerischen Mitteln zu erfüllen, wobei sie dies nicht mit Hilfe primärer Gewinnerzielung erreichen dürfen. Auch wenn die Gewinnerzielung nicht Hauptzweck des Geschäftsbetriebes sein darf, kann daraus indes nicht gefolgert werden, daß diese Zwecksetzung den Sparkassen generell verboten ist[408]. Diese dual mögliche Zwecksetzung macht einmal mehr die als „Zwitterstellung“[409] oder „januskӧpfige“[410] Natur beschriebene Stellung der kommunalen Sparkassen deutlich. Sie weist starke Bezüge zur öffentlichen Verwaltung und zur Wirtschaftsteilnahme im Wettbewerb mit anderen Kreditinstituten auf. Soweit die Sparkassen im Rahmen ihrer Garantiefunktion die kreditwirtschaftliche Mindestversorgung gewährleisten, werden sie sozialwirtschaftlich im Sinne der Daseinsvorsorge tätig. Die darüber hinaus gehende Tätigkeit im Wege des Bereitstellens eines breiten, bankenähnlichen Angebotes an bankwirtschaftlichen Leistungen im Wettbewerb mit den anderen Kreditinstituten ist

---

406 S. die Ausführungen zum öffentlichen Auftrag: Punkt V. 2. der Untersuchung.

407 Vgl. § 1 Abs. 1 Bay.SpkO: "Sparkassen sind gemeinnützige Anstalten des öffentlichen Rechts. Sie führen ihre Geschäfte nach kaufmännischen Grundsätzen mit dem Ziel, ihre gesetzlichen Aufgaben zu erfüllen."; § 6 Abs. 2 und 5 SpkG Baden-Württemberg: "Sie (die Sparkassen) erbringen ihre Leistungen für die Bevölkerung, die Wirtschaft und die öffentliche Hand unter Berücksichtigung der Markterfordernisse. Die Geschäfte der Sparkassen sind unter Beachtung ihres öffentlichen Auftrags nach kaufmännischen Grundsätzen zu führen."; § 2 Abs. 1 SpkG Hessen: "Die Sparkassen haben die Aufgabe, als dem gemeinen Nutzen dienende Wirtschaftsunternehmen geld- und kreditwirtschaftliche Leistungen zu erbringen,..."; § 3 Abs. 3 SpkG NW: " Die Geschäfte der Sparkassen sind unter Beachtung ihres öffentlichen Auftrags nach kaufmännischen Grundsätzen zu führen. Die Erzielung von Gewinn in nicht Hauptzweck des Geschäftsbetriebes".

408 Vgl. Püttner, Öffentliche Unternehmen als Instrument staatlicher Politik, DÖV 1983, S. 700.

409 Brzoska, Die öffentlich-rechtlichen Sparkassen zwischen Staat und Kommunen, S. 12.

410 Fischer, Selbstverwaltung durch und in kommunalen Sparkassen, S. 835.

hingegen als erwerbswirtschaftlich einzuordnen, da die Gewinnerzielung und damit die Behauptung im Wettbewerb Ziel der Tätigkeit werden.

2. Verfassungsrechtliche Zulässigkeit und Grenzen der wirtschaftlichen Tätigkeit der Sparkassen

Aufgrund der kommunalen Bindung der Sparkassen stellt sich bei ihnen ebenso wie bei den Kommunen, den Ländern oder dem Bund die Frage nach der Zulässigkeit der Teilnahme des Staates am Wirtschaftsverkehr. Jedes staatliche Handeln muß verfassungsrechtlich legitimiert sein. Durch die unternehmerische Betätigung greift die öffentliche Hand in die Wirtschaft ein, wodurch ein Konkurrenzverhältnis zu privaten Unternehmen entstehen kann.

a. Zulässigkeit der wirtschaftlichen Betätigung

Die Frage der Zulässigkeit der sozialwirtschaftlichen Tätigkeit der Sparkassen kann mit der gebotenen Kürze beantwortet werden. Die verfassungsrechtliche Legitimation des Staates zum Zwecke der Daseinsvorsorge unternehmerisch tätig werden zu dürfen, ist aufgrund des Sozialstaatsprinzips nach den Artt. 20 Abs. 1, 28 Abs. 1 GG anerkannt[411]. Eine Konkurrenzsituation tritt hier nicht auf, da sich der Staat lediglich engagiert bzw. engagieren muß, weil das erforderliche Leistungsangebot durch private Unternehmen nicht oder nicht in ausreichendem Maße zur Verfügung gestellt werden kann[412]. Voraussetzung für die staatliche Betätigung in diesen Bereichen ist folglich das Vorhandensein eines öffentlichen Zweckes als Legitimationsgrund[413].
Wird die öffentliche Hand dagegen erwerbswirtschaftlich tätig, bedarf es einer besonderen Legitimationsgrundlage. Das Sozialstaatsprinzip kann nicht als verfassungsrechtliche Ermächtigung herangezogen werden, da die Zielsetzung der erwerbswirtschaftlichen Teilnahme am Wettbewerbsverkehr gewinnorientiert

---

411 Statt vieler: Dürig, in: Maunz/Dürig, GG, Art. 12 Rn 401.

412 Statt vieler: Schnapp, in: v. Münch, GG, Band 1, Art. 20 Rn 16.

413 Vgl. BVerfGE 50, 50 (51); 59, 216 (228 f); Püttner, Die öffentlichen Unternehmen, S. 128 ff; Claussen, Teilprivatisierung kommunaler Sparkassen?, S. 103 f; Badura, Die Erfüllung öffentlicher Aufgaben und die Unternehmenszwecke bei der wirtschaftlichen Betätigung der öffentlichen Hand, FS Schlochauer, S. 20; Stern/Burmeister, Die kommunalen Sparkassen - Verfassungs- und verwaltungsrechtliche Probleme, S. 118 ff.

ist. In diesem Bereich entsteht eine Konkurrenzsituation mit privaten Unternehmen, so daß der Eingriff des Staates in die Wirtschaft der speziellen Rechtfertigung bedarf. Die Zulässigkeit der unternehmerischen Teilnahme am Wettbewerb ist an der bestehenden Wirtschaftsverfassung zu messen. Insoweit ist davon auszugehen, daß diese „neutral“[414] ist, d.h. daß das Grundgesetz weder eine rein privatwirtschaftliche noch eine andere Form der Wirtschaftsverfassung vorschreibt[415]. Im Umkehrschluß ist die erwerbswirtschaftliche Betätigung des Staates verfassungsrechtlich grundsätzlich erlaubt[416]. Einigkeit besteht dahingehend, daß die erwerbswirtschaftliche Wettbewerbsteilnahme jedoch nicht der ausschließlichen oder primären Gewinnerzielung dienen darf[417]. Auch in diesem Bereich ist die öffentliche Zwecksetzung aufgrund des Rechtsstaatsprinzips grundlegende Zulässigkeitsvoraussetzung staatlicher Wirtschaftstätigkeit[418]. Denn nach der Rechtsprechung des Bundesverfassungsgerichtes hat der wirtschaftspolitische Gesetzgeber jeweils das Grundgesetz und insbesondere die Grundrechte zu beachten, so daß Einschränkungen der wirtschaftlichen Betätigungsfreiheit privater Unternehmer nur zulässig sind, soweit sie überwiegende Gründe des Gemeinwohls gebieten[419].
Für die Geschäftstätigkeit der Sparkassen folgt daraus, daß die verfassungsrechtliche Zulässigkeit sowohl der sozial- als auch der erwerbswirtschaftlichen Betätigung eines öffentlichen Interesses als Zwecksetzung bedarf. In der sparkassenrechtlichen Terminologie wird dieser Begriff des öffentlichen Interesses

---

[414] Vgl. BVerfGE 4, 7 (17 ff); 7, 377 (400); 30, 292 (315).

[415] Dürig, in: Maunz/Dürig, GG, Art. 12, Rn 77.

[416] So die einhellige Ansicht, vgl.: BVerfGE 41, 205 (218); Dürig, in: Maunz/Dürig, GG, Art. 2 Rn 52; Stern/Burmeister, Die kommunalen Sparkassen- Verfassungs- und verwaltungsrechtliche Probleme, S. 114 ff; Püttner, Öffentliche Unternehmen als Instrument staatlicher Politik, DÖV 1983, S. 699; Schmidt, Zur erwerbswirtschaftlichen Tätigkeit der Sparkassen, ZfK 1989, S. 49.

[417] Dürig, in Maunz/Dürig, Art. 12, Rn 402; Püttner, Öffentliche Unternehmen als Instrument staatlicher Politik, DÖV 1983, S. 699; Badura, Die Erfüllung öffentlicher Aufgaben und die Unternehmenszecke bei der wirtschaftlichen Betätigung der öffentlichen Hand, FS Schlochauer, S. 20.

[418] Vgl. dazu Claussen, Teilprivatisierung kommunaler Sparkassen?, S. 103 f.

[419] BVerfGE 50, 290 (338); 18, 315 (327).

bzw. der öffentlichen Zwecksetzung als „öffentlicher Auftrag“[420] bezeichnet[421]. Nach der hier vertretenden Ansicht existiert für die Sparkassen nach wie vor ein öffentlicher Auftrag, der sich lediglich im Laufe der Zeit aufgrund der geänderten Anforderungen gewandelt.

b. Grenzen der wirtschaftlichen Betätigung

Nachdem die Zulässigkeit der Wirtschaftstätigkeit der öffentlichen Hand unter der Voraussetzung der öffentlichen Zwecksetzung feststeht, ist zu fragen, ob sich aus der Verfassung Grenzen für diese Tätigkeit ergeben[422]. Grenzen erscheinen notwendig, da es aufgrund der Teilnahme des Staates am wirtschaftlichen Wettbewerb zu Beeinträchtigungen grundgesetzlich geschützter Rechtsposition privater Unternehmen kommen kann.
Eine ausdrückliche Regelung, die die Grenzen der zulässigen wirtschaftlichen Tätigkeit der öffentlichen Hand bestimmt, enthält die Verfassung nicht. Daraus darf jedoch als Umkehrschluß nicht die schrankenlose Betätigungsmöglichkeit gefolgert werden[423]. Insoweit ist zu prüfen ob und inwieweit sich aus dem Grundgesetz konkludente Grenzen ergeben. So wird das sogenannte Subsidiaritätsprinzip[424] als eine dem Grundgesetz immanente Grenze für sozial- und er-

---

[420] Der Begriff "öffentlicher Auftrag" soll erstmals 1965 von Josef Hoffmann geprägt worden sein; vgl. Dehe, Öffentlicher Auftrag, HWS Band 3, S. 211. Er bildet jedoch auf jeden Fall Ende der sechziger Jahre den Gegenstand der Diskussion aufgrund der von der Bundesregierung am 16.11.1968 veranstalteten Enquete zu den Wettbewerbsfragen des Kreditgewerbes, vgl. Schmidt, Der öffentliche Auftrag der Sparkassen, ZfK 1968, S. 1024 ff.

[421] Vgl. dazu die Ausführungen zu Punkt IV. 2 der Untersuchung.

[422] S. dazu auch: Schmidt, Die verfassungsrechtliche Grenze der wirtschaftlichen Betätigung der Deutschen Postbank, WM 1992, S. 1 ff.

[423] Klein, in: Schmidt-Bleibtreu/Klein, GG, Art. 19 Anm. 13; Ronellenfitsch, Wirtschaftliche Betätigung des Staates, § 84 Rn 45 ff.

[424] Der Wortlaut der allgemeinen Fassung des Subsidiaritätsprinzips ergibt sich aus der 2. Päpstlichen Enzyklika „Quadragesimo anno“ vom 15.05.1931 l wie folgt: „Wie dasjenige, was der Einzelmensch aus eigener Initiative und mit eigenen Kräften leisten kann, ihm nicht entzogen und der Gesellschaft zugewiesen werden darf, so verstößt es gegen die Gerechtigkeit, das, was die kleineren und untergeordneten Gemeinwesen leisten und zum guten Ende führen können, für die weitere und übergeordnete Gemeinschaft in Anspruch zu nehmen; zugleich ist es überaus nachteilig und verwirrt die ganze Gesellschaftsordnung. Jedwede Gesellschaftstätigkeit ist ja ihrem Wesen und Begriff nach subsidiär; sie

werbswirtschaftliches Handeln angesehen. Das Subsidiaritätsprinzip entstammt der katholischen Soziallehre und gebietet, den Vorzug der Leistung des Einzelnen bzw. kleinerer Gemeinschaften gegenüber den Leistungen der Gesellschaft[425]. Auf das Verhältnis von Staat und Bürger angewendet bedeutet dies, daß der Staat erst dann wirtschaftlich tätig werden dürfte, wenn notwendige Aufgaben durch private Initiative nicht oder nicht angemessen erbracht werden.
Die Vertreter der Ansicht, die das Subsidiaritätsprinzip als immanente Schranke für die Wirtschaftstätigkeit der öffentlichen Hand aus der Grundrechtssystematik der Verfassung ableiten, sehen das Prinzip als Regulativ einer liberalen Aufgabenverteilung zwischen dem Staat und den Grundrechtsträgern an[426].
Das Subsidiaritätsprinzip stellte insbesondere für die Kreditwirtschaft nicht nur ein theoretisches Denkmodell ohne praktischen Bezug, sondern vielmehr einen vielfach diskutierten Aspekt zur Einteilung der Geschäftsfelder im aufkommenden Wettbewerb der 60iger Jahre dar. So wurde von den privaten Banken der Entzug ganzer Geschäftssparten aus dem Betätigungsfeld der Sparkassen gefordert, um das weitere Expandieren der öffentlich-rechtlichen Kreditinstitute im Zuge der fortschreitenden Liberalisierung des Sparkassenrechtes einzugrenzen[427].
Die Rechtsprechung und eine überwiegende Ansicht in der Literatur lehnt eine Interpretation des Grundgesetzes im Sinne einer Subsidiarität der öffentlichen Wirtschaftstätigkeit jedoch ab[428]. Das Bundesverfassungsgericht stellte bereits im Jahre 1954, wenige Jahre nach Inkrafttreten des Grundgesetzes, die Neutralität der Wirtschaftsverfassung fest und bestätigte diese Auffassung in ständiger

soll die Glieder des Sozialkörpers unterstützen, darf sie aber niemals zerschlagen oder aufsaugen".

425 Ausführlich zum Begriff des Subsidiaritätsprinzips: Isensee, Subsidiaritätsprinzip und Verfassungsrecht, S. 14 ff.

426 Dürig, in: Maunz/Dürig, GG, Art. 1 Rn 54 und Art. 2 Rn 52; Püttner Die öffentlichen Unternehmen, S. 131.

427 Vgl. dazu ausführlich: Stern/Burmeister, Die kommunalen Sparkassen - Verfassungs- und verwaltungsrechtliche Probleme, S. 32 ff.

428 BVerwGE 39, 329 (338); BVerfGE 10, 59(83); 23, 304 (306); Stern/Burmeister, Die kommunalen Sparkassen - Verfassungs- und verwaltungsrechtliche Probleme, S. 169 ff; Backhaus, Öffentliche Unternehmen - Zum Wirtschaftsrecht, den Funktionen und Rechtsformen öffentlicher Unternehmen, S. 146 ff; Dörries, Zur Rechtsstellung von Landesbanken, S. 93 f; Emmerich, Das Wirtschaftsrecht der öffentlichen Unternehmen, S. 109.

Rechtsprechung[429]. Die Interpretation einer Subsidiarität der staatlichen Wirtschaftstätigkeit aus der Grundrechtssystematik widerspricht aber gerade der festgestellten Offenheit der Wirtschaftsverfassung. Während das Grundgesetz ausdrücklich sowohl das Sozialstaats- als auch das Rechtsstaatsprinzip normiert, fehlt eine ausdrückliche Regelung des Subsidiaritätsprinzips. Dies spricht eindeutig gegen ein redaktionelles Versehen des Grundgesetzgebers als vielmehr für eine beabsichtigte Ablehnung der Verankerung des Prinzips[430]. Für die öffentliche Hand läßt sich somit eine Begrenzung ihrer wirtschaftlichen Tätigkeit aus der Verfassung nicht entnehmen. Das Subsidiaritätsprinzip hat jedoch für Kommunen aufgrund von einfachgesetzlichen Nachfolgebestimmungen des § 67 DGO im Rahmen der Gemeindeordnungen der Länder Anwendung gefunden. Danach dürfen Kommunen wirtschaftliche Unternehmen nur betreiben, wenn der Zweck nicht oder nicht besser und wirtschaftlicher durch einen anderen (Privaten) erfüllt werden kann[431]. Angewandt auf die Tätigkeit der Sparkassen bedeutet dies jedoch nicht, daß sie im Rahmen ihrer Geschäftstätigkeit den Privatbanken den Vorrang überlassen und sich lediglich Geschäftsgebieten widmen dürfen, die die Banken nicht ausfüllen. Das einfachgesetzliche, kommunalrechtliche Subsidiaritätsprinzip hat auf die Tätigkeit der Sparkassen keine Auswirkung. Wie noch im folgenden aufzuzeigen sein wird[432], bildet das Sparkassenrecht im Verhältnis zum Kommunalrecht eine eigenständige Rechtsmaterie und ein die kommunalrechtlichen Grundsätze ausschließendes Sonderrecht. Die Geschäftstätigkeit der Sparkassen wird somit durch das Subsidiaritätsprinzip nicht eingeschränkt.

Bildet das Subsidiaritätsprinzip keine Grenze für die wirtschaftliche Tätigkeit der Sparkasse ist weiter zu untersuchen, ob die Grundrechte eine Begrenzung der Zulässigkeit dieser Tätigkeit enthalten. Fraglich ist somit, ob durch das Handeln der öffentlichen Hand in grundrechtlich geschützte Rechtspositionen privater Dritter eingegriffen wird. Dabei ist mittlerweile gefestigte Rechtsansicht, daß die Grundrechte nicht nur Schutz vor finalen, unmittelbaren sondern

---

429 BVerfGE 4, 7 (17 ff); 7, 377 (400); 12, 354; 30, 292 (315); 50, 290 (338)

430 Vgl. dazu auch: Maunz/Zippelius, Deutsches Staatsrecht, § 9 III 6.

431 So beispielsweise: § 108 Abs. 1 NGO. Die Vorschriften der übrigen Bundesländer enthalten vergleichbare Regelungen.

432 S. die Ausführungen zu Punkt VI. 1. b. der Untersuchung.

auch vor mittelbaren, faktischen Eingriffen schützen[433]. Festzustellen ist, daß die wirtschaftliche Betätigung der Sparkassen kein finaler Eingriff des Staates in die Tätigkeit der privaten Banken, sondern allenfalls eine faktische Beeinträchtigung darstellt. Die öffentliche Hand nimmt in diesem Bereich konkurrierend am Wettbewerb teil und kann auf diese Weise indirekt Umsatz und Erträge der Privatunternehmen schmälern. Für die grundrechtliche Beschränkung der Teilnahme der öffentlichen Hand am wirtschaftlichen Wettbewerb kommt als spezielles Grundrecht neben Art. 14 Abs. 1 GG, das den eingerichteten und ausgeübten Gewerbebetrieb schützt, vor allem Art. 12 Abs. 1 GG in Betracht[434]. Art. 12 Abs. 1 GG schützt als einheitliches Grundrecht sowohl die Wahl als auch die Ausübung des Berufes. Eine selbständige unternehmerische Tätigkeit wird dann zum Beruf, wenn diese die „Lebensgrundlage" bildet[435]. Wird die Ausübung dieser Tätigkeit durch den Wettbewerb beeinträchtigt, ist nach allgemeiner Ansicht Art. 12 Abs. 1 GG „thematisch einschlägig"[436].
Fraglich ist jedoch, ob der Schutzbereich der Berufsfreiheit bei faktischen Beeinträchtigungen aufgrund von bloßen Konkurrenzverhältnisses betroffen ist. Nach überwiegender Ansicht schützt Art. 12 Abs. 1GG nicht vor allgemeiner Konkurrenz, auch nicht vor dem Wettbewerb der öffentlichen Hand[437]. Ein Eingriff in den Schutzbereich ist erst anzunehmen, wenn die Beeinträchtigung der privaten Unternehmertätigkeit eine gewisse Intensität erreicht. Grundrechte schützen nicht vor faktischen Eingriffen des Staates "..., die nach Maßgabe des jeweiligen Grundrechts wegen ihrer Geringfügigkeit als Ausfluß des Risikos hinzunehmen sind, das die Zugehörigkeit zu der vom Grundgesetz vorausge-

---

433 Anstatt vieler: Pieroth/Schlink, Grundrechte, Rz 274.

434 Vgl. dazu: Isensee, Subsidiaritätsprinzip und Verfassungsrecht, S. 286 ff; Püttner, Die öffentlichen Unternehmen, S. 96 ff; Badura, Die Erfüllung öffentlicher Aufgaben und die Unternehmenszwecke bei der wirtschaftlichen Betätigung der öffentlichen Hand, FS Schlochauer, S. 20 ff.

435 BVerfGE 32, 311 (317); 46, 120(137).

436 BVerfGE 32, 311 (317); 46, 120 (137); BVerwGE 71, 183 (189); Scholz, in: Maunz/Dürig, GG, Art. 12 Rn 80, 136.

437 BVerfGE 34, 252 (256); 55, 261 (269); BVerwGE 39, 329 (336); BVerwG, NVwZ 1984, 514 f; Püttner, Die öffentlichen Unternehmen, S. 96 ff; Badura, Die Erfüllung öffentlicher Aufgaben und die Unternehmenszwecke bei der wirtschaftlichen Betätigung der öffentlichen Hand, FS Schlochauer, S. 20 ff.

setzten sozialen Gemeinschaft mit sich bringt ..."[438]. Konkurrierende öffentliche Unternehmen werden nur dann nicht mehr zum allgemeinen Lebens- und Geschäftsrisiko privater Wettbewerbsteilnehmer gerechnet, wenn ein "Verdrängungswettbewerb" durch Auszehrung der privaten Konkurrenz stattfindet oder der öffentlichen Hand Privilegien gewährt werden[439].
Beide Gesichtspunkte treffen auf die Geschäftstätigkeit der Sparkassen nicht zu. Die Privatbanken werden weder durch die Sparkassen ausgezehrt noch bestehen für die Sparkassen Privilegien[440]. Selbst wenn man in der Gewährträgerhaftung und der Anstaltslast mit der Folge der mangelnden Konkursfähigkeit ein Privileg der Sparkassen sieht, verbinden sich mit der Geschäftstätigkeit der Sparkassen - wie die vorliegende Untersuchung zeigt - Geschäftsbeschränkungen, die ein eventuelles Privileg in seinen wirtschaftlichen Auswirkungen mindestens neutralisieren.
Die Geschäftstätigkeit der Sparkassen stellt mithin keinen Eingriff in den Schutzbereich des Art. 12 Abs. 1 GG dar. Auch ein Eingriff in den von Art. 14 Abs. 1 GG geschützten eingerichteten und ausgeübten Gewerbebetrieb liegt nicht vor, da Art. 14 GG nur den Bestand des Betriebes und weder die Erwerbsaussichten[441] noch vor Konkurrenz schützt[442]. Die Mitbewerberstellung der Sparkassen am Markt ist für die privaten Banken nicht bestandsgefährdend, sondern mindert allenfalls deren Ertragsaussichten in einzelnen Geschäftsbereichen.

3. Zwischenergebnis

Zusammenfassend ist festzuhalten, daß Sparkassen aufgrund ihrer Doppelnatur eine gemischt sozial- und ertragswirtschaftliche Zielsetzung verfolgen. Die verfassungsrechtliche Zulässigkeit ihrer wirtschaftlichen Betätigung folgt aus dem

---

438 BVerwG, NVwZ 1984, S. 515.

439 BVerfGE 34, 252 (256); 55, 261 (269); BVerwGE 39, 329 (336); BVerwG, NVwZ 1984, 514 f.

440 Das Privileg der günstigeren Besteuerung der Sparkassen ist in den 80iger Jahren vollständig aufgehoben worden; vgl. dazu : Geiger, Wettbewerb erfordert keine Änderung der Besteuerung, Sparkasse 1981, S. 160 ff.

441 Vgl. BVerfGE 28, 142; 48, 296; 51, 193 (221 f); Pieroth/Schlink, Grundrechte, Rz 1001 ff.

442 Vgl. BVerfGE 55, 27.

öffentlichen Auftrag. Eine Grundrechtsverletzung anderer Kreditinstitute, aus der sich Begrenzungen der Geschäftstätigkeit der Sparkassen aufgrund ausdrücklicher oder grundrechtsimmanenter Schranken ergeben könnten, liegt nicht vor. Dies trifft erst zu, wenn die Sparkassen ihre Geschäftstätigkeit derart ausbauen und intensivieren würden, daß ein auszehrender Verdrängungswettbewerb oder bestandsgefährdende Umstände für die Banken entstünden.

VI. Das Sparkassenrecht und daraus folgende Beschränkungen der Geschäftstätigkeit

Dem Verfassungsrecht nachrangige Normen, die eine Beschränkung der Geschäftstätigkeit der Sparkassen regeln, stellt das Sparkassenrecht dar. Dieses ist ausgehend von seiner geschichtlichen Entwicklung und Komplexität im Hinblick auf die sich in den einzelnen Landesgesetzen vollziehende Liberalisierung unter dem Gesichtspunkt der fortschreitenden Aufhebung von Geschäftsbeschränkungen von Sparkassen im anstehenden Wettbewerb des 21. Jahrhunderts zu analysieren.

1. Das Sparkassenrecht

Das Sparkassenrecht ist die Summe aller öffentlich-rechtlichen Normen, die die Stellung der Sparkassen im Staat und in der Gesellschaft regeln und der Wahrung der Rechtsgüter der einzelnen Personen auf dem Gebiet des Geld- und Kreditwesens unter sozialen Gesichtspunkten dienen. Es ist ein in das Kommunalrecht eingebettetes, von der Rechtsordnung aber aus diesem Rahmen des kommunalen Verfassungsrechts herausgehobenes, speziell auf die Sparkassen als Anstalten des öffentliches Rechts und als Wettbewerbsunternehmen bezogenes eigenständiges Recht [443].
Diese Definition des Sparkassenrechts von Schlierbach macht die Doppelnatur der Sparkassen deutlich. Die Sparkassen sind als rechtsfähige, mündelsichere Anstalten des öffentlichen Rechts organisatorisch ein Teil der öffentlichen Verwaltung und als kommunales Wirtschaftsunternehmen eigener Prägung Mitbewerber am allgemeinen Wirtschaftsleben. Diese besondere Stellung hat zur Fol-

---

[443] Schlierbach, Das Sparkassenrecht in der Bundesrepublik Deutschland, S. 1; ders, Sparkassenrecht, HWS Band 3, S. 138.

ge, daß Sparkassen einer höheren Regelungsdichte unterliegen als gewöhnliche Universalbanken.

a. Aufbau des Sparkassenrechts

Die die Sparkassentätigkeit regulierenden Normen sind eine Mischung von bundes- und landesrechtlichen Vorschriften. Die Doppelnatur der Sparkassen bedingt diese Konstellation, die zu Überschneidungen bei den Gesetzgebungskompetenzen führen kann. Problematisch sind jedoch nicht nur daraus folgende Bund-Länder-Gesetzgebungskonflikte. Das Sparkassenrecht ist - wie noch zu zeigen sein wird - zum überwiegenden Teil Landesrecht. Einen einheitlichen Gesamtüberblick zu erhalten, gestaltet sich insoweit schwierig, als die verschiedenen sparkassenrechtlichen Normen der Länder sich zwar teilweise ähneln oder sogar übereinstimmen, es jedoch auch voneinander abweichende Regelungen gibt. Des weiteren hat die landesgesetzliche Regelungskompetenz zur Folge, daß das Sparkassenrecht ständigen Änderungen unterliegt. Schon frühzeitig ist in der Entwicklung des Sparkassenrechtes darauf hingewiesen worden, daß die Landeskompetenz zwangsläufig die Gefahr uneinheitlicher Rechtsentwicklung in sich birgt[444]. Wie gravierend die unterschiedliche Entwicklung des Sparkassenrechtes in den Landesgesetzen im Hinblick auf Geschäftsbeschränkungen ist, soll im folgenden untersucht werden. Voraussetzung dafür ist zunächst die Abgrenzung der Gesetzgebungskompetenzen und damit die Bestimmung des den Ländern obliegenden Regelungsbereiches.

(1) Die Gesetzgebungskompetenz im Sparkassenwesen

Die Gesetzgebungskompetenz im Sparkassenwesen wird geprägt von der Doppelnatur des Sparkassenrechtes als Wirtschaftsrecht und als Verwaltungsorganisationsrecht[445].

---

[444] Sprengel, Garantien der Rechtseinheit im Sparkassenrecht, Sparkasse 1961, S. 111 ff.

[445] Ausführlich zur Gesetzgebungskompetenz im Sparkassenwesen: Impelmann, Abgrenzung der Gesetzgebungskompetenzen zwischen Bund und Ländern auf dem Gebiet des Kredit- und Sparkassenwesens unter besonderer Berücksichtigung der Eigenkapitalregelung, S. 1 ff.

aa) Bundesgesetzgebungskompetenz gemäß Art. 72 i.V.m. Art. 74 Nr. 11 GG

Gemäß Art. 72 i.V.m. Art. 74 Nr. 11 GG hat der Bund die konkurrierende Gesetzgebungskompetenz für das Recht der Wirtschaft. Dazu zählen - durch einen Klammerzusatz in Art. 74 Nr. 11 verdeutlicht - die Bereiche des Bergbaus, der Energiewirtschaft, des Handwerks, des Gewerbes, des Handels, des Bank- und Börsenwesens und des privatrechtlichen Versicherungswesens. Diese Vorschrift räumt dem Bund die Kompetenz ein, allgemeine Wirtschaftsordnungs- und Wirtschaftslenkungsgesetze wie auch branchenspezifische Wirtschaftsgesetze zu erlassen[446].

Ausgangspunkt für die Überlegungen im Bereich der Gesetzgebungskompetenzen im Sparkassenbereich ist die allgemeine Ansicht, daß Art. 74 Nr. 11 GG auch das Sparkassenwesen umfaßt, wobei die Zuordnung entweder über das „Recht der Wirtschaft“[447] oder über den Klammerzusatz „Bank- und Börsenrecht“[448] erfolgt. Es soll an dieser Stelle nicht weiter untersucht werden, unter welchen Begriff das Sparkassenrecht letztlich zu subsumieren ist. Entscheidend ist vielmehr, daß es in den Bereich der konkurrierenden Bundesgesetzgebungskompetenz fällt.

Uneinheitlich wird jedoch die Frage beurteilt, inwieweit Art. 74 Nr. 11 dem Bund das Recht einräumt, Sparkassenangelegenheiten gesetzlich zu regeln[449]. Unter Berücksichtigung der föderalistischen Verfassungsstruktur steht den Ländern gemäß Art. 30, 70 GG die Organisationsgewalt über alle Einrichtungen ihrer öffentlichen Verwaltung zu. Dies gilt für die unmittelbare als auch für die mittelbare Staatsverwaltung, wobei der kommunale Bereich mit der institutionellen Garantie des Art. 28 Abs. 2 GG ausgestattet ist. Da es insoweit dem Bund verboten ist, in die Verwaltungsorganisation der Länder einzugreifen, erfährt seine Gesetzgebungskompetenz im Sparkassenwesen eine Beschränkung. Zur möglichen Abgrenzung der Gesetzgebungskompetenzen wird das Recht der

---

[446] Regeling, in: Bonner Kommentar zum Grundgesetz, Art. 74 Nr. 11 Rn 50, 54 ff.

[447] Haller, Entwicklung und Wesen der Staatsaufsicht über die kommunalen Sparkassen unter besonderer Berücksichtigung der verfassungsrechtlichen Grenzen der Bundesaufsicht, S. 121.

[448] BVerfGE 14, 197 (213); Maunz, in: Maunz/Dürig/Herzog/Scholz, Art. 74 Rn. 146 m.w.N.

[449] S. Punkt VI. 1. a (1) cc) der Untersuchung.

Sparkassen in die Bereiche des Sparkassenwirtschaftsrechts und des Sparkassenorganisationsrechts unterteilt[450].

Das Sparkassenwirtschaftsrecht, das auch als materielles Sparkassenrecht bezeichnet wird[451], umfaßt das Recht der Geschäftspolitik und der Wirtschaftsführung. Das Sparkassenorganisationsrecht hingegen, das als formelles Sparkassenrecht bezeichnet wird[452], enthält Bestimmungen über die Organisation, Aufgaben und Verwaltung der Sparkassen. Nach breit verbreiteter Auffassung unterliegt die Materie des Sparkassenwirtschaftsrechts der konkurrierenden Gesetzgebungskompetenz des Bundes, während das formelle Sparkassenrecht aufgrund der Regelannahme des Art. 70 GG zur ausschließlichen Zuständigkeit des Landesgesetzgebers gezählt wird[453]. Danach soll der Bund auf dem Gebiet des Sparkassenrechtes für alle geschäftspolitischen Vorschriften zuständig sein, die der einheitlichen wirtschaftlichen Ordnung und Gestaltung des Bank- und Sparkassenwesens im Bund dienen[454].

---

450 Rengeling, in: Bonner Kommentar zum Grundgesetz, Art. 74 Nr. 11 Rn. 76 m.w.N.; Maunz, in: Maunz/Dürig/Herzog/Scholz, Art. 74 Rn. 146; Brzoska, Die öffentlich-rechtlichen Sparkassen zwischen Staat und Kommunen, S. 18 f.

451 Haller, Entwicklung und Wesen der Staatsaufsicht über die kommunalen Sparkassen unter besonderer Berücksichtigung der verfassungsrechtlichen Grenzen der Bundesaufsicht, S. 122; Claussen, Teilprivatisierung kommunaler Sparkassen?, S. 27.

452 Haller, Entwicklung und Wesen der Staatsaufsicht über die kommunalen Sparkassen unter besonderer Berücksichtigung der verfassungsrechtlichen Grenzen der Bundesaufsicht, S. 122; Claussen, Teilprivatisierung kommunaler Sparkassen?, S. 27.

453 BVerwGE 75, 292 (298 ff.); OVG Lüneburg, OVGE 24, 387 ff - zit. nach Weides/Bosse, Rechtsprechung zum Sparkassenrecht, S. 402 (404); Brzoska, Die öffentlich-rechtlichen Sparkassen zwischen Staat und Kommunen, S. 19; Haller Entwicklung und Wesen der Staatsaufsicht über die kommunalen Sparkassen unter besonderer Berücksichtigung der verfassungsrechtlichen Grenzen der Bundesaufsicht, S. 128 ff; Ebner-Nehring, Die Landesbanken zwischen Ländern und Sparkassen - insbesondere in Baden-Württemberg, BWVPr. 1988, 147; Merten, Sparkassenrechtliches Regionalprinzip und kommunale Neugliederung, DVBl. 1983, S. 1142; Maunz, in: Maunz/Dürig/Herzog/Scholz, Art. 74 Rn. 146; v. Münch, in: v. Münch, GG, Art. 74 Rn. 48a; Regeling, in: Bonner Kommentar zum Grundgesetz, Art. 74 Nr. 11 Rn. 76, Sprengel, Sparkassenrecht - Bundes- oder Landesrecht?, Sparkasse 1952, S. 100 f.

454 So Schlierbach, Das Sparkassenrecht in der Bundesrepublik Deutschland, S. 13.

Von dieser Gesetzgebungskompetenz hat der Bund mit dem Erlaß des Gesetzes über das Kreditwesen (KWG) Gebrauch gemacht[455]. Das KWG ist die zentrale Rechtsgrundlage des Bankwesens in Deutschland. Es legt fest, welche Unternehmen Kreditinstitute sind, definiert die zulässigen Bankgeschäfte und enthält Vorschriften für deren Durchführung und Kontrolle. Das Gesetz bezieht die Sparkassen als „Kreditinstitute" ein und enthält in den §§ 40 ff. Sonderregelungen hinsichtlich des Schutzes der Bezeichnung „Sparkasse".
Die das Bank- und Börsenrecht gemäß Art. 74 Nr. 11 betreffenden Gesetze, wie beispielsweise das Bundesbank-, das Börsen-, das Wertpapierhandels-, das Verbraucherkredit-, das Wechsel - und das Scheckgesetz sowie das Gesetz gegen den unlauteren Wettbewerb haben gegenüber den Sparkassen dieselbe Geltung wie gegenüber den anderen Kreditinstituten. Des weiteren müssen die Sparkassen die Vorschriften des Handelsgesetzbuches beachten. Da die Sparkassen unstreitig Bankgeschäfte i.S. des § 1 Abs. 2 Nr. 4 HGB betreiben, verfügen sie neben ihrer Stellung als Anstalt des öffentlichen Rechts über die Kaufmannseigenschaft und sind somit an die Vorschriften des Handelsgesetzbuches gebunden.
Außer den vorgenannten, für alle Kreditinstitute gültigen Gesetze, existieren noch aus der Notverordnung von 1931[456] spezielle sparkassenrechtliche Vorschriften über die rechtliche Verselbständigung der Sparkassen[457], die relative Personalkredithöchstgrenze[458] und die Festlegung der Gewährträgerhaftung ihrem Grunde nach[459]. Diese sind als Bestandteil der Geschäftspolitik gemäß Art. 123 i.V.m. 125, Art. 74 Nr. 11 GG unmittelbar geltendes Bundesrecht geworden.

---

455 Gesetz über das Kreditwesen in der Fassung der Bekanntmachung vom 30.06.1993 (BGBl. I S. 1082).

456 3. Reichsnotverordnung vom 6.10.1931, RGBl. I, S. 537, 554, übernommen als unmittelbar geltendes Bundesrecht, BGBl. III 7621-2.

457 Vgl. Art. 1 §§ 1, 2 Abs. 1 Satz 1 der 3. NotVO (BGBl. III 7621 2).

458 Art. 1 § 7, Art. 6 Abs. 2 der 3. NotVO (BGBl. III 7621-2).

459 Art. 1 §§ 1, 2 Abs. 1 Satz 2 der 3. NotVO (BGBl. III 7621-2).

bb) Landesgesetzgebungskompetenz gemäß Art. 70 Abs. 1 GG

Nach der dargestellten Zweiteilung des Sparkassenrechtes haben die Länder gemäß Art. 70 Abs. 1, 30 GG die Gesetzgebungskompetenz für das Organisationsrecht der Sparkassen. Die Vorschriften über die Errichtung von Sparkassen, deren Organisation und Geschäftsrecht sowie die Geschäftsbeschränkungen fallen danach in die Kompetenz der Länder. Die spezifisch öffentlich-rechtlichen Vorgaben und Bindungen der Sparkassentätigkeit werden dem Regelungsgegenstand der kommunalen Selbstverwaltung als Bestandteil der mittelbaren Staatsverwaltung zugerechnet. Dazu zählen insbesondere die Regelungen der Gewährträgerhaftung, der Zweiteilung der Organe (Vorstand und Verwaltungsrat), der Personalhoheit und das Regionalprinzip[460]. Der Schwerpunkt der Kompetenz für spezielle Regelungen des Sparkassenwesens liegt somit beim Landesgesetzgeber.

cc) Bereiche mit Abgrenzungsschwierigkeiten

Die grundsätzliche Kompetenzaufteilung nach „Geschäftspolitik" einerseits und „Organisation" andererseits setzt voraus, daß sich die Begriffe Sparkassenwirtschaftsrecht und Sparkassenorganisationsrecht eindeutig von einander abgrenzen lassen. Daß eine solche klare Abgrenzung jedoch nicht möglich ist, soll exemplarisch an folgenden Beispielen verdeutlicht werden. So stellt etwa die Gewährträgerhaftung ein Grundelement organisatorischer Gestaltung der Sparkassen im Verhältnis zu ihrem Träger und Kunden dar, was für eine organisatorische Einordnung dieser Regelung spricht[461]. Andererseits kann die Gewährträgerhaftung im geschäftspolitischen Bereich eingeordnet werden, wenn man sie, wie z.B. der Verband deutscher Banken, als Wettbewerbsvorteil der Sparkassen begreift. Auch die Regelungen für die Eigenkapitalanforderungen vereinigen zugleich allgemein geschäftspolitische als auch ordnungspolitische Elemente[462].

---

460 Vgl. Schlierbach, Das Sparkassenrecht in der Bundesrepublik Deutschland, S. 13.

461 Im Ergebnis so auch Püttner, Zur Eigenkapitalausstattung der Sparkassen - insbesondere zur Verfassungsmäßigkeit der Nichtanerkennung der Gewährträgerhaftung als Eigenkapital-Surrogat, S. 22 f.

462 S. dazu ausführlich: Impelmann, Abgrenzung der Gesetzgebungskompetenzen zwischen Bund und Ländern auf dem Gebiet des Kredit- und Sparkassenwesens unter besonderer Berücksichtigung der Eigenkapitalregelung , S. 97 ff.

Damit können organisatorische Grundfragen, wenn sie den typischen Gefahren des Bankwesens begegnen sollen, zum Bestandteil der Geschäftspolitik werden. Die fehlende eindeutige Abgrenzungsmöglichkeit bei der Zweiteilung der Gesetzgebungskompetenzen im Sparkassenrecht hat dazu geführt, daß die Ausgestaltung der Regelungsbefugnisse von Bund und Ländern im Schrifttum in Frage gestellt wird. Soweit ersichtlich führte diese Abgrenzungsunsicherheit hingegen in der Rechtsprechung bislang nicht zu einem Abrücken von der vorgenommenen Zweiteilung des Sparkassenrechtes[463]. Die in der Literatur vertretenen unterschiedlichen Ansichten lassen sich in zwei Lager teilen, wobei innerhalb der übereinstimmenden Auffassungen noch graduelle Abweichungen bestehen.
Eine Ansicht will die Regelungskompetenz des Bundes weiter ausdehnen und lehnt die Zweiteilung der Gesetzgebungskompetenz ab[464]. Danach soll der Bund berechtigt sein, das gesamte Sparkassenwesen zu regeln. Die Organisationsfragen seien von so entscheidender Bedeutung, daß die Kompetenz für die Geschäftspolitik von der für die Organisation nicht getrennt werden könne[465]. Fast alle denkbaren Fragen der Sparkassenorganisation seien unter Berücksichtigung dringender volks- und kreditwirtschaftlicher Belange mit dem Ziel einer rechtseinheitlichen Regelung in den Bereich des Wirtschafts- und Bankrechts einzubeziehen[466].
Nach einer neueren Auffassung soll die Gesetzgebungskompetenz des Bundes hingegen weiter eingeschränkt werden[467]. Mit dem Argument, daß der Begriff

---

463 In den mit dieser Frage befaßten Urteilen des Bundesverwaltungsgerichtes E 75, 292, (298 f) und E 69, 11 (22) wurde an der traditionellen Einteilung von Organisation und Geschäftspolitik festgehalten.

464 Huber, Wirtschaftsverwaltungsrecht, S. 158 f; Stolzenburg, Die rechtliche Sonderstellung der freien Sparkassen im deutschen Sparkassenwesen, S. 29; Twiehaus, Die öffentlich-rechtlichen Kreditinstitute, S. 9.

465 So Huber, Wirtschaftsverwaltungsrecht, S. 158.

466 Vgl. Twiehaus, Die öffentlich-rechtlichen Kreditinstitute, S. 9.

467 Püttner, Zur Eigenkapitalausstattung der Sparkassen - insbesondere zur Verfassungsmäßigkeit der Nichtanerkennung der Gewährträgerhaftung als Eigenkapital-Surrogat, S. 18 ff; Schlierbach, Das Sparkassenrecht in der Bundesrepublik Deutschland, S. 13; Schmidt, Gesetzgebungskompetenz des Bundes für das Sparkassenrecht?, FS für Bärmann, S. 838; Haller, Entwicklung und Wesen der Staatsaufsicht über die kommunalen Sparkassen unter

„Geschäftspolitik" rechtlich nicht faßbar und nicht für eine Abgrenzung zwischen Bundes- und Landesrecht tauglich sei, wird er als Abgrenzungskriterium abgelehnt und durch die allgemeine Bezeichnung „bankgeschäftliche Tätigkeit der Sparkassen" ersetzt[468]. In diesem Bereich, der sich auf das allgemeine Recht der Kreditwirtschaft beschränkt, soll dem Bund die Regelungsbefugnis nach Art. 74 Nr. 11 GG zustehen. Für den organisationsrechtlichen Bereich hingegen bestehen unter den Vertretern dieser Ansicht unterschiedliche Auffassungen. Zum einen wird strikt jegliche Kompetenz des Bundes im Sparkassenorganisationsrecht mit der Begründung abgelehnt, daß die ausschließliche Gesetzgebungskompetenz der Länder in allen Fragen der Organisation der unmittelbaren und mittelbaren Landesverwaltung nicht durch die Art. 74, 72 Abs. 1 GG verdrängt werden könne[469]. Andere gestehen dem Bund im Rahmen des Sachzusammenhangs bankgeschäftlicher Tätigkeit zu, auch organisationsrechtliche Bereiche des Sparkassenwesens zu reglementieren[470]. Für eine verständige Regelung der Bankfunktion sei es für den Bund unerläßlich, eine Möglichkeit zu haben, in die Organisation der Sparkassen einzugreifen[471]. Insoweit sei der Bund auch für das Sparkassenorganisationsrecht zuständig, wobei es sich jedoch im Hinblick auf die an sich bestehende ausschließliche Landeszuständigkeit nur um punktuelle Regelungen handeln könne[472].

---

besonderer Berücksichtigung der verfassungsrechtlichen Grenzen der Bundesaufsicht, S. 129; Igelspacher, Die Bundeszuständigkeit im kommunalen Sparkassenwesen, S. 42.

468 Haller, Entwicklung und Wesen der Staatsaufsicht über die kommunalen Sparkassen unter besonderer Berücksichtigung der verfassungsrechtlichen Grenzen der Bundesaufsicht, S. 129; Schmidt, Gesetzgebungskompetenz des Bundes für das Sparkassenrecht?, FS für Bärmann, S. 845; Igelspacher, Die Bundeszuständigkeit im kommunalen Sparkassenwesen, S. 42.

469 Haller, Entwicklung und Wesen der Staatsaufsicht über die kommunalen Sparkassen unter besonderer Berücksichtigung der verfassungsrechtlichen Grenzen der Bundesaufsicht, S. 138 ff.

470 Püttner, Zur Eigenkapitalausstattung der Sparkassen - insbesondere zur Verfassungsmäßigkeit der Nichtanerkennung der Gewährträgerhaftung als Eigenkapital-Surrogat, S. 18 ff; Schlierbach, Das Sparkassenrecht in der Bundesrepublik Deutschland, S. 13; Schmidt, Gesetzgebungskompetenz des Bundes für das Sparkassenrecht?, FS für Bärmann, S. 853; Igelspacher, Die Bundeszuständigkeit im kommunalen Sparkassenwesen, S. 64.

471 So Igelspacher, Die Bundeszuständigkeit im kommunalen Sparkassenwesen, S. 64.

472 Igelspacher, Die Bundeszuständigkeit im kommunalen Sparkassenwesen, S. 64.

Unstreitig ist, daß der Bund gemäß Art. 74 Nr. 11 GG die Sparkassen im Bereich des Wirtschaftsrechtes reglementieren kann. Sparkassen unterliegen in der gleichen Weise wie die anderen Kreditinstitute den bestehenden wirtschaftsrechtlichen Vorschriften wie beispielsweise dem HGB, dem KWG und dem Gesetz gegen den unlauteren Wettbewerb. Die vorgenommene Zweiteilung des Sparkassenrechts in Wirtschafts- und Organisationsrecht ist deshalb vom Grundsatz her sinnvoll, auch wenn sie keinen Anspruch auf eindeutige Abgrenzung in allen Fällen erhebt. Von diesem Ausgangspunkt sind die dargestellten Ansichten zunächst einmal zu beurteilen.
Die erstgenannte Ansicht, die aus der engen Wechselbeziehung zwischen Geschäftstätigkeit und Organisation die alleinige Gesetzgebungsbefugnis des Bundes für den gesamten Sparkassenbereich konstruieren will, ist unter Hinweis des Verstoßes gegen die föderalistische Verfassungsstruktur abzulehnen. Die derzeitige landesrechtliche Ausgestaltung der Sparkassengesetze zeigt, daß auch der Bundesgesetzgeber ein Bedürfnis nach einer einheitlichen Regelung gemäß Art. 72 Abs. 2 GG nicht sieht.
Im Ergebnis stellt sich der Meinungsstreit als ein mehr oder weniger theoretisches Problem dar, dessen Ursprung in dem Begriff der Geschäftspolitik liegt. Die Geschäftspolitik als inhaltliche Beschreibung des Sparkassenwirtschaftsrechtes stellt - insoweit ist der zweiten Auffassung zuzustimmen - ein nicht taugliches Abgrenzungsmerkmal für die Bundesgesetzgebungskompetenz gegenüber der Regelbefugnis des Landes dar. Schmidt führt dazu aus, daß sich die Geschäftspolitik ihrem Wortsinn nach auf den gesamten Entscheidungsspielraum der leitenden Organe erstrecke, die ihr Unternehmen in dem vom Gesetz vorgegebenen Rahmen zur bestmöglichen Entfaltung bringen wollen[473]. Dieser zumeist von Ermessensentscheidungen geprägte Willensbildungsprozeß beziehe sich sowohl auf Entscheidungen im Außenverhältnis zum Kunden des Unternehmens als auch auf Entscheidungen im Innenverhältnis, wie z.B. im Bereich der Unternehmensorganisation. Da eine Beschränkung dieses Willensbildungsprozesses im geschäftspolitischen Bereich auf das Außenverhältnis nicht möglich sei, könne der Bund - übertragen auf die Sparkassen - mit der geschäftspolitischen Kompetenz praktisch das gesamte Organisations- und Geschäftsrecht der Sparkassen regeln. Dies widerspreche jedoch wiederum der

[473] Schmidt, Gesetzgebungskompetenz des Bundes für das Sparkassenrecht?, FS für Bärmann, S. 845 f.

eindeutigen Zuständigkeit der Länder im Organisationsbereich der mittelbaren Staatsverwaltung.

Vor diesem Hintergrund ist der zweiten Ansicht zu folgen mit der Maßgabe, daß die Abgrenzung der Gesetzgebungskompetenzen nach der Einteilung von Innen- und Außenverhältnis erfolgt. Im Außenverhältnis zu den Kunden wird die Sparkasse wie die anderen Kreditinstitute tätig, so daß der Bund die eindeutige Kompetenz hat, während es im Innenverhältnis um sparkassenspezielle Merkmale geht, die als mittelbare Staatsverwaltung dem Regelungsbereich der Länder unterliegen. Insoweit ist es sinnvoll, den Begriff der Geschäftspolitik durch den der bankgeschäftlichen Tätigkeit zu ersetzen. Auch diese Einteilung in Außen- und Innenwirkung und der Austausch der Begrifflichkeit, verhindert jedoch nicht, daß es zu Überschneidungen kommen kann. Eine Möglichkeit der eindeutigen Abgrenzung wird damit nicht geboten. Insoweit stellt sich die berechtigte Frage nach dem Sinn der vorgenannten Diskussion. Sie macht einmal mehr deutlich, daß es im Sparkassenwesen keine Einteilung in Schwarz oder Weiß gibt. Die in der Einleitung dieser Arbeit umschriebene „Zwitterstellung" der Sparkassen führt zu Wechselwirkungen in der organisatorischen und bankgeschäftlichen Tätigkeit, die eine eindeutige Abgrenzung nicht möglich macht. Es schlagen gewissermaßen zwei Herzen in der Brust von Sparkassen - das des Wirtschaftsunternehmens sowie das der Anstalt des öffentlichen Rechts. Aufgrund dieser Doppelnatur kommt man nicht umhin, Einzelfallentscheidungen auch hinsichtlich der Gesetzgebungskompetenz zu treffen. Sollte die in Frage stehende Regelung ein notwendiger und untrennbarer Bestandteil der bankgeschäftlichen Tätigkeit der Sparkassen im Außenverhältnis sein, kann der Bund im Wege des Sachzusammenhangs ausnahmsweise auch organisatorische Grundsatzfragen des Sparkassenrechts an sich ziehen.

(2) Die Sparkassengesetze als Landesrecht

Die Länder haben in der Mehrzahl von ihrer Gesetzgebungskompetenz durch die Verabschiedung von Sparkassengesetzen Gebrauch gemacht. Mit Ausnahme von Hamburg und Berlin wurden entsprechende Sparkassengesetze als Landesgesetze verabschiedet[474]. Das Berliner Sparkassengesetz ist durch das Lan-

---

474 Sparkassengesetz für Baden-Württemberg in der Fassung vom 23.01.1992 (GBl. S. 128), zuletzt geändert durch Gesetz zur Änderung des Sparkassengesetzes für Baden-Württemberg vom 18.12 1995 (GBl. Nr. 36 S. 874); Bayerisches Gesetz über die öffentlichen Sparkassen in der Fassung der Bekanntmachung vom 1.10.1956 (GVBl. S. 187 ff.), zuletzt geändert durch § 5 des Gesetzes vom 10.08.1994 (GVBl. S. 761); Sparkassengesetz für öf-

desbankgesetz Berlin[475] aufgehoben worden. Sowohl die Sparkasse der Stadt Berlin West als auch die Sparkasse der Stadt Berlin (Ost) wurden gemäß § 1 dieses Gesetzes im Wege der Gesamtrechtsnachfolge auf die neu geschaffene Landesbank Berlin - Girozentrale - überführt. Neben Berlin nimmt Hamburg eine Sonderstellung ein. Die Sparkasse Hamburg ist keine kommunale Sparkasse, sondern gehört zu der Gruppe der freien Sparkassen[476]. Die Richtlinien der Geschäftspolitik werden von ihr autonom bestimmt. Der Senat der Freien und Hansestadt Hamburg übt die Rechtsaufsicht über die Sparkasse aus und überwacht die Einhaltung ihrer Satzung.
Die Sparkassengesetze der übrigen Länder bilden zusammen mit den Sparkassenverordnungen und Sparkassensatzungen den rechtlichen Rahmen für die sparkassenspezifische Tätigkeit. Die Gesetze enthalten zwar landesspezifische Besonderheiten, weisen aber weitgehend übereinstimmende Grundstrukturen auf. Als solche werden der öffentliche Auftrag, die kommunale Bindung, die Anstaltslast und Gewährträgerhaftung sowie die darüberhinaus gehenden Geschäftsbeschränkungen normiert. Die Landessparkassengesetze regeln das Organisationsrecht der Sparkassen sowie das Verhältnis der Sparkassen zu Lan-

---

fentlich-rechtliche Sparkassen im Lande Bremen vom 27.09.1994 (Brem.GBl. S. 253, berichtigt S. 268); Hessisches Sparkassengesetz in der Fassung vom 24.02.1991 (GVBl. I S. 78), geändert durch Staatsvertragsgesetz vom 20.05.1992 (GVBl. S. 189); Sparkassengesetz für das Land Niedersachsen (NSpG) vom 6.07.1962 (Nieders.GVBl. S. 77), in der Fassung der Bekanntmachung vom 20.08.1990 (Nieders.GVBl. 1990 S. 422), geändert durch Artikel 9 des Gesetzes zur Reform des niedersächsischen Kommunalverfassungsrechtes vom 1.04.1996 (Nieders.GVBl. 1996 S. 82); Nordrhein-Westfälisches Gesetz über die Sparkassen sowie über die Girozentrale und Sparkassen- und Giroverbände in der Fassung der Bekanntmachung vom 25.01.1995 (GVBl. vom 22.02.1995, S. 92; Sparkassengesetz für Rheinland-Pfalz vom 1.04.1982 (GVBl. S. 113), zuletzt geändert durch Fünftes Landesgesetz zur Änderung des Sparkassengesetzes vom 12.03.1996 (GVBl. S. 154); Saarländisches Sparkassengesetz in der Fassung vom 1.04.1993 (ABl. Saar S. 360); Sparkassengesetz für das Land Schleswig-Holstein in der Fassung vom 3.05.1994 (GVBl. S. 232); Brandenburgisches Sparkassengesetz (BbgSpkG) vom 26.06.1996 (GVBl. S. 210); Sparkassengesetz des Landes Mecklenburg-Vorpommern vom 26.07.1994 (GVBl. S. 761); Sparkassengesetz des Freistaates Sachsen (SächsSparkG) vom 7.12.1993 (GVBl. S. 1149); Sparkassengesetz des Landes Sachsen-Anhalt (SpkG-LSA) vom 13.07.1994 (GVBl. S. 823); Thüringer Sparkassengesetz (ThürSpkG) vom 19.07.1994 (GVBl. S. 911).

475 Gesetz über die Errichtung der Landesbank Berlin - Girozentrale - in der Fassung vom 3.12.1993 (GVBl. S. 626).

476 S. dazu ausführlich: Mählmann, Die Hamburger Sparkasse - Ein Unternehmensporträt -, ZögU 1986, S. 227 ff.

desbanken/Girozentralen und den regionalen Sparkassen- und Giroverbänden. Gegenstand der Vorschriften sind insbesondere Aufbau, Verwaltung, Rechnungslegung, Aufsicht sowie die Errichtung, Zusammenlegung und Auflösung von Sparkassen. Ergänzende Bestimmungen über die Organe, die Geschäftsführung und Vertretung der Sparkassen sowie zum Geschäftsrecht sind in einigen Bundesländern in Sparkassenverordnungen, in anderen in Mustersatzungen enthalten.

(3) Sparkassenverordnungen

Die individuelle Regelung des Sparkassenrechts in den einzelnen Ländern wird deutlich an der unterschiedlichen Regelungshierarchie. Während in Bayern, Baden-Württemberg, Nordrhein-Westfalen, Niedersachsen, Rheinland-Pfalz, Brandenburg, Sachsen, Sachsen-Anhalt und Thüringen vorrangige Rechtsverordnungen[477] mit wiederum unterschiedlicher Regelungsweite erlassen wurden, existieren in Hessen, Bremen, Schleswig-Holstein, Mecklenburg-Vorpommern und im Saarland solche Rechtsverordnungen nicht. In diesen Ländern wird auf die Regelungen in den Sparkassensatzungen zurückgegriffen, die insoweit abschließenden Charakter haben.

---

[477] Vgl. Verordnung des Innenministeriums über bestimmte Geschäfte der Sparkassen in Baden-Württemberg (Sparkassengeschäftsverordnung - SpGVO BW) vom 12.02.1992 (GBl. S. 155); Verordnung über die Organisation und den Geschäftsbetrieb der Sparkassen in Bayern - Sparkassenordnung (SpkO) - vom 14.10.1970 (GVBl. S. 513 BayRS 2025-1-1-l), zuletzt geändert durch Verordnung zur Änderung der Sparkassenordnung vom 7.12.1994 (GVBl. S. 1068); Verordnung über die Geschäfte der Sparkassen in Niedersachsen (Niedersächsische Sparkassenverordnung - NSpVO) vom 18. Juni 1990 (GVBl. Nr. 23 S. 197), zuletzt geändert durch Verordnung zur Änderung der Niedersächsischen Sparkassenverordnung vom 19.04.1994 (GVBl. Nr. 11 S. 226); Verordnung zur Regelung des Geschäftsrechts und des Betriebes der Sparkassen in Nordrhein-Westfalen (Sparkassenverordnung - SpkVO -) vom 15.12.1995 (GVBl. S. 1255); Sparkassenverordnung (SpkVO) Rheinland-Pfalz vom 15.12.1993 (GVBl. S. 622); Verordnung über den Betrieb und die Geschäfte der Sparkassen in Brandenburg (Sparkassenverordnung - SpkVO) vom 29.07.1991 (GVBl. S. 360); Verordnung des Sächsischen Staatsministeriums der Finanzen über die Geschäfte und die Verwaltung der Sparkassen (Sächsische Sparkassenverordnung - SächsSpkVO) vom 16.11. 1995 (GVBl. S. 375); Sparkassenverordnung Sachsen-Anhalt (SpkVO) vom 20.05.1996 (GVBl. S. 172); Sparkassenverordnung Thüringen in der Fassung der Verordnung über die Fortgeltung der Sparkassenanordnung vom 29.10.1991 (GVBl. S. 587).

(4) Sparkassensatzungen als Gewährträgerrecht

Im Rahmen von Bundes- und Landesgesetzen ist das Sparkassenrecht auch Gewährträgerrecht. Jede Sparkasse hat aufgrund der Satzungsautonomie ihres Gewährträgers eine Satzung, die die konkreten Rechtsverhältnisse der einzelnen Sparkasse regelt. Die Satzungsgewalt des Gewährträgers beruht aufgrund gesetzlicher Ermächtigung der Sparkassengesetze der Länder[478]. Eine Satzung stellt eine öffentlich-rechtliche Regelung mit grundsätzlich allgemeinem Inhalt dar, die von selbständigen Verwaltungsträgern wie Körperschaften und Anstalten kraft der ihnen vom Staat verliehenen Satzungsautonomie im Bereich ihrer eigenen Angelegenheiten erlassen wird[479]. Unter Berücksichtigung des höherrangigen Rechts regelt die Satzung das für die Sparkasse geltende Recht abschließend[480]. Die Satzungen haben in den einzelnen Bundesländern ein unterschiedliches Gewicht. Dieses ist abhängig davon, ob das Geschäftsrecht bereits durch Rechtsverordnung manifestiert wird[481]. Besteht wie in Hessen, Bremen, Schleswig-Holstein, Mecklenburg-Vorpommern und im Saarland eine solche Sparkassenverordnung nicht, ist die umfassende Ausübung der Satzungsgewalt durch den Gewährträger lediglich an die von der obersten Sparkassenaufsichtsbehörde erlassenen Mustersatzung gebunden. In den einzelnen Bundesländern wurden von den obersten Aufsichtsbehörden Mustersatzungen erlassen, die eine Zersplitterung des Sparkassenrechts auf Gewährträgerebene innerhalb eines Landes verhindern sollen. Die Mustersatzungen stellen jedoch keine starren Schablonen dar. Um den Bedürfnissen der einzelnen Sparkassen, die sich bereits aus der Unterscheidung in Groß-, Mittel- und Kleinsparkassen ergeben, gerecht zu werden, bestehen Abweichungsmöglichkeiten mit aufsichtsbehördlicher Zustimmung bzw. Genehmigung[482].

---

478 Vgl. § 7 SpkG Baden-Württemberg; Art. 21 Bay.SpkG; § 6 SpkG Bremen; § 10 SpkG Hessen; § 6 Abs. 2 SpkG Niedersachsen; § 5 SpkG NW; § 4 Abs. 3 SpkG Rheinland-Pfalz; § 4 SpkG Saar; § 3 SpkG Schleswig-Holstein; § 4 SpkG Brandenburg; § 4 SpkG Meckl.-Vorp.; § 4 SpkG Sachsen; § 4 SpkG Sachsen-Anhalt; § 5 SpkG Thüringen.

479 Wolff/Bachof, Verwaltungsrecht I, § 25 IX a 1.

480 Schlierbach, Sparkassenrecht, HWS Band 4, S. 142 f.

481 S. dazu Punkt VI. 1. a. (3).

482 Vgl. § 7 Satz 3 SpkG Baden-Württemberg; Art. 21 Abs. 2 Satz 2 Bay.SpkG; § 6 Abs. 2 SpkG Bremen; § 10 Abs. 2 Satz 2 SpkG Hessen; § 6 Abs. 3 SpkG Niedersachsen; § 5 Abs.

b. Das Verhältnis von Sparkassenrecht und Kommunalrecht

Kommunale Sparkassen führen als Anstalten des öffentlichen Rechts Sparkassengeschäfte mit ihren Kunden in privatrechtlicher Form durch. Das Bundesverwaltungsgericht bezeichnete sie deshalb in einem Grundsatzurteil[483] als „Kreditinstitute eigener Art, eine Sonderform der Bank". Diese Konstellation rechtfertigt es, von einer Doppelnatur der Sparkassen zu sprechen[484]. Diese wird geprägt von der Einordnung der Sparkassen als Teil der mittelbaren Kommunalverwaltung[485] einerseits sowie als Wirtschaftsunternehmen andererseits. Das die Geschäftstätigkeit der Sparkassen reglementierende Sparkassenrecht sieht sich insoweit dem Kommunalrecht gegenüber gestellt, was die Frage nach dem Verhältnis der beiden Rechtsgebiete nach sich zieht. Zu untersuchen ist, ob die für die Wirtschaftstätigkeit der Kommunen geltenden Grundsätze[486] auch auf die Geschäftstätigkeit der Sparkassen Anwendung finden und inwieweit kommunalrechtliche Regelungen direkt oder ergänzend im Sparkassenrecht zu berücksichtigen sind. Die Auseinandersetzung mit der Frage nach dem Verhältnis von Kommunal- und Sparkassenrecht ist historisch betrachtet mit der 3. Notverordnung des Reichspräsidenten von 1931[487] erforderlich geworden. Mit ihr wurde die rechtliche Verselbständigung der kommunalen Sparkassen in Form der Ausgliederung als ehemalige Abteilung der Stadt bzw. der Kommune manife-

---

2 Satz 2 SpkG NW; § 4 Abs. 1 Satz 2 SpkG Saar; § 3 Abs. 2 Satz 2 SpkG Schleswig-Holstein; § 4 Abs. 4 Satz 2 SpkG Brandenburg; § 4 Abs. 2 Satz 2 SpkG Meckl.-Vorp.; § 4 Abs. 4 Satz 2 SpkG Sachsen; § 4 Abs. 4 Satz 2 SpkG Sachsen-Anhalt; § 5 Abs. 4 Satz 2 SpkG Thüringen.

483 DVBl. 1972, S. 780 ff (781).

484 So auch Kirchhof, Hoheitsgebiet und Sparkassengebiet - Funktion und begriffliche Voraussetzungen der Sparkassenneuordnung bei Gebietsänderungen der Gewährträger -, DVBl. 1983, S. 921; Nierhaus, Zur kommunalen Bindung und Aufgabenstellung der Sparkassen, DÖV 1984, S. 666; a.A. Merten, Sparkassenrechtliches Regionalprinzip und kommunale Neugliederung, DVBl. 1983, S. 1140.

485 Vgl. HessVGH, Urteil vom 23.03.1966 - OS II 6/63 -, DÖV 1967, S. 207 (208).

486 Vgl. stellvertretend für die Gemeindeordnungen der übrigen Bundesländer: § 108 NGO.

487 3. Notverordnung des Reichspräsidenten zur Sicherung von Wirtschaft und Finanzen und zur Bekämpfung politischer Ausschreitungen vom 6.10.1931, RGBl. I S. 537, 554.

stiert[488]. Das rechtliche Verhältnis der Sparkassen zu den Städten und Gemeinden, die nunmehr als Gewährträger fungieren, ist seit der Verselbständigung von einer anderen Qualität. Bildete zuvor das Sparkassenrecht einen Teil des allgemeinen Kommunalrechts, mußte die rechtliche Einordnung des Sparkassenrechts nunmehr neu bestimmt werden. Rechtlich notwendig wurde die Auseinandersetzung mit dieser Neueinordnung in den siebziger Jahren im Zuge der Gebietsreformen. Nachdem sich vielfach die räumlichen Regelungsbereiche der Gebietskörperschaften, d.h. der Gewährträger der Sparkassen, durch die Reformen verändert hatten, entstand für die Sparkassen die Frage, ob ihr Geschäftsbereich als privatwirtschaftlich tätige, rechtsfähige Anstalten dem veränderten Hoheitsgebiet angepaßt werden mußte. Insoweit galt es zu klären, ob das sparkassenrechtliche Regionalprinzip von der kommunalen Kompetenzordnung überlagert wird[489]. Ausgehend von dieser speziellen Fragestellung entstand die Diskussion über die Eigenständigkeit des Sparkassenrechtes gegenüber dem Kommunalrecht. Ein bundesgerichtliches Urteil zu dieser Frage ist bislang nicht ergangen. Die hierzu von verschiedenen Instanzgerichten und der Literatur vertretenden Meinungen erreichen eine Bandbreite von der vollständigen Übertragung der kommunalrechtlichen Grundsätze auf das Sparkassenrecht bis hin zu dessen völligen Verselbständigung als lex specialis gegenüber dem Kommunalrecht.

Nach Ansicht von Stern/Nierhaus ist das Sparkassenrecht als eine Ausprägung des besonderen Kommunalrechtes einzuordnen und diesem in organisatorischer, zuständigkeitsrechtlicher und regionaler Hinsicht unterworfen[490]. Begründet wird dieses Ergebnis mit der kommunalen Bindung der Sparkassen, der Gewährträgerhaftung und Anstaltslast der Kommunen sowie der personellen und

---

488 S. dazu ausführlich Punkt IV.1.

489 Ausführlich dazu: Gimple, Das Regionalprinzip der deutschen kommunalen Sparkassen bei der Zweigstelleneinrichtung im EG-Ausland, S. 34 ff; Kirchhof, Hoheitsgebiet und Sparkassengebiet - Funktion und begriffliche Voraussetzungen der Sparkassenneuordnung bei Gebietsänderungen der Gewährträger -, DVBl. 1983, S. 921 ff; Merten, Sparkassenrechtliches Regionalprinzip und kommunale Neugliederung, DVBl. 1983, S. 1140 ff; Weides, Zur Eigenständigkeit des Sparkassenrechts gegenüber dem Kommunalrecht, DÖV 1984, S. 41 ff.

490 Stern/Nierhaus, Rechtsfragen der Neuordnung des Sparkassenwesens als Folge kommunaler Neugliederung, S. 22; von der Tendenz her so auch OVG Münster, Sparkasse 1965, S. 148 ff (151).

organisatorischen Verflechtung von Sparkassen und Kommunen als Gewährträger im Hinblick auf die Zusammensetzung und Befugnisse des Verwaltungsrates und des Kreditausschusses[491].

Gegen diese Auffassung ist anzuführen, daß trotz der unstreitig gegebenen personellen und organisatorischen Verflechtung der Sparkasse mit ihrem Gewährträger sich die Sparkassengeschäftstätigkeit deutlich von kommunalen Aufgaben und Vorschriften abhebt. Als Beispiel ist in diesem Zusammenhang die Möglichkeit der Sparkassen zur Gewinnerzielung mit Bankgeschäften anzuführen. Den Kommunen ist es gemäß der landesrechtlichen Gemeindeordnungen ausdrücklich verboten, Bankunternehmen zu betreiben[492]. Im Gegensatz dazu sehen die kommunalrechtlichen Vorschriften eine Ausnahme für die Sparkassen vor und verweisen darauf, daß es für das öffentliche Sparkassenwesen bei den besonderen - sparkassenspezifischen - Vorschriften verbleibt[493]. Dies verdeutlicht den Sonderrechtscharakter des Sparkassenrechts gegenüber dem Kommunalrecht, so daß die vorstehend dargestellte Ansicht bereits aus gesetzesformalen Gründen abzulehnen ist.

Inzwischen ist auch Nierhaus[494] von dieser Ansicht abgerückt und hat sich wie Gimple[495] einer differenzierenden Betrachtungsweise zugewandt. Danach soll das Sparkassenrecht, soweit es eine ausdrückliche oder spezielle Regelung enthält, dem Kommunalrecht vorgehen. Besteht eine solche Regelung nicht, kommt es zur subsidiären Anwendung des Kommunalrechts. Begründet wird dies im wesentlichen mit der Notwendigkeit einer subsidiären Rechtsmaterie bei Lücken des Sparkassenrechtes[496]. Zur näheren Untermauerung der Ansicht wird

---

491 Stern/Nierhaus, Rechtsfragen der Neuordnung des Sparkassenwesens als Folge kommunaler Neugliederung, S. 15 ff.

492 Stellvertretend für die Gemeindeordnungen der übrigen Bundesländer: § 108 Abs. 4 Satz 1 NGO.

493 Vgl. § 108 Abs. 4 Satz 2 NGO.

494 Nierhaus, Zur kommunalen Bindung und Aufgabenstellung der Sparkassen, DÖV 1984, S. 666.

495 Gimple, Das Regionalprinzip der deutschen kommunalen Sparkassen bei der Zweigstellenerrichtung im EG-Ausland, S. 42.

496 Vgl. Gimple, Das Regionalprinzip der deutschen kommunalen Sparkassen bei der Zweigstellenerrichtung im EG-Ausland, S. 41.

in diesem Zusammenhang auf Art. 20 Abs. 2 Satz 1 SpkG Bayern verwiesen, das als einziges Sparkassengesetz die entsprechende Anwendung der für die Gemeinden geltenden Vorschriften auf die Sparkassen anordnet, soweit nicht durch das Sparkassengesetz oder die Sparkassenverordnung anderes bestimmt ist[497].

Auch dieser Meinung kann aus gesetzesformalen Gründen nicht gefolgt werden. Der Art. 20 Abs. 2 Satz 1 SpkG Bayern verdeutlicht als einzige Verweisungsnorm auf das Kommunalrecht gerade den speziellen, ausschließlichen Regelungscharakter des Sparkassenrechts. Der bayerische Landesgesetzgeber will die kommunalrechtlichen Vorschriften im Falle einer fehlenden sparkassenrechtlichen Regelung herangezogen wissen. Wenn aber das Kommunalrecht grundsätzlich ergänzend heranzuziehen wäre, würde der Satz 1 des Art. 20 Abs. 2 SpkG Bayern überflüssig sein. Dem Argument der Notwendigkeit einer subsidiären Rechtsmaterie bei Lücken des Sparkassenrechtes ist ebenfalls entgegenzutreten. Entsprechende Lücken können bereits allein durch Auslegung des Sparkassenrechtes nach dessen Sinn und Zweck geschlossen werden[498]. Im weiteren bietet sich die Änderung bzw. Ergänzung des jeweiligen Sparkassengesetzes an.

Nach richtiger Ansicht ist das Sparkassenrecht im Verhältnis zum Kommunalrecht als eigenständige Rechtsmaterie und damit als ein das Kommunalrecht ausschließendes Sonderrecht anzusehen[499]. Als deutlichster Verfechter dieser Meinung ist Weides[500] zu nennen. Danach ist in sparkassenrechtlichen Zweifelsfragen weder ein direkter noch ein indirekter Rückgriff auf kommunalrechtliche Regelungen erlaubt, soweit nicht das Sparkassenrecht die entsprechende An-

---

497 Nierhaus, Zur kommunalen Bindung und Aufgabenstellung der Sparkassen, DÖV 1984, S. 666.

498 Als Beispiel s. dazu: HessVGH, Sparkasse 1968, S. 79; OVG Rheinland-Pfalz, NVwZ 1983, S. 562 ff.

499 So auch: HessVGH, Sparkasse 1968, S. 79; OVG Saarlouis, DÖV 1970, S. 610 ff; BayVerfGH, BayVBl. 1986, 461 ff (463); Schlierbach, Das Sparkassenrecht in der Bundesrepublik Deutschland, S. 22; Purbach, Die Auswirkungen des Binnenmarktes auf die Sparkassen und ihre öffentlich-rechtliche Verankerung - Privatisierung der Sparkassen, S. 26; Weides, Zur Eigenständigkeit des Sparkassenrechts gegenüber dem Kommunal-recht, DÖV 1984, S. 41 ff.

500 Weides, Zur Eigenständigkeit des Sparkassenrechts gegenüber dem Kommunalrecht, DÖV 1984, S. 41 ff.

wendung dieser Vorschriften ausdrücklich anordnet. Ein Rückgriff auf das Kommunalrecht vernachlässige die Eigenart der Sparkassen als Wirtschaftsunternehmen und laufe damit dem Gesetzeszweck des Sparkassenrechts zu wider. Wo das Sparkassenrecht Zweifelsfragen offen ließe, seien diese vielmehr entsprechend dem Gesetzeszweck, d.h. unter besonderer Beachtung des Zieles leistungsfähiger Sparkassen und des Umstandes, daß die Sparkassen im Wettbewerb um den Kunden stehen, zu lösen[501].

Aufgrund dieser Ausführungen wird Weides vorgeworfen, mit der These der Eigenständigkeit des Sparkassenrechts gegenüber dem Kommunalrecht seine Linie der Entkommunalisierung der Sparkassen weiter zu verfolgen[502]. Seine Ansicht wird jedoch gestützt durch zwei Urteile, die trotz anders gelagerter Sachverhalte im Ergebnis für die hier zu untersuchende Fragestellung heranzuziehen sind. Der Hessische Verfassungsgerichtshof führte in einem Verfahren, in dem im Sparkassenrecht eine entsprechende Regelung für die Wahl von ehrenamtlichen Mitgliedern des Verwaltungsrates durch das Verwaltungsorgan des Gewährträgers fehlte, aus, daß auch bei Vorhandensein einer im Grunde einschlägigen kommunalrechtlichen Vorschrift primär das Sparkassenrecht und bei fehlender Normierung im Sparkassengesetz in erster Linie dessen Sinn maßgebend sei[503]. Der Gerichtshof lehnte die analoge Anwendung der bestehenden kommunalrechtlichen Vorschrift für die Wahl des Verwaltungsorgans des Gewährträgers entsprechend ab. Auch das OVG Rheinland-Pfalz nahm in einem Verfahren über die Zulässigkeit einer Zweigstellenübertragung keinen Rückgriff auf kommunalrechtliche Vorschriften, sondern legte allein das Sparkassenrecht für seine Entscheidung aus[504].

Für die Sonderstellung der Sparkassen und die damit abschließende Regelung der sparkassenspezifischen Vorschriften spricht, daß die kommunalen Sparkassen selbständige Wettbewerbsunternehmen sind und ihren öffentlichen Auftrag unter marktwirtschaftlichen Gesichtspunkten mit Verzicht auf die Inanspruch-

---

501 Für vorstehendes: Weides, Zur Eigenständigkeit des Sparkassenrechts gegenüber dem Kommunalrecht, DÖV 1984, S. 51.

502 Nierhaus, Zur kommunalen Bindung und Aufgabenstellung der Sparkassen, DÖV 1984, S. 663; Gimple, Das Regionalprinzip der deutschen kommunalen Sparkassen bei der Zweigstellenerrichtung im EG-Ausland.

503 Hess.VGH, Sparkasse 1968, S. 79.

504 OVG Rheinland-Pfalz, NVwZ 1983, S. 562 ff.

nahme von öffentlich-rechtlichen Privilegien oder Monopolrechten erfüllen[505]. Insoweit unterscheiden sie sich deutlich von dem hoheitlichen Handeln der Kommunen, so daß auch die Vorschriften des Abschnittes der landesrechtlichen Gemeindeordnungen über kommunale Unternehmen und Einrichtungen ohne ausdrückliche Verweisung nicht ergänzend heranzogen werden können. Die rechtlichen Beschränkungen für die wirtschaftliche Betätigung der Kommunen gelten somit nicht für die Geschäftstätigkeit der Sparkassen. Damit ist festzuhalten, daß das Betreiben allgemeiner Bankgeschäfte durch das Kommunalrecht für die kommunalen Sparkassen nicht eingeschränkt wird.

2. Überblick der möglichen Bankgeschäfte im wirtschaftlichen Sinne

Um die Reichweite der Geschäftstätigkeit von Sparkassen richtig und vollständig einordnen zu können, sollen zur besseren Übersicht die möglichen Bankgeschäfte im wirtschaftlichen Sinne dargestellt werden. Dabei ist zu beachten, daß die nachstehende Aufzählung - insbesondere unter dem Gesichtspunkt der steten innovativen Weiterentwicklung im Bereich der Finanzdienstleistungen - keinen Anspruch auf Vollständigkeit erhebt, jedoch geeignet ist, einen Überblick über die für Kreditinstitute wichtigsten allgemeinen Bankgeschäfte zu geben.

Die allgemeinen Bankgeschäfte lassen sich unter Zuhilfenahme des § 1 KWG in sechs Gruppen einteilen, wobei innerhalb dieser Gruppen zwischen Eigen- und Kundengeschäften zu unterscheiden ist[506]. Eigengeschäfte der Kreditinstitute sind im wesentlichen Geschäfte für eigene Rechnung, die aufgrund eigener Initiative zustande kommen, während Kundengeschäfte aufgrund der Initiative und auf Rechnung von Kunden getätigt werden. Die vorgenannten sechs Gruppen setzen sich zusammen aus den Aktiv-, Passiv-, Zahlungsverkehrs-, Wertpapier-, den sonstigen Bank- sowie den Auslandsgeschäften.

Beispiele für Aktivgeschäfte im Sinn der bilanztechnischen Mittelverwendung sind kurz-, mittel- und langfristige Kredite an Privatpersonen, Unternehmen und öffentliche Haushalte. Neben der Fristigkeit und den Kreditnehmern als Einteilungsgesichtspunkte lassen sich Kredite hinsichtlich der Art der zur Verfügung

---

505 Vgl. Weides, Zur Eigenständigkeit des Sparkassenrechts gegenüber dem Kommunalrecht, DÖV 1984, S. 42.

506 Vgl. dazu: Grill/Perczynski, Wirtschaftslehre des Kreditwesens, S. 14 f.

gestellten Mittel, der Sicherung sowie der Abwicklung unterscheiden[507]. Als Kreditarten sind insbesondere der Personal-, Real-, Wohnungsbau-, Kommunal, Kontokorrent-, Diskont-, Akzept- sowie der Avalkredit[508] zu nennen. Passivgeschäfte, wie die Annahme von Einlagen, die Aufnahme von Darlehen, der Refinanzierung bei der Deutschen Bundesbank sowie die Emission von Bankschuldverschreibungen dienen den Kreditinstituten hingegen zur Mittelbeschaffung[509].
Den Aktiv- und Passivgeschäften lassen sich die Zahlungsverkehrs-, Wertpapier- und sonstigen Bankgeschäfte als Dienstleistungen gegenüberstellen. Zu den inländischen Zahlungsverkehrsgeschäften zählen der Bar- und Überweisungsverkehr sowie die Inkassogeschäfte. Beispiele für Wertpapiergeschäfte sind neben der Ausgabe von Aktien, der An- und Verkauf von Effekten sowie deren Verwahrung und Verwaltung. Als sonstige Bankgeschäfte sind die Vermögensverwaltung, Beratung und Vermittlung zu nennen[510].
Abschließend ist das Auslandsgeschäft der Kreditinstitute anzuführen. Dieses umfaßt sämtliche Bankleistungen, die der Außenhandelsverkehr in Bezug auf Waren, Dienstleistungen, Kapital und Zahlungen mit sich bringt. Zu dem Zahlungsverkehr zählen insbesondere Sorten- und Devisengeschäfte.

3. Beschränkungen der Geschäftstätigkeit durch das Sparkassenrecht

Das von einem Kreditinstitut bereit gehaltene Leistungsangebot stellt, wie bereits an früherer Stelle ausgeführt[511], neben der akquirierten Kundengruppe und dem regionalen Tätigkeitsgebiet ein Definitionsmerkmal für den Begriff der Universalbank dar. Es stellt sich insoweit die Frage, welche Möglichkeiten und Grenzen die Sparkassen aufgrund der sparkassenspezifischen Vorschriften haben, die vorstehend aufgeführten allgemeine Bankgeschäfte zu tätigen und da-

---

507 Ausführlich dazu: Grill/Perczynski, Wirtschaftslehre des Kreditwesens, S. 236 f.

508 Auf Erläuterungen zu den einzelnen Kreditarten wird verzichtet, da diese für das Thema der vorliegenden Untersuchung ohne Belang sind.

509 Vgl. dazu Grill /Perczynski, Wirtschaftslehre des Kreditwesens, S. 188 ff.

510 Dazu ausführlich Grill/Perczynski, Wirtschaftslehre des Kreditwesens, S. 468 ff.

511 Vgl. Punkt II. 1. a. der Untersuchung.

mit Universalbank im Sinne der hier unterschiedenen primären, sekundären sowie tertiären Universalität zu sein.

a. Die Entwicklung des Sparkassenrechts im Hinblick auf Geschäftsbeschränkungen

Ist im Laufe der vorliegenden Arbeit bislang die geschichtliche Entwicklung der Sparkassen als Institute näher untersucht worden[512], rückt nunmehr der historische Verlauf der Sparkassengeschäfte im Hinblick auf Geschäftsbeschränkungen in den Mittelpunkt der Untersuchung.

(1) Die Anfänge der Sparkassengeschäfte

Ziel der ersten Anfang des 19. Jahrhunderts in Deutschland gegründeten kommunalen Sparkassen war das Ansammeln und die sichere, verzinsliche Verwaltung kleinerer Geldsummen der ärmeren Bevölkerungsschichten[513]. Die Geschäftstätigkeit der Sparkassen beschränkte sich in dieser Zeit also auf die Annahme und Verzinsung von Geldern einer bestimmten Zielgruppe. Ab 1850 ergaben sich dann im Sparkassenwesen zwei für die weitere Entwicklung wesentliche Tendenzen[514].
Zum einen entstand in dieser Zeit die Prägung des Verbandsgedankens bei den bis dahin isoliert agierenden Sparkassen[515]. Als Rechtsgrundlage für die Sparkassentätigkeit diente landesrechtlich normiertes Sparkassenrecht[516]. Beginnend mit dem Preußischen Reglement von 1838[517] als legislativem Vorbild folgten Sparkassengesetze bzw. -verordnungen in Bayern, Baden, Hessen, Württemberg

---

512 S. Punkt IV. 1. der Untersuchung.

513 Vgl. Ashauer, Von der Ersparungscasse zur Sparkassen-Finanzgruppe, S. 79; Lege, Die Geschäftspolitik der deutschen Sparkassen im Wandel der Zeit, S. 3 ff.

514 Dick, Die Verflechtung zwischen Sparkassen und Girozentralen, S. 15 f.

515 Dick, Die Verflechtung zwischen Sparkassen und Girozentralen, S. 16.

516 Vgl. zu der regional unterschiedlichen Entwicklung der Sparkassenregelungen ausführlich: Trende, Geschichte der deutschen Sparkassen, S. 293 ff sowie die Übersicht 35 der gesetzlichen Regelungen des Sparkassenwesens in den deutschen Staaten bis 1908 bei: Ashauer, Von der Ersparungscasse zur Sparkassen-Finanzgruppe, S. 158.

517 S. dazu Punkt IV. 1. b) der Untersuchung.

und Sachsen[518]. In den anderen Staaten wurden die Rechtsverhältnisse der Sparkassen durch staatlich zu genehmigende Satzungen geregelt[519].
Die weitere entwicklungsprägende Tendenz für das Sparkassenwesen bildete die Erweiterung der Kundengruppe von den ärmeren Bevölkerungsteilen hin zum Mittelstand im Laufe der ersten Jahrzehnte der Geschäftstätigkeit[520]. Mit dem steten Steigen der Einlagen[521] gerieten die Sparkassen zunehmend in finanzielle Schwierigkeiten, da die Verzinsung und Sicherung der ihnen anvertrauten Gelder finanziert werden mußte. Als unselbständige Abteilungen der Kommunen sollten sie nicht zum Zusatzgeschäft werden. Da ihnen der Leihgedanke aus der Verwandtschaft[522] mit den Leihhäusern nicht unbekannt war, gewann das Kreditgeschäft an Bedeutung. Dies hatte zugleich den Effekt, der Wucherzinsproblematik entgegenzutreten. Damit wurden die kommunalen Sparkassen Mitte des 19. Jahrhunderts auch kreditgewährende Institute[523]. Das Preußische Reglement sah in den Bestimmungen über die Geschäftstätigkeit der Sparkassen vor, daß zunächst die Entgegennahme von Spareinlagen den einzigen Zweig des Passivgeschäftes bildete. Die Geschäftstätigkeit war aufgrund der Statuten beschränkt auf bestimmte Einkommens- und Gesellschaftsschichten nach dem heutigen Regionalprinzip als territoriale Zugehörigkeit der Sparer zum Gebiet einer Sparkasse[524]. Das Spargeschäft setzte zumeist eine Mindesteinlagenhöhe

---

518 Ashauer/Mura, Geschichte der Sparkassen, HWS Band 2, S. 260 f; Pohl, Von der Spar-Casse zum Kreditinstitut (Anfänge bis 1908), S. 19.

519 Pohl, Von der Spar-Casse zum Kreditinstitut (Anfänge bis 1908), S. 19.

520 Vgl. Ashauer, Von der Ersparungscasse zur Sparkassen-Finanzgruppe, S. 127.

521 Vgl. zu der geschäftlichen Entwicklung der Sparkassen in der Zeit von 1850-1910: Ashauer, Von der Ersparungscasse zur Sparkassen-Finanzgruppe, S. 116 ff, insbesondere die Übersicht 22 über Spareinlagen und Sparbücher, S. 119 sowie die Übersicht 23 über Sparbücher und Einlagenbestand bei den deutschen Sparkassen im Verhältnis zur Einwohnerzahl, S. 121.

522 Voigt, Der volkswirtschaftliche Sparprozeß, S. 121.

523 Die staatliche Anerkennung der Doppelfunktion der Sparkassen als Institut für die Anlage von Ersparnissen und als Leihkasse erfolgte zuerst in Preußen durch den Ministerialerlaß vom 18.04.1856 (MBliV S. 121); vgl. dazu auch Schlierbach, Sparkassenrecht, HWS Band 4, S. 139.

524 Ashauer/Mura, Geschichte der Sparkassen, HWS Band 2, S. 261.

voraus, die sich zwischen dem Tagesverdienst und dem ganzen Jahresgeldlohn eines Dienstboten bewegte[525]. So enthielt das Preußische Reglement Vorschriften für den Sparverkehr über den Mindest- und Höchstbetrag der Einlage sowie über Verzinsung und Rückzahlung.
Auch das Aktivgeschäft unterlag Beschränkungen, die von dem Gesichtspunkt der Sicherheit der anvertrauten Gelder geprägt waren. Das Preußische Reglement erlaubte den Sparkassen Hypotheken- und Kommunalkredite, die Anlage in inländischen Staatspapieren und Pfandbriefen sowie „auf andere völlig sichere Art“[526]. Dies gab den Sparkassen neben dem Kauf von Wertpapieren für eigene Rechnung die Berechtigung, auch das Personalkreditgeschäft zu betreiben. Als Personalkredit galt die Gewährung von Darlehen gegen Wechsel, Faustpfand oder Schuldschein mit oder ohne Bürgschaft[527]. Die Ausgabe von anders als mit Grundpfandrechten gesicherten, meist kurzfristigen Krediten entsprach dem Kreditbedürfnis des gewerblichen Mittelstandes und der Landwirtschaft[528].
Die Geschäftstätigkeit der Sparkassen beschränkte sich bis zum Ende des 19. Jahrhunderts neben der Anlage des Vermögens in Inhaberpapieren[529] im wesentlichen auf das Passiv- sowie das Aktivgeschäft, wobei auch innerhalb dieser beiden Geschäftsarten aufgrund des Sicherheitsgedankens enge Grenzen gesetzt waren[530]. Als anschaulicher Vergleich kann die Tätigkeit der Aktienbanken zu dieser Zeit herangezogen werden. Diese übernahmen als Großbanken im Rah-

---

525 Vgl. Pohl, Von der Spar-Casse zum Kreditinstitut (Anfänge bis 1908), S. 17. Die diesbezüglichen Satzungsbestimmungen waren jedoch durchaus umstritten und wurden in der Praxis unterschiedlich gehandhabt; vgl. dazu: Ashauer, Von der Ersparungscasse zur Sparkassen-Finanzgruppe, S. 127 f.

526 Abgedruckt bei Stoepel, Preußisch-Deutscher Gesetz-Codex, S. 491 sowie bei Ashauer, Von der Ersparungscasse zur Sparkassen-Finanzgruppe, Übersicht 14, S. 95.

527 Trende, Geschichte der deutschen Sparkassen, S. 475.

528 Pohl, Von der Spar-Casse zum Kreditinstitut (Anfänge bis 1908), S. 17.

529 Vgl. zu den Anlagen der preußischen Sparkassen in Inhaberpapieren von 1894-1908: Ashauer, Von der Ersparungscasse zur Sparkassen-Finanzgruppe, Übersicht 32, S. 146.

530 Im Ergebnis so auch: Pohl, Von der Spar-Casse zum Kreditinstitut (Anfänge bis 1908), S. 20.

men der Industrialisierung Deutschlands das gesamte Gründungs- und Industriefinanzierungsgeschäft[531].
Mit der Wende zum 20. Jahrhunderts entfielen die personellen und räumlichen Beschränkungen des Sparerkreises[532]. Somit war es den Sparkassen möglich, Einlagen auch von Gebietsfremden unabhängig von ihrem Einkommen entgegenzunehmen.

(2) Das Einsetzen der „bankmäßigen" Entwicklung der Sparkassen

Für die weitere Entwicklung der Sparkassengeschäfte stellen die Jahre 1908/09 einen wichtigen Meilenstein dar, der für die Tätigkeit der Sparkassen einschneidende Änderungen brachte. Die Entwicklung vollzog sich in zwei Richtungen. Zum einen beginnt in dieser Zeit auf horizontaler Ebene die Ausdehnung der Bankgeschäfte, während es vertikal aufgrund der Einführung des Giroverkehrs für Sparkassen[533] zu einer Konzentration kommt, die dem Verbund- und Organisationsgedanken verstärkt Rechnung trägt. In der Literatur wird die Einführung des bargeldlosen Zahlungsverkehrs der Sparkassen unter Heranziehung von Zitaten des Dr. Johann Christian Eberle[534], der als Initiator des Giroverkehrs gilt, als „Kristallisationskern" für die Entwicklung der deutschen „Sparkasseneinheit" angesehen, da die Sparkassen aus ihrer „Atomisierung" gelöst und über die jeweiligen Girozentralen miteinander verbunden worden seien[535].
Als Erweiterung ihres Geschäftskreises wurde den Sparkassen mit dem Reichsscheckgesetz vom 11. März 1908 die passive Scheckfähigkeit verliehen, d.h. auf die Sparkassen konnten Schecks gezogen werden[536]. Ashauer beschreibt dies als die „Öffnung der Tür zu einem Weg, auf dem die Sparkassen zu Uni-

531 Ashauer, Von der Ersparungscasse zur Sparkassen-Finanzgruppe, S. 116.

532 Ashauer, Von der Ersparungscasse zur Sparkassen-Finanzgruppe, S. 128.

533 Als erste Girozentrale wurde am 2.1.1909 die Girozentrale Sachsen als unselbständige Abteilung des Giroverbandes sächsischer Gemeinden in Dresden errichtet, vgl. Mura, Geschichte der Landesbanken/Girozentralen, HWS Band 2, S. 247 f. Zur Entwicklung der Girozentralen s.: Punkt III. 1. b. (1) bb).

534 Vgl. Ashauer, Von der Ersparungscasse zur Sparkassen-Finanzgruppe, S. 211 ff.

535 Ashauer/Mura, Geschichte der Sparkassen, HWS Band 2, S. 261.

536 Zweig, Universalbankprinzip, HWS Band 4, S. 204.

versalbanken wurden“[537]. Dem Scheck als bargeldlose Alternative zum Giroverkehr wurde in dieser Zeit eine große Bedeutung beigemessen, da er den aufgrund des stark verbreiteten Barzahlungsverkehrs angespannten staatlichen Vorrat an Goldmünzen entlasten sollte[538]. Der Scheck konnte sich als ein allgemeines Bankgeschäft letztlich bei den Sparkassen nicht durchsetzen und wurde von dem Giroverkehr verdrängt[539]. Erst Ende der 60iger Jahre des 20. Jahrhunderts erlangte der Sparkassenscheck mit der Einführung der Scheckkarte die ihm ursprünglich zugedachte Bedeutung[540]. Der Giroverkehr hingegen, der fortan Überweisungen von Konto zu Konto unter Einschaltung der Girozentrale bei allen Mitgliedssparkassen ermöglichte, war für die weitere Geschäftstätigkeit der Sparkassen als erstes Zahlungsverkehrsgeschäft und Teil des Dienstleistungsgeschäftes die „Neuinnovation“ dieser Zeit[541]. Der Überweisungsverkehr diente als Grundlage für weitere Geschäfte. Der Preußische Minister des Inneren erteilte beispielsweise per Runderlaß[542] den Sparkassen die Erlaubnis, neben dem Spareinlagebetrieb den Depositen- und Kontokorrentverkehr unter Ausnutzung des Schecks und der Giroüberweisung durchzuführen. Zwar unterlagen der Depositen- und Kontokorrentverkehr anfänglichen Beschränkungen - so waren die Kontokorrent- und Depositenguthaben auf maximal zehn Prozent der Spareinlagen begrenzt -, diese wurden jedoch bedingt durch die Inflation nach dem 1. Weltkrieg aufgehoben[543].
Der 1. Weltkrieg brachte für die Sparkassen die Aufnahme des kundenbezogenen Wertpapiergeschäftes sowie des Depotgeschäftes mit sich[544]. Dies geschah gewissermaßen gezwungener Weise. Der Krieg wurde größtenteils mit Hilfe von Kriegsanleihen[545] finanziert, wovon Teile von der Bevölkerung gezeichnet

537 Ashauer, Von der Ersparungscasse zur Sparkassen-Finanzgruppe, S. 161.

538 Vgl. Trende, Geschichte der deutschen Sparkassen, S. 446.

539 Ashauer, Von der Ersparungscasse zur Sparkassen-Finanzgruppe, S. 198 f.

540 Ashauer, Von der Ersparungscasse zur Sparkassen-Finanzgruppe, S. 199.

541 Vgl. Wysocki, Die „bankmäßige“ Entwicklung der Sparkassen (1908 bis 1931), S. 37 f.

542 Runderlaß vom 20.04.1909, MBliV S. 124.

543 Runderlaß des Preußischen Ministers des Innern vom 15.04.1921 (MBliV S. 128).

544 Ashauer, Von der Ersparungscasse zur Sparkassen-Finanzgruppe, S. 224.

werden sollten. War den Sparkassen zuvor lediglich die Anlage eigenen Vermögens in Wertpapieren erlaubt, so wurden sie nunmehr zu Zeichnungsstellen erklärt, womit deren kundenbezogenes Wertpapiergeschäft - zunächst nur beschränkt auf Kriegsanleihen - begann. Die Aushändigung und Verwaltung der Kriegsanleihen, deren Verwahrung in Schließfächern und offenen Depots brachte eine weitere Ausdehnung des Geschäftsfeldes. Zunächst durften die Sparkassen nur diese für ihre Kunden im offenen Depot verwahren[546]. Mit der Einführung des Depotzwanges aufgrund der Kapitalfluchtgesetzgebung im Jahre 1919[547] - mit dem Wertloswerden des Geldes begann eine Flucht in Aktien als „Sachwerte" - wurde die Befugnis zur Verwahrung jedoch auf alle Wertpapiere ausgedehnt. Da während der Jahre der Inflation das langfristige Aktiv- und Passivgeschäft, d.h. Spareinlagen und Hypothekenkredite, als traditionelles Sparkassengeschäft hohe Verluste verzeichnete[548], mußten zur Substanzerhaltung der Sparkassen zusätzliche Geschäfte ermöglicht werden, die Provisionen einbrachten. In diesem Zusammenhang wurde den Sparkassen zunächst die Erlaubnis zum An- und Verkauf von Wertpapieren für Rechnung des Kunden mit der Beschränkung der Mündelsicherheit dieser Papiere erteilt[549]. Die notwendig gewordene Schaffung neuer Geschäftssparten übte über die Gewährträger - wegen deren Haftung - Druck auf den Staat aus, so daß in Preußen die bislang bestandenen Beschränkungen aufgehoben und eine zusätzliche Erweiterung des Geschäftsspektrums eingeführt wurde[550]. Diese stellte sich wie folgt dar:

- Aufhebung der Höchstgrenze für Kontokorrent- und Depositenguthaben,

---

545 Vgl. dazu die Übersicht 59 über „Kriegsanleihen 1914-1918, Höhe des gezeichneten Kriegsanleihebetrages nach Zeichnungs- und Vermittlungsstellen", S. 225, bei: Ashauer, Von der Ersparungscasse zur Sparkassen-Finanzgruppe.

546 Gemäß Runderlaß des Preußischen Ministers des Innern vom 11.03.1915 IV b 664.

547 Gemäß Runderlaß des Preußischen Ministers des Innern vom 31.10.1919 (MBliV S. 475).

548 Vgl. Ashauer, Von der Ersparungscasse zur Sparkassen-Finanzgruppe, S. 228 f; Zur Entwicklung der Einlagen s. die ausführliche Darstellung bei: Mura, Zur Geschichte des Spargeschäfts der Sparkassen von den Anfängen bis 1945, Sparkasse 1995, S. 91; Lege, Zur Entwicklung der Geschäftsstruktur der deutschen Sparkassen, S. 24, Graphik 4.

549 Gemäß Runderlaß des Preußischen Ministers des Innern vom 9.10.1920 (MBliV S. 388).

550 Runderlaß des Preußischen Ministers des Innern vom 15.04.1921 (MBliV S. 128) und Runderlaß des Preußischen Ministers des Innern vom 15.12.1921 (MBliV S. 137).

- Erlaubnis zum An- und Verkauf von Wertpapieren auf fremde Rechnung sowie deren Beleihung,
- Erlaubnis zur Übernahme von Bürgschaften durch Sparkassen im Umfang der ihnen erlaubten Darlehenssummen,
- Erlaubnis zur vorübergehenden Anlage nicht benötigter Gelder sowohl bei Girozentralen und kommunalen Banken als auch bei anderen öffentlichen und privaten Banken, die auf Antrag der Sparkassen über eine Zulassung dafür verfügten,
- Freigabe „sonstiger bankmäßiger Geschäfte nach besonderer Genehmigung".

Ausdrücklich verboten blieben Devisen- und Sortengeschäfte für eigene oder fremde Rechnung sowie spekulative Wertpapiergeschäfte für eigene Rechnung. Eine katalogisierte Zusammenfassung der den Sparkassen erlaubten Anlagearten erfolgte erstmals durch die vom DSGV im Jahr 1927 herausgegebene Mustersatzung[551]. Diese leistete gleichzeitig einen Beitrag zur Vereinheitlichung des Sparkassenrechtes in den Ländern[552].

(3) Die Auswirkungen der Bankenkrise auf die Geschäftstätigkeit

Die vorstehend dargestellte Ausweitung des traditionellen Tätigkeitsfeldes im Sinne einer „bankmäßigen" Entwicklung der Sparkassen führte bis zur Bankenkrise im Jahre 1931 zu einer starken geschäftspolitischen Wachstumsphase[553]. Mit der Bankenkrise[554] wurde diese Phase jedoch vorerst unterbrochen. Ihre Folgewirkungen stellten für die Sparkassen einen entscheidenden Einschnitt in die zukünftige Entwicklung dar. Der durch die Krise ausgelöste massive Abzug der nach der Inflation stark angewachsenen Spareinlagen[555] brachte die Banken

---

551 Sprengel, 120 Jahre Sparkassenrecht - Eine rechtspolitische Betrachtung -, Sparkasse 1958, S. 196.

552 Die Mustersatzung wurde durch Runderlaß des preußischen Ministers des Inneren vom 26.07.1927 (MBliV S. 760) den Sparkassen und den Genehmigungsbehörden zur Annahme empfohlen.

553 Ashauer/Mura, Geschichte der Sparkassen, HWS Band 2, S. 264.

554 Zu den Ursachen und Hintergründen der Bankenkrise vgl. die Ausführungen zu Punkt IV. 1. c. der Untersuchung.

555 Vgl. dazu die Übersicht 64: Geschäftliche Entwicklung der deutschen Sparkassen 1924-1930 (Spar- und Giroeinlagen) sowie Abbildung 35: Entwicklung ausgewählter Passiv- und Aktivpositionen der deutschen Sparkassen 1924 bis 1931 bei Ashauer, Von der Ersparungscasse zur Sparkassen-Finanzgruppe, S. 238 f.

und Sparkassen in erhebliche Zahlungsschwierigkeiten, da die vorhandenen Barbestände nicht ausreichten[556]. Um den zusätzlichen Befürchtungen der Kunden entgegenzutreten, daß auch kommunale Finanzschwierigkeiten die Sicherheit der Einlagen gefährden könnten, erließ der Reichspräsident bzw. die Reichsregierung zur nachhaltigen Sicherstellung der Liquidität der Sparkassen drei Notverordnungen[557]. Für die Sparkassenorganisation bedeutsam waren nicht nur die damit verbundenen einschneidenden Änderungen im rechtlich-organisatorischen und geschäftspolitischen Bereich, sondern auch die Tatsache, daß erstmalig das Reich in das bis dahin der alleinigen Zuständigkeit der Länder unterliegende Sparkassenrecht eingriff.

Neben anderen organisatorischen Änderungen kam es hinsichtlich der Rechtsstellung der Sparkassen zur Verselbständigung durch ihre Umgestaltung zu Anstalten mit eigener Rechtspersönlichkeit[558]. Bei gleichzeitiger Übertragung des Eigentums der Kommunen an den bisherigen Sondervermögen auf die Sparkassen verblieb es bei deren Haftung, die von nun ab als Gewährträgerhaftung bezeichnet wurde.

Wesentliche Folge der Notverordnungen für die geschäftspolitische Betätigung waren verstärkte Geschäftsbeschränkungen. Diese betrafen im wesentlichen Spareinlagen sowie Hypotheken-, Kommunal- und Personalkredite. Weitere Neuerung zur nachhaltigen Sicherstellung der Zahlungsfähigkeit war die Schaf-

---

556 Vgl. dazu die Übersicht 69: Ein- und Auszahlungen der Sparkassen 1930-1932 bei: Ashauer, Von der Ersparungscasse zur Sparkassen-Finanzgruppe, S. 247, aus der deutlich wird, daß ab Juni 1931 die Auszahlungen von Spareinlagen die Einzahlungen erheblich übertrafen.

557 Die drei Notverordnungen:
1. Verordnung des Reichspräsidenten über die Spar- und Girokassen sowie die kommunalen Giroverbände und kommunalen Kreditinstitute vom 5. August 1931 (RGBl. I, S. 429, 434),
2. Verordnung des Reichsregierung über Sparguthaben vom 6. August 1931 (RGBl. I, S. 51),
3. Notverordnung des Reichspräsidenten zur Sicherung von Wirtschaft und Finanzen und zur Bekämpfung politischer Ausschreitungen vom 6. Oktober 1931 (RGBl. I, S. 537, 554), Art. 1-9 im Fünften Teil des Kapitel I: Spar- und Girokassen, kommunale Kreditinstitute und Giroverbände sowie Girozentralen.

558 Sprengel, 120 Jahre Sparkassenrecht - Eine rechtspolitische Betrachtung -, Sparkasse 1958, S. 196 f.

fung besonderer sparkasseneigener Liquiditätsreserven. Dabei wurde die Geschäftstätigkeit wie folgt beschränkt[559]:

- Begrenzung des Hypothekengeschäfts auf 40 % der Spareinlagen (sog. Hypothekenkontingent),
- zunächst unbefristetes Kommunalkreditverbot und Begrenzung des Kommunalkredits auf 25 % aller Einlagen - davon bis zur Hälfte langfristig - nach Aufhebung des Verbotes,
- Einführung einer Einzelkredithöchstgrenze im Personalkreditgeschäft auf 1 % der gesamten Einlagen (sog. Personalkredithöchstgrenze),
- Einführung von Kündigungsbestimmungen für Spareinlagen: Auszahlung bis 300 RM monatlich ohne Kündigung, im übrigen Einhaltung der satzungsmäßigen Kündigungsfrist,
- Anlegung von 30 % der Spareinlagen und 50 % der sonstigen Einlagen in flüssigen Werten, davon mußten mindestens 10 % der Spareinlagen und 20 % der sonstigen Einlagen als Liquiditätsreserve bei der zuständigen Girozentrale angelegt werden.

Die Länder waren verpflichtet, das geltende Sparkassenlandesrecht mit den reichsrechtlichen Grundsätzen und Einzelregelungen in Einklang zu bringen[560]. Aufgrund dieser Verpflichtung wurden in den Jahren 1932 bis 1934 Sparkassengesetze und/oder -verordnungen[561] von den Ländern erlassen, die die spätere Grundlage für die neuere Sparkassengesetzgebung ab 1950/60 bildeten. Während dieser Fortentwicklung des Sparkassenrechts fand 1933 eine Bankenquete[562] statt, mit deren abschließendem Untersuchungsergebnis die geschäftlichen Aktivitäten der Sparkasse, insbesondere das Personalkreditgeschäft, offi-

---

559 Ashauer/Mura, Geschichte der Sparkassen, HWS Band 2, S. 262 f; Mura, Zur Geschichte des deutschen Sparkassenrechts von den Anfängen bis 1945, Sparkasse 1983, S. 71.

560 Ashauer, Von der Ersparungscasse zur Sparkassen-Finanzgruppe, S. 251.

561 Zur landesrechtlichen Umsetzung der Notverordnungen ergingen folgende Gesetze bzw. Verordnungen:
1. Preußische Verordnung über die Sparkassen sowie die kommunalen Giroverbände und kommunalen Kreditinstitute vom 20.07./4.08.1932 (GS S. 241, 275),
2. Bayerisches Gesetz über die öffentlichen Sparkassen vom 21.12.1933 (GVBl. S. 489),
3. Württembergisches Sparkassengesetz vom 24.03.1932 (RegBl. S. 97),
4. Hessische Verordnung vom 21.12.1931 (RegBl. S. 231).

562 DSGV-Jahresbericht 1933, S. 34 f.

ziell vom Bankensektor anerkannt wurde[563]. Das im Anschluß an die Bankenquete als weitere Folge der Bankenkrise erlassene Reichsgesetz für das Kreditwesen[564] galt uneingeschränkt auch für die Sparkassen und unterstellte sie wie die Banken der neu geschaffenen Bankenaufsicht des Reiches. Für ihre Entwicklung bedeutete dies die volle Einbeziehung als Kreditinstitute in das Kreditwesen[565].
Auf ihrem Weg zur „bankmäßigen" Entwicklung konnten sie aus dieser formalen Gleichstellung in den Jahren bis zum Ende des 2. Weltkrieges keinen Nutzen ziehen. Die ab 1933 beginnende Einbindung in das nationalsozialistische System der Zentralverwaltungswirtschaft verhinderte eine Fortentwicklung ihrer Geschäftstätigkeit. Die Geld- und Kapitalströme wurden staatlich gelenkt und ausschließlich auf kriegswirtschaftliche Zwecke ausgerichtet. Nach Lockerung und anschließender Aufhebung des Kommunalkreditverbotes im Jahr 1939[566] stieg der staatliche Anteil am Kreditvolumen zur Finanzierung des Krieges und der sonstigen Aufgaben beträchtlich[567]. Gleichzeitig wurde das Sparen als nationale Pflicht propagiert und mit der Einführung von verschiedenen Sondersparformen (z.B. Arbeitsdank-Sparverkehr, Deutsches Bauernsparbuch, HJ-Sparen, Gefolgschaftssparen, Wehrmachtssparen) forciert und gelenkt[568].

(4) Die Entwicklung des Geschäftsrechts nach 1945

Nach dem 2.Weltkrieg und der anschließenden Währungsreform kam es bedingt durch die Teilung Deutschlands zu einer Zweiteilung des Sparkassenrechts sowie der geschäftlichen Entwicklung der Sparkassen. Auf dem Gebiet der damaligen sowjetischen Besatzungszone und späteren DDR wurden neue, staatlich

---

563 Mura, Zur Geschichte des Personalkredits der deutschen Sparkassen, Sparkasse 1985, S. 282.

564 KWG vom 5.12.1934 (RGBl. I, S.1003).

565 Ashauer, Von der Ersparungscasse zur Sparkassen-Finanzgruppe, S. 251.

566 DSGV-Jahresbericht 1939/40, S. 39.

567 Vgl. dazu die Übersicht 72: Ausgewählte Bilanzpositionen der deutschen Sparkassen 1934-1944 bei Ashauer, Von der Ersparungscasse zur Sparkassen-Finanzgruppe, S. 254.

568 S. dazu ausführlich: Ashauer, Von der Ersparungscasse zur Sparkassen-Finanzgruppe, S. 253 f.

zentral gesteuerte Sparkassen gegründet, deren Geschäftstätigkeit auf das Einlagengeschäft in Form des Führens von Spar- und Girokonten sowie auf das kurzfristige Kreditgeschäft beschränkt war[569].

In der Bundesrepublik setzte im Rahmen der sozialen Marktwirtschaft eine Fortentwicklung des Landessparkassenrechtes ein, die mehrere Entwicklungsphasen durchlief und bis heute nicht abgeschlossen ist. Die veränderten politischen und wirtschaftlichen Verhältnisse gaben Anlaß zur Überprüfung des Sparkassenrechtes im Hinblick auf Organisation und Geschäftstätigkeit. Auf Bundesebene wurde die Arbeitsgemeinschaft Deutscher Sparkassen- und Giroverbände und Girozentralen eingerichtet, die zusammen mit den kommunalen Spitzenverbänden, dem damaligen Zentralbankrat deutscher Länder und dem Sonderausschuß Bankenaufsicht zur Reformierung des Sparkassenrechts den Entwurf einer neuen Mustersatzung[570] und eines Sparkassenrechtsänderungsgesetzes erarbeiteten[571]. Diese sogenannten „Bonner Entwürfe“ wurden als „Materialien zur Erneuerung des Sparkassenrechts“[572] ab 1953 von den Ländern durch die Verabschiedung der Änderungsgesetze zu den bislang geltenden Sparkassensetzen sowie der Neugestaltung von Sparkassenverordnungen und Mustersatzungen umgesetzt[573]. Die Umsetzung in Landesrecht beendete die Phase der

569 Zur Entwicklung der Sparkassen auf dem Gebiet der DDR ausführlich: Mura, Zur Geschichte des Sparkassenwesens in der DDR seit 1945, Sparkasse 1982, S. 23 ff; Ashauer, Das Bankwesen in der Deutschen Demokratischen Republik - Struktur, Funktion, Perspektiven -, Sparkasse 1990, S. 8 ff; Hübner, Die Struktur des Banksystems und die Sparkassen in der DDR, Sparkasse 1986, S. 347 ff; Wysocki, Die Rahmenbedingungen, Geschichte der Sparkassen in der DDR - Überblick über die Ergebnisse von zwei Forschungsprojekten, S. 54 ff; Günther, Das Sparkassenwesen, Geschichte der Sparkassen in der DDR - Überblick über die Ergebnisse von zwei Forschungsprojekten, S. 57 ff.

570 Der Text der Mustersatzung von 1953 ist nachzulesen in: „Materialien zur Erneuerung des Sparkassenrechts“, hrsg. von der Arbeitsgemeinschaft Deutscher Sparkassen- und Giroverbände und Girozentralen, Bonn 1953.

571 Schlierbach, Das Sparkassenrecht in der Bundesrepublik Deutschland, Vorwort zur 1. Auflage, S. XIV.

572 Sprengel, 120 Jahre Sparkassenrecht - Eine rechtspolitische Betrachtung -, Sparkasse 1958, S. 197.

573 Bayern: Gesetz über die öffentlichen Sparkassen in der Fassung der Bekanntmachung vom 1.10.1956 (GVBl. S. 187 ff), zuletzt geändert am 25. April 1973 (GVBl. S. 19) und Neufassung der Sparkassenordnung vom 6.12.1956 (GVBl. S. 321) sowie der Mustersatzung; Hessen: Hessisches Sparkassengesetz vom 10.11.1954 (GVBl. S. 197); Bremen: Gesetz über die Neuordnung des Sparkassenrechts im Gebiete der Stadt Bremerhaven und über

Sparkassenrechtsreform nach dem 2. Weltkrieg. Die Bonner Reformvorschläge sahen Änderungen im Organisations- und im Geschäftsrecht vor, wobei das Schwergewicht der Rechtserneuerung auf der Modernisierung der Verfassung und Verwaltung der Sparkassen und nicht im geschäftspolitischen Bereich lag[574]. Da für die vorliegende Untersuchung jedoch die Änderungen im Geschäftsrecht von besonderem Interesse sind, wird auf die Darstellung der Reformen im organisationsrechtlichen Bereich verzichtet[575].

Wie bereits aus dem Schwerpunkt der Reform deutlich wird, bestand in den fünfziger Jahren nicht die Absicht, die Sparkassen zu allgemeinen Geschäftsbanken zu machen. Auf dem Weg zur „bankmäßigen" Entwicklung führte die Sparkassengesetzgebung im Rahmen der neuen Mustersatzung nicht zu wesentlichen Strukturveränderungen im Bereich der geschäftlichen Aktivitäten der Sparkassen. Die bestehenden Geschäftsbeschränkungen wurden nicht gelockert, vielmehr blieben sie hinsichtlich des Regionalprinzips sowie der Art und des Umfanges der Geschäftstätigkeit aufrechterhalten. Der Kreis der Kreditgeschäfte und der Kreditnehmer deckte sich unverändert mit dem der preußischen Mustersatzung von 1927[576]. Lediglich einzelne Vorschriften über das Kreditgeschäft wurden den veränderten wirtschaftlichen Verhältnissen angepaßt. Neben der Erhöhung der Personalkredit- und Blankokredithöchstgrenze kam es im Rahmen der sogenannten Beleihungsgrundsätze mit der Anerkennung der Sicherungsübereignung zu einer Erweiterung der möglichen Kreditsicherhei-

---

die Aufhebung sparkassenrechtlicher Vorschriften vom 22.04.1955 (Gesetzblatt der Freien Hansestadt Bremen Nr. 11 vom 3.05.1955 S. 68), zuletzt geändert am 3.07.1973 (Brem. GBl. S. 174); Nordrhein-Westfalen: Gesetz über die Sparkassen sowie über die Girozentralen und Sparkassen- und Giroverbände vom 7.01.1958 (GVNW 1958, S. 5); Rheinland-Pfalz: Gesetz über die Neuordnung des Sparkassenwesens vom 12.03.1958 (GVBl. Rheinland-Pfalz S. 47); Schleswig-Holstein: Sparkassengesetz für das Land Schleswig-Holstein vom 6.05.1958 (GVBl. 1958 S. 191); Berlin: Sparkassengesetz vom 1.08.1960 sowie die Verordnung über die Satzung der Sparkasse der Stadt Berlin West vom 10.10.1960 (GV Bl. S. 1066); Niedersachsen: Sparkassengesetz vom 6.07.1962 (Nieders.GVBl. S. 281) sowie die Mustersatzung vom 15.10.1962; Saarland: Sparkassengesetz vom 9.01.1965 sowie die Mustersatzung vom 22.04.1965; Baden-Württemberg: Sparkassengesetz vom 8.06.1967 sowie die Sparkassenanlageverordnung des Innenministers vom 2.01.1968.

[574] Mura, Krisen und Kontinuität der Sparkassen (1931 bis 1958), S. 54.

[575] S. dazu ausführlich: Schlierbach, Sparkassenrecht, HWS Bd. 4, S. 140 f.

[576] Sprengel, 120 Jahre Sparkassenrecht - Eine rechtspolitische Betrachtung -, Sparkasse 1958, S. 197.

ten[577]. Als wesentliche Neuerung im Geschäftsrecht ist die ausdrückliche gesetzliche Normierung der Sparkassenaufgaben in Form der katalogisierten Aufzählung der zulässigen Anlagen und Dienstleistungsgeschäften nach dem Enumerationsprinzip anzusehen. Sie sah jedoch vor, daß die Sparkassen in Ausnahmefällen mit Genehmigung der obersten Aufsichtsbehörden über den Katalog hinausgehende Geschäfte tätigen und die satzungsmäßigen Kredithöchstgrenzen überschreiten konnten. Die Bonner Reformvorschläge auf dem Gebiet des Geschäftsrechts wurden im wesentlichen von allen Ländern einheitlich übernommen[578]. Nicht in der Mustersatzung enthaltene und darum grundsätzlich verbotene Geschäfte für Sparkassen waren u.a. folgende:

- Erwerb von Aktien und Investment-Zertifikaten,
- Erwerb von Devisen, Sorten, Goldmünzen und Edelmetallen,
- Emissionsgeschäfte, d.h. die Ausgabe von Schuldverschreibungen im weitesten Sinne mit Wertpapiercharakter,
- Beteiligungen und Spekulationsgeschäfte im weitesten Sinne,
- Geldhandelsgeschäfte,
- Akzeptkredite und
- Kreditgewährungen an Ausländer.

Hintergrund dieser Geschäftsbeschränkungen war das Ziel, im Interesse der Einleger[579] und der Gewährträger Risikogeschäfte zu verhindern und die Einlagen sicher und verzinslich zu erhalten. Während die privaten Banken auch zu diesem Zeitpunkt keinen Beschränkungen unterworfen waren und sämtliche Geschäfte tätigen durften, stand bei den Sparkassen der Sicherheitsgedanke im Vordergrund der geschäftlichen Aktivitäten. So war der Erwerb von Aktien und Investment-Zertifikaten für den Eigenbestand aufgrund der erheblichen Kursschwankungen verboten. Die Sparkassen durften nur mündelsichere Schuldverschreibungen auf den Inhaber oder mündelsichere Orderschuldverschreibungen erwerben. Unter die oben erwähnten Spekulationsgeschäfte fiel nicht nur der Erwerb von Spekulationsobjekten, wie beispielsweise Grund-

577 Mura, Zur Geschichte des deutschen Sparkassenrechts seit 1945, Sparkasse 1983, S. 261.

578 Sprengel, Garantien der Rechtseinheit im Sparkassenrecht, Sparkasse 1961, S. 115.

579 Zur Entwicklung des Spargeschäftes nach dem 2. Weltkrieg s. die ausführliche Darstellung bei: Mura, Zur Geschichte des Spargeschäftes der Sparkassen seit 1945, Sparkasse 1995, S. 229 ff.

stücken oder Waren mit Spekulationscharakter, sondern auch die Gewährung von Krediten zu spekulativen Zwecken. Darüber hinaus durften die Sparkassen weder Wechsel ausstellen noch annehmen. Lediglich der Diskont guter Warenwechsel mit einer Laufzeit von nicht mehr als drei Monaten war ihnen gestattet. Diese konnten jederzeit bei der zuständigen Girozentrale und der Bundesbank rediskontiert werden. Schließlich war für Sparkassen die Kreditgewährung an Schuldner im Ausland ausgeschlossen.

Die nächste Phase der Entwicklung des Geschäftsrechtes wurde geprägt von den Auswirkungen des Inkrafttretens des bundesgesetzlichen KWG[580]. Dieses Gesetz änderte die als reichsrechtliche Vorschriften in Bundesrecht übernommenen Bestimmungen der Notverordnungen vom 5. August und 6. Oktober 1931[581] sowie der Verordnung über Maßnahmen auf dem Gebiet des Bank- und Sparkassenwesens vom 5.12.1939[582]. Die für Sparkassen bis dahin bestehenden Sonderliquiditätsvorschriften wurden aufgehoben und mit § 11 KWG eine einheitliche Regelung für alle Kreditinstitute über die Anforderungen an eine ausreichende Liquidität geschaffen[583]. Ferner erfolgte die Aufhebung des Hypothekenkontingents, d.h. der Begrenzung des Hypothekenkreditgeschäftes auf einen bestimmten Prozentsatz der Spareinlagen, sowie die offizielle Aufhebung des Kommunalkreditverbotes.

Diese Änderungen stellen den Beginn der fortschreitenden Auflösung der Geschäftsbeschränkungen dar. Während die Entwicklung des Geschäftsrechtes bis zu diesem Zeitpunkt im Hinblick auf die Beschränkungen von keiner einheitlichen Tendenz geprägt war, kam es im folgenden zu einer ständigen Reduzierung. Nach Anpassungen des Geschäftsrechtes an die neuen Regelungen des KWG führte als nächste Stufe das Zweite Steueränderungsgesetz vom 12.12.1967 mit dem Wegfall der Steuerbegünstigungen des Spargeschäfts der

---

580 Gesetz über das Kreditwesen vom 10.07.1961 (BGBl. I S. 881).

581 1. Verordnung des Reichspräsidenten über die Spar- und Girokassen sowie die kommunalen Giroverbände und kommunalen Kreditinstitute vom 5. August 1931 (RGBl. I, S. 429, 434),
2. Verordnung des Reichsregierung über Sparguthaben vom 6. August 1931 (RGBl. I, S. 51).

582 RGBl. I S. 2413.

583 Zu den Einzelheiten s.: Sprengel, Die Änderungen des Sparkassenrechts auf Grund des Bundes-KWG, Sparkasse 1961, S. 275 ff.

Sparkassen und die 1968 veröffentlichte Wettbewerbsenquete der Bundesregierung zu sogenannten Grenzkorrekturen im Geschäftsrecht der Sparkassen[584]. Die Folge war für das Passivgeschäft die erleichterte Kreditaufnahme und die bis dahin verbotene Ausgabe von Inhaberschuldverschreibungen in Form von Sparkassenbriefen und -obligationen[585]. Im Aktivgeschäft wurden die Kreditgrenzen erweitert, wie beispielsweise die Erhöhung der Personalkredithöchstgrenze, und die Möglichkeit neuer, bislang nicht erlaubter Anlagen in bestimmten Wertpapieren mit Ausnahme von Aktien geschaffen. Für die Außenwirkung von besonderer Bedeutung war die Vorschrift, daß Geschäfte, die ohne die erforderliche aufsichtsrechtliche Genehmigung geschlossen wurden, Wirksamkeit erlangten[586].

Ende der 70iger Jahre wurden im Wege der Anpassung des Geschäftsrechtes an die sich ändernden wirtschaftlichen Verhältnisse und Kundenbedürfnisse die geschäftlichen Möglichkeiten für Sparkassen durch Änderung der Sparkassenverordnungen und Mustersatzungen sowie durch ergänzende Erlasse der obersten Sparkassenaufsichtsbehörden weiter ausgedehnt[587]. Schwerpunkte dieser Ausdehnung, die in den einzelnen Ländern nicht einheitlich umgesetzt wurde, bildeten neben der Erhöhung der Blankokreditgrenze und des Blankokreditkontingents die Konkretisierung des Auslandsgeschäfts[588] sowie der Eigenerwerb von Aktien und Industrieobligationen in beschränktem Umfang[589]. In den 80 iger Jahren wurde das Geschäftsrecht in den einzelnen Ländern unterschiedlich weiterentwickelt[590]. Zu nennen sind dabei insbesondere die Erhöhung der Kre-

---

584 Schlierbach, Das Sparkassenrecht in der Bundesrepublik Deutschland, S. 6.

585 Mura, Zur Geschichte des deutschen Sparkassenrechts seit 1945, Sparkasse 1983, S. 265.

586 Schlierbach, Sparkassenrecht, HWS Band 4, S. 140.

587 S. dazu den Vergleich der Geschäftsbeschränkungen Mitte der 70iger: Fischer, Die Geschäftsbeschränkungen der Sparkassen, Sparkasse 1976, S. 142 ff sowie Ende der 70iger Jahre: Fischer, Anpassungen im Geschäftsrecht der Sparkassen, Sparkasse 1979, S. 37 ff.

588 Zum Auslandsgeschäft im einzelnen s: Kurth, Das Auslandsgeschäft der Sparkassen - eine geschäftspolitische und aufgabenorientierte Notwendigkeit, Sparkasse 1978, S. 38 ff; Schlierbach, Das Sparkassenrecht in der Bundesrepublik Deutschland, S. 138 ff.

589 Vgl. Fischer, Anpassungen im Geschäftsrecht der Sparkassen, Sparkasse 1979, S. 39.

590 S. beispielsweise: Horbach, Änderungen der Sparkassenverordnung NW 1982, Sparkasse 1982, S. 422 ff; Gerlach/Sprenger, Sparkassenverordnungsnovelle NW 1988, Sparkasse

ditgrenzen als Anpassung an die gestiegene Kreditnachfrage vor allem der mittelständischen Kunden, die Zulassung von Leasing- und Factoringgeschäften sowie die Möglichkeit der Übernahme wechselrechtlicher Verpflichtungen durch die Sparkassen[591]. Einheitliches Ziel der nach der Währungsreform von 1948 begonnenen Neugestaltung und Weiterentwicklung des Sparkassenrechts stellte die Schaffung einer Basis für die Umwandlung der Sparkassen von Quasi-Behörden in marktorientierte und wettbewerbsfähige Unternehmen dar. Neben der Anpassung des Geschäftsrechtes an die quantitativ und qualitativ gestiegenen Ansprüche der Sparkassenkunden wurde die Stärkung der Wettbewerbsfähigkeit im Hinblick auf die bevorstehende Schaffung des EG-Binnenmarktes im Jahre 1993 notwendig.

b. Veränderungen des Geschäftsrechtes der Sparkassen seit 1990

Die vorstehende Darstellung der Entwicklung des Sparkassenrechts umfaßt die Zeit von den Anfängen bis Ende der 80iger Jahre des 20. Jahrhunderts. Anfang der 90iger Jahre sind Änderungen im Geschäftsrecht zu verzeichnen, die anderer Qualität sind und den Rahmen der bisherigen Weiterentwicklung überschreiten. Bislang handelte es sich um die Fortschreibung des Bisherigen unter Wahrung der wesentlichen Merkmale des Sparkassengeschäftsrechts. Primäres Ziel war die Schaffung der Sicherheit der Einlagen durch Enumeration zulässiger und den Ausschluß sparkassenuntypischer, risikobehafteter Geschäfte. Innerhalb des für die Änderung unter diesem Blickwinkel verbleibenden Spielraumes wurde normiert, was sich für die geschäftliche Entwicklung bis dahin als notwendig erwiesen hatte. Die Novellierung des weiter liberalisierten Sparkassengeschäftsrechts vollzog sich in den einzelnen Ländern in unterschiedlichem Umfang[592].

1988, S. 492 ff; Schmitt-Weigand, Zur Änderung des Sparkassenrechts in Rheinland-Pfalz, Sparkasse 1983, S. 22 f; Gerlach, Das Geschäftsrecht der Sparkassen - Widerlager gegen das Abgleiten bewährter Strukturen ins Unverbindliche, der gemeindehaushalt 1989, S. 84 ff.

591 Möller, Änderungen im Geschäfts- und Organisationsrecht der Sparkassen, Sparkasse 1986, S. 92 ff; Fischer, Entwicklungen beim Geschäftsrecht der Sparkassen und Banken in Gesetzgebung, Rechtsprechung und Vertragsgestaltung, Sparkasse 1986, S. 394 ff; Möller, Veränderungen im Geschäftsrecht der Sparkassen, Sparkasse 1988, S. 571 ff.

592 S. dazu: Möller, Veränderungen im Geschäftsrecht der Sparkassen, Sparkasse 1988, S. 571 ff; Strunk, Veränderungen im Sparkassenrecht, Sparkasse 1990, S. 559 ff; Dette, Verände-

(1) Baden-Württemberg

Als erstes Bundesland änderte Baden-Württemberg im Jahr 1991 mit der Novellierung des Sparkassengesetzes[593] das Geschäftsrecht nach der bis dahin verhältnismäßig starren Entwicklung in einer für die Sparkassengeschichte neuen Form. Damit die Sparkassen "...dem zu erwartenden schärferen Wettbewerb gewachsen sein werden..." soll "...eine flexible Geschäftspolitik und -führung durch die Organe der Sparkasse" mit dem Instrument der Modifizierung des Enumerationsprinzips erzielt werden[594]. Bereits aus dieser Begründung zum Gesetzesentwurf wird deutlich, daß die rechtlichen Rahmenbedingungen für Sparkassengeschäfte in Baden-Württemberg neu definiert wurden. Gemäß § 6 Abs. 3 SpkG Baden-Württemberg[595] dürfen die Sparkassen nunmehr alle banküblichen Geschäfte betreiben, soweit das Sparkassengesetz, die Sparkassengeschäftsverordnung oder die Satzung keine Einschränkungen vorsehen[596]. Auch wenn in der Gesetzesbegründung lediglich von einer Modifizierung des Enumerationsprinzips die Rede ist, wurde dieses bei genauer Betrachtung in seiner traditionellen Form aufgegeben. Bedeutete das Enumerationsprinzip zuvor die ausdrückliche Aufzählung der zugelassenen Geschäfte, kehrte sich mit der Gesetzesänderung dieser Grundsatz um. Nunmehr sind alle Geschäfte erlaubt, die nicht ausdrücklich verboten sind oder unter dem Genehmigungsvorbehalt der Aufsichtsbehörde stehen. Dies bedeutet auch eine Umkehr der Zweifelsregelung. Waren zuvor bei rechtlicher Unsicherheit bestimmte risikobehaftete Geschäfte verboten, so sind sie nunmehr im Zweifel erlaubt, was für die Sparkassen einen wesentlich größeren Spielraum für die geschäftlichen Aktivitäten be-

---

rungen im Sparkassenrecht einschließlich der Entwicklung in den neuen Bundesländern, Sparkasse 1991, S. 556 ff; Faißt, Sparkassenrecht im Wandel, Sparkasse 1992, S. 58 ff.

593 Gesetz zur Neufassung des Sparkassengesetzes von Baden-Württemberg vom 12.12.1991 (GBl. S. 839).

594 Gesetzentwurf zur Änderung des Sparkassengesetzes von Baden-Württemberg vom 24.07.1991, LT-Drucks. 10/5634, S. 21.

595 SpkG Baden-Württemberg in der Fassung vom 23.01.1992 (GBl. S. 128), zuletzt geändert durch Gesetz zur Änderung des Sparkassengesetzes für Baden-Württemberg vom 18.12.1995 (GBl. Nr. 36 S. 874).

596 Ausführlich dazu: Klüpfel/Gaberdiel, Kommentar zum Sparkassengesetz in Baden-Württemberg, § 6, S. 88 ff.

deutet. Mit dem Wegfall des Enumerationsprinzips ist die Erweiterung der Geschäftstätigkeit durch die Aufnahme eines neuen banküblichen Geschäfts nicht mehr von der Zulassung der Aufsichtsbehörde abhängig.
Nach der Sparkassengeschäftsverordnung[597] bestehen zur Zeit für baden-württembergische Sparkassen Beschränkungen im Bereich der Beteiligungen und bei dem Erwerb von Wertpapieren[598]. Daneben wurden das Blankokreditkontingent sowie die Personalkredithöchstgrenze beibehalten[599]. Der Gesamtbetrag der ungesicherten Kredite darf das Neunfache des haftenden Eigenkapitals der Sparkassen nicht übersteigen. Des weiteren können einem Kreditnehmer Personalkredite nur in einer Höhe von insgesamt 27,5 % des haftenden Eigenkapitals gewährt werden. Der Bereich der Beteiligungen unterliegt Einschränkungen in Form der grundsätzlichen Zustimmungspflicht der Aufsichtsbehörde[600]. Die Zustimmung ist stets erforderlich bei Beteiligungen der Sparkasse an Unternehmen des privaten Rechts, soweit sie erhebliche wirtschaftliche Bedeutung für die Sparkassen haben[601]. Hintergrund dieser Beschränkung stellt das aus den Beteiligungen hervorgehende nicht unerhebliche Risiko für Kreditinstitute dar. Zum einen kann sich ein Kreditinstitut aus einem bloßen Kreditengagement wesentlich leichter lösen als aus einem Beteiligungsengagement, zum anderen muß die Rechtsprechung zu den kapitalersetzenden Darlehen gemäß § 33 a GmbHG berücksichtigt werden, die den Bestand und die Einordnung der Kredite unter Umständen gefährdet. So sind Beteiligungen an Unternehmen des privaten Rechts nur ausnahmsweise von der Zustimmungspflicht freigestellt, wenn die Haftung begrenzt ist und die Beteiligung nicht über 10 % des Kapitals des Unternehmens sowie nicht über 0,5 % des haftenden Eigenkapitals der Sparkasse hinausgeht[602]. Ohne Zustimmung zulässig sind des weiteren Beteiligungen an

597 SpGVO BW vom 12.01.1992 (GBl. S. 155).

598 Vgl. §§ 1, 4 SpGVO Baden-Württemberg.

599 Vgl. §§ 2, 3 SpGVO Baden-Württemberg.

600 § 1 Abs. 1 und 2 SpkVO Baden-Württemberg i.V.m. §§ 32, 51 Abs. 1 SpkG Baden-Württemberg.

601 S. dazu: Dette, Veränderungen im Sparkassenrecht einschließlich der Entwicklung in den neuen Bundesländern, Sparkasse 1991, S. 567.

602 Vgl. § 1 Abs. 1 Nr. 3 SparkassengeschäftsVO Baden-Württemberg.

örtlichen Wohnungsbaugesellschaften, an denen Gebietskörperschaften beteiligt sind und die von Wirtschaftsprüfern geprüft werden. Gleiches gilt für Beteiligungen an Unternehmen, die gemeinsamen Zwecken der Sparkassenorganisation oder der technischen Abwicklung von Sparkassengeschäften, wie z.B. Datenverarbeitungsgesellschaften, dienen[603].
Den Beschränkungen bei dem Erwerb von Wertpapieren sowie bei Börsentermingeschäften kommt in der Praxis die größte Bedeutung zu. In § 4 Abs. 1 und 2 SparkassengeschäftsVO BW werden die zulässigen Geschäfte abschließend aufgeführt. Betroffen sind jedoch nur Geschäfte, die die Sparkasse für eigene Rechnung tätigt. Sogenannte Fremdgeschäfte, die im Auftrag des Kunden, also für fremde Rechnung von der Sparkasse durchgeführt werden, unterliegen hingegen keinen Einschränkungen. Ausschließlich für Eigengeschäfte wird somit das aufgehobene Enumerationsprinzip in diesem Bereich wieder eingeführt. Die Zweifelsregelung, d.h. daß aufgrund der Geschäftsfreiheit grundsätzlich alle banküblichen Geschäfte erlaubt sind, wurde wieder in das Gegenteil verkehrt. Nicht ausdrücklich aufgezählte Wertpapier- und Börsentermingeschäfte sind im Zweifel verboten. Die Umkehr des Grundsatzes ausschließlich in diesem Bereich verdeutlicht, daß der Landesgesetzgeber den Wertpapier- und Börsentermingeschäften ein besonderes Risiko beimißt und ihm entsprechend Rechnung trägt[604].
Entsprechend der neuen Systematik der Geschäftsbeschränkungen können sich Einschränkungen der grundsätzlichen Geschäftsfreiheit neben den ausdrücklichen Regelungen im Gesetz, der vom Innenministerium im Rahmen von § 59 Abs. 2 SpkG Baden-Württemberg erlassenen Geschäftsverordnung sowie der vom Verwaltungsrat für die einzelne Sparkasse verabschiedeten Satzung auch durch Beschlüsse des Verwaltungsrates ergeben. Gemäß § 6 Abs. 4 SpkG Baden-Württemberg kann der Verwaltungsrat bestimmen, daß einzelne Arten von Geschäften nicht, nicht mehr, nur in einem begrenztem Umfang oder nur mit seiner allgemeinen Zustimmung betrieben werden dürfen. Des weiteren wird dem Verwaltungsrat das Recht eingeräumt, Höchstbeträge für einzelne Anlagen und Anlagearten festzulegen und zu bestimmen, welche Mindestanforderungen an die Sicherheiten zu stellen sind. Ein Teil der nach dem alten Sparkassenge-

603 Klüpfel/Gaberdiel, Kommentar zum Sparkassengesetz in Baden-Württemberg, § 6, S. 95.

604 Zu den erlaubten Wertpapier- und Börsentermingeschäften im einzelnen s.: Klüpfel/ Gaberdiel, Kommentar zum Sparkassengesetz in Baden-Württemberg, § 6, S. 96 f.

setz[605] gemäß § 53 Nr. 1 vorbehaltenen Befugnis, die Geschäfte der Sparkassen durch Verordnung zu beschränken, ist auf den Verwaltungsrat übergegangen[606]. Mit dieser Ausweitung der Kompetenz, über die gesetzlichen Bestimmungen hinaus bestimmte Geschäfte zu untersagen oder deren Umfang zu beschränken, wurde die Stellung des Verwaltungsrates der jeweiligen Sparkasse in Baden-Württemberg gestärkt.
Für das Sparkassenrecht von besonderer Bedeutung ist, daß mit der Aufhebung des Enumerationsprinzips als sparkassenspezifischer Sonderbestimmung auch der Begriff des öffentlichen Auftrages als Wesensmerkmal der Sparkassen eine neue Inhaltsbestimmung erfahren hat. Danach sind die Sparkassen nunmehr Wirtschaftsunternehmen mit der Aufgabe, vorrangig in ihrem Geschäftsgebiet die Versorgung mit geld- und kreditwirtschaftlichen Leistungen sicherzustellen[607]. Innerhalb der Bandbreite zwischen einem gemeinnützigen Kreditinstitut und einem marktwirtschaftlich orientierten Unternehmen hat sich der Schwerpunkt nach der Novellierung des Sparkassengesetzes eindeutig in Richtung des zuletzt genannten verlagert.

(2) Rheinland-Pfalz

Der erstmals in Baden-Württemberg eingeschlagene Weg in der Entwicklung des Geschäftsrechtes der Sparkassen wurde 1994 in Rheinland-Pfalz mit der Novellierung des Sparkassensetzes weiterverfolgt. In dem Gesetzentwurf wird ausgeführt, daß "... die Sparkassen grundsätzlich alle banküblichen Geschäfte betreiben können, wobei allerdings einzelne geschäftsrechtliche Beschränkungen, die vor allem wegen der Gewährträgerhaftung unverzichtbar sind, durch den Verordnungsgeber nach wie vor vorgegeben werden ..."[608]. Weiter wird darauf hingewiesen, daß "... dies in einer Regelungsdichte geschieht, die deutlich hinter der noch geltenden Sparkassenverordnung vom 24. April 1990 zurückbleibt"[609].

---

605 SpkG Baden-Württemberg vom 4. April 1975 (GBl. S. 270), zuletzt geändert am 18.07.1983 (GBl. S. 379).

606 Klüpfel/Gaberdiel, Kommentar zum Sparkassengesetz in Baden-Württemberg, § 6, S. 97.

607 Vgl. § 6 Abs. 1 SpkG Baden-Württemberg.

608 Vgl. Gesetzentwurf der Landesregierung LT-Drucks. 12/2794 vom 16.03.1993, S. 1.

609 Vgl. Gesetzentwurf der Landesregierung LT-Drucks. 12/2794 vom 16.03.1993, S. 1.

Nach der Novellierung des Sparkassengesetzes[610] sind den rheinland-pfälzischen Sparkassen grundsätzlich alle Geschäfte erlaubt, es sei denn, das Sparkassengesetz bzw. die -verordnung[611] sieht ausdrücklich Beschränkungen vor[612]. Aufrechterhalten wurden Beschränkungen hinsichtlich der Personalkredithöchstgrenze, bei der Eigenanlage in Wertpapieren und Forderungen sowie im Bereich der Beteiligungen[613]. Des weiteren erhielt der Verwaltungsrat zur Risikobegrenzung die Befugnis, durch Beschluß einzelne Geschäfte zu verbieten oder von seiner Einwilligung abhängig zu machen[614].
Wie in Baden-Württemberg hob der Landesgesetzgeber das Enumerationsprinzip auf und räumte den Sparkassen die grundsätzliche Geschäftsfreiheit ein. Der Gesetzgeber ging sogar noch einen Schritt weiter und lockerte das Regionalprinzip. In der Begründung zur Gesetzesnovellierung heißt es, daß "...der räumliche Geschäftsbereich der Sparkassen nicht in jedem Fall deckungsgleich zu sein braucht mit dem Gebiet des Gewährträgers ..." und zukünftig die Möglichkeit besteht, "...ein mittelständisches Unternehmen bei Geschäften außerhalb des Gebietes des Gewährträgers zu begleiten."[615]. Damit erweiterte sich der Geschäftskreis der Sparkassen in Rheinland-Pfalz nicht nur in materieller, sondern auch in regionaler Hinsicht.

(3) Saarland

Auch der saarländische Gesetzgeber orientierte sich am Beispiel Baden-Württembergs. Die dortigen Sparkassen dürfen alle bankühlichen Geschäfte betreiben, soweit das Sparkassengesetz[616], die Allgemeine Anordnung über Sparkas-

---

610 Drittes Landesgesetz zur Änderung des Sparkassengesetzes vom 2. November 1993 (GBl. Nr. 26, S. 520).

611 SpkVO Rheinland-Pfalz vom 15. Dezember 1993 (GVBl. S. 622).

612 Vgl. § 2 Abs. 3 Satz 1 SpkG Rheinland-Pfalz.

613 §§ 2, 3, 4 SpkVO Rheinland-Pfalz.

614 § 8 Abs. 1 Satz 2 SpkG Rheinland-Pfalz.

615 Vgl. Gesetzentwurf der Landesregierung LT-Drucks. 12/2794 vom 16.03.1993, Begründung zu Nummer 2 (§ 2), S. 13.

616 Saarländisches Sparkassengesetz in der Fassung vom 1. April 1993 (Abl. Saar S. 360).

sengeschäfte[617] oder die Sparkassensatzung[618] keine Einschränkungen vorsehen[619]. Die Einschränkungen nach der Allgemeinen Anordnung über Sparkassengeschäfte decken sich mit denen der Sparkassengeschäftsverordnung in Baden-Württemberg[620]. Als mögliche Kontrollinstanz für die grundsätzliche Geschäftsfreiheit wurde auch hier dem Verwaltungsrat die Befugnis zur weiteren Einschränkung verliehen[621].

(4) Nordrhein-Westfalen

Als vorerst letztes Bundesland hob Nordrhein-Westfalen mit der Gesetzesnovellierung[622] im Jahr 1995 das Enumerationsprinzip auf. Die durch die Sparkassenverordnung[623] geregelten Beschränkungen der Geschäftstätigkeit sind im wesentlichen vergleichbar mit denen in Baden-Württemberg, Rheinland-Pfalz und dem Saarland[624]. Wesentlicher Unterschied ist, daß der Verwaltungsrat nicht ermächtigt wurde, im Beschlußwege einzelne Geschäfte zu untersagen.

(5) Niedersachsen

Niedersachsen zählt zu den Bundesländern, die zwar nicht dem Beispiel Baden-Württembergs folgten, aber ab 1990 jedenfalls die Möglichkeiten im Dienstleistungsgeschäft erweiterten sowie die Beschränkungen im Bereich des Anlagegeschäfts und der Beteiligungen lockerten[625]. Aus Anlaß der Einführung des

---

617 Allgemeine Anordnung über Sparkassengeschäfte nach § 31 SSpG vom 28. Juli 1993 (Az.: A 5 - 66/93 - LIL).

618 Satzung der saarländischen Sparkassen vom 21.06.1993.

619 Vgl. § 3 Abs. 1 Satz 1 SpkG Saar.

620 Vgl. §§ 1-4 Allgemeine Anordnung über Sparkassengeschäfte Saar sowie §§ 1-4 SparkassengeschäftsVO BW.

621 Vgl. § 3 Abs. 2 i.V. mit § 12 Abs. 2 Nr. 4 SpkG Saar.

622 Gesetz über die Sparkassen sowie über die Girozentrale und Sparkassen- und Giroverbände in der Fassung der Bekanntmachung vom 25. Januar 1995 (GVBl. vom 22. Januar 1995, S. 92).

623 Verordnung zur Regelung des Geschäftsrechtes und des Betriebes der Sparkassen in Nordrhein-Westfalen vom 15. Dezember 1995 (GVBl. S. 1255).

624 S. zu den Begrenzungen der Geschäftstätigkeit: §§ 6-9 SpkVO NW.

Euro beabsichtigt das Niedersächsische Finanzministerium als oberste Sparkassenaufsichtsbehörde[626] Ende der 90iger Jahre nunmehr die Neufassung der Niedersächsischen Sparkassenverordnung (NSpVO)[627]. Hierzu hat der Niedersächsische Sparkassen- und Giroverband in Zusammenarbeit mit den Sparkassen einen entsprechenden Vorschlag unterbreitet[628]. Dabei sollen Geschäfte, die bislang nur mit Ausnahmegenehmigung der obersten Sparkassenaufsichtsbehörde getätigt werden durften, in die NSpVO aufgenommen und zusätzliche Erweiterungen der zulässigen Geschäftstätigkeit normiert werden. Es ist jedoch beabsichtigt, die enumerative Aufzählung der erlaubten Geschäfte in der NSpVO beizubehalten[629]. Die vorgesehenen wesentlichen Änderungen des Sparkassengeschäftsrechts betreffen folgende Bereiche:
Im Passivgeschäft sollen die einengenden Vorschriften hinsichtlich der Verzinsung, Kündigung, Sperrung und Übertragung für den Sparverkehr aufgehoben werden[630], um auf Marktveränderungen flexibler reagieren zu können. Danach bliebe lediglich der Kontrahierungszwang zur Entgegennahme von Spareinlagen.
Auch wenn am Enumerationsprinzip festgehalten werden soll, sieht der Entwurf die Aufweichung des Regionalprinzips als Wesensmerkmal der Sparkassenorganisation vor. Vorgesehen ist in diesem Bereich die Möglichkeit von Gemeinschaftskrediten mehrerer Sparkassen sowie die Eröffnung von Handlungsspielräumen in Ausnahmefällen außerhalb des Ausleihbezirkes[631]. Sonstige Kredite,

---

625 Vgl. dazu die nachstehenden Ausführungen zu den Änderungen des Geschäftsrechtes unter Punkt VI. 2.b.(6).

626 Vgl. § 6 Abs. 1 i.V.m. § 28 Abs. 2 NSpVO.

627 Verordnung über die Geschäfte der Sparkassen in Niedersachsen (NSpVO) vom 18.07.1990 (GVBl. Nr. 23 S. 197), zuletzt geändert durch Verordnung zur Änderung der Niedersächsischen Sparkassenverordnung vom 19.04.1994 (GVBl. Nr. 11 S. 226).

628 S. dazu die nicht veröffentlichte Vorlage zu TOP 2 (Überarbeitung der NSpVO) der Sitzung des Verbandsvorstandes des NSGV am 24.11.1998.

629 In den §§ 12 Abs. 1, 24 Nr. 1 bis 20 NSpVO jetziger Fassung sind die zulässigen Geschäfte für das Aktivgeschäft sowie Dienst- und andere Geschäfte abschließend aufgezählt.

630 Ersatzlose Streichung der §§ 1 Abs. 2 bis § 7 Abs. 4 NSpVO.

631 Vgl. § 7 Abs. 1 und 2 des Entwurfes der überarbeiteten NSpVO.

die nicht den erforderlichen Anknüpfungspunkt zum Ausleihbezirk der jeweiligen Sparkasse aufweisen, dürfen bis zu 20 % der Bemessungsgrundlage, d.h. des Kernkapitals, gewährt werden[632]. Dies würde im Aktivgeschäft der niedersächsischen Sparkassen eine wesentliche Ausweitung über die Landesgrenzen hinaus bedeuten.

Eine für die Praxis bedeutende Änderung stellt die geplante Ausweitung der Möglichkeiten im Wertpapiergeschäft[633] sowie die generelle Zulässigkeit von Derivaten[634] dar. Derivate sind Rechte, deren Börsen- und Marktpreis unmittelbar oder mittelbar von der Entwicklung des Börsen- oder Marktpreises von Wertpapieren oder ausländischen Zahlungsmitteln oder der Veränderung von Zinssätzen abhängt[635]. Danach könnten die Sparkassen für eigene Rechnung Kauf- und Verkaufsoptionen, Termin- und Swapgeschäfte sowie sonstige Geschäfte unter Beachtung gewisser Grenzen tätigen, die zur Sicherung bestimmter Grundgeschäfte gegen Zinsänderungs-, Fremdwährungs- oder sonstige Preisrisiken dienen. Die neue Vorschrift soll eine umfassende Einbeziehung derivativer Produkte ermöglichen. Gerade auf dem Gebiet der innovativen Finanzinstrumente herrscht eine rege Entwicklung, die zur Erhaltung der Wettbewerbsfähigkeit auch von den Sparkassen genutzt werden muß.

Der Bereich der Beteiligungen soll ebenfalls für die Sparkassen erweitert werden. Zur Zeit sind Beteiligungen an Einrichtungen der Sparkassenorganisation nur nach Anhörung des NSGV und sonstige Beteiligungen darüber hinaus nach Beschlußfassung des Verwaltungsrates sowie der Genehmigung der Sparkassenaufsichtsbehörde zulässig[636]. Die vorgesehene Änderung sieht die Einführung einer Bagatellregelung vor, die es den Sparkassen ermöglicht, eigenständig unter Einschaltung des Verwaltungsrates und unter Beachtung gewisser Grenzen Beteiligungen geringeren Umfanges zu beschließen[637].

---

632 Vgl. § 7 Abs. 3 des Entwurfes der überarbeiteten NSpVO.

633 Vgl. § 19 Abs. 1 und 2 NSpVO jetziger Fassung und § 13 des Entwurfes der überarbeiteten NSpVO.

634 Vgl. § 19 Abs. 3 NSpVO jetziger Fassung und § 14 des Entwurfes der überarbeiteten NSpVO.

635 Definition von: Grill/Perczynski, Wirtschaftslehre des Kreditwesens, S. 400.

636 Vgl. § 23 NSpVO jetziger Fassung.

Schließlich erweitert der Verordnungsentwurf den Katalog der zulässigen Dienstleistungs- und sonstigen Geschäfte. Dazu zählen insbesondere Warentermingeschäfte für Kunden, die Verwaltung und Vermittlung von Immobilien für eigene Rechnung sowie Vertragsabschlüsse im Internet[638]. Ferner soll die Vermietung und Veräußerung technischer Geräte, wie beispielsweise Endgeräte für den Einsatz der Geldkarte, sowie das Angebot von Dienstleistungen, die in einem Sachzusammenhang mit zulässigen Sparkassengeschäften stehen, erlaubt sein[639].

(6) Änderungen des Geschäftsrechts in den anderen Bundesländern

Außer in Niedersachsen werden die für Sparkassen zulässigen Geschäfte in Bayern, Hessen, Schleswig-Holstein, Mecklenburg-Vorpommern, Sachsen-Anhalt, Brandenburg, Thüringen und Sachsen mit Hilfe der Enumeration im Verordnungs- bzw. Satzungswege geregelt. Die westdeutschen Länder erweiterten, wenn auch in unterschiedlichem Umfang, Anfang der 90iger Jahre mit Blick auf die Anforderungen für den Wettbewerb eines gemeinsamen EG-Binnenmarktes die Möglichkeiten im Dienstleistungsgeschäft und lockerten die Beschränkungen im Bereich des Anlagegeschäftes und der Beteiligungen[640]. Änderungschwerpunkte bildeten dabei die generelle Zulassung von Aktiv- und Passivgeschäften in fremden Währungen, die Erhöhung der Kreditgrenzen, die Erweiterung des Handlungsspielraumes für den Eigenbestand von Wertpapieren und der Beteiligungsmöglichkeiten der Sparkassen sowie die Möglichkeit des Erwerbs von Forderungen aus Leasinggeschäften.
In den ostdeutschen Bundesländern entwickelten sich ebenfalls die sparkassenrechtlichen Regelungen nicht einheitlich. Brandenburg, Mecklenburg-Vorpommern, Sachsen-Anhalt und Sachsen nahmen sich die Sparkassenverordnung von Nordrhein-Westfalen in deren Fassung vor der Novellierung 1995 zum Vorbild, während Thüringen zusammen mit Hessen entsprechende Vorschriften ausarbeitete.

---

637 Vgl. § 18 des Entwurfes der überarbeiteten NSpVO.

638 Vgl. § 19 Nr. 3, 4, 21 des Entwurfes der überarbeiteten NSpVO.

639 Vgl. § 19 Nr. 15 des Entwurfes der überarbeiteten NSpVO.

640 Im einzelnen s. ausführlich dazu: Dette, Veränderungen im Sparkassenrecht einschließlich der Entwicklung in den neuen Bundesländern, Sparkasse 1991, S.

c. Derzeitige Situation

Die vorstehende Entwicklung der Liberalisierung des Sparkassenrechts zeigt, daß die Sparkassen in ihrer Geschäftstätigkeit Beschränkungen unterliegen. Diese sind in den Ländern nicht rechtseinheitlich normiert, vielmehr besteht in dem Sparkassenrecht der Länder keine Uniformität, die es ermöglichen würde, eine für den vorliegenden Themenbereich generelle für alle Länder zutreffende Aussage zu treffen.

(1) Beschränkungen der Geschäftstätigkeit durch die Sparkassenverordnungen und Satzungen

Die Unterschiedlichkeit beginnt schon in der Wahl der Rechtsquelle für die Regelung der Beschränkungen. In den meisten Bundesländern wird das Geschäftsrecht der Sparkassen in einer Sparkassenverordnung geregelt, während die Satzung nur noch die individuellen Rechtsverhältnisse der einzelnen Sparkasse normiert[641]. Lediglich in Bremen, Hessen und Schleswig-Holstein hat der zuständige Verordnungsgeber nicht von seinem Recht Gebrauch gemacht, so daß die Geschäftsbeschränkungen in Mustersatzungen geregelt sind. Gemeinsam ist allen landesrechtlichen Vorschriften jedoch, daß die Sparkassen in ihrer Geschäftstätigkeit sowohl inhaltliche als auch räumliche Beschränkungen unterliegen.

aa) Inhaltliche Beschränkungen der Geschäftstätigkeit

Die inhaltlichen Beschränkungen der Geschäftstätigkeit der Sparkassen sind, wie bereits erörtert, landesrechtlich sehr unterschiedlich ausgestaltet. Sie lassen sich von der Systematik her unterteilen in Einschränkungen hinsichtlich der Art sowie des Umfanges der erlaubten Geschäfte. Formal gesehen konkretisieren die die Beschränkungen regelnden Vorschriften den Katalog der für Kredit- und Finanzinstitute üblichen Bankgeschäfte nach § 1 KWG. In den Bundesländern, in denen das Enumerationsprinzip noch wesentlicher Bestandteil des Sparkassenrechtes ist, dürfen die Sparkassen nur die ausdrücklich erlaubten Geschäfte tätigen. Alle anderen Geschäfte sind im Umkehrschluß unzulässig, es sei denn, es liegt im Einzelfall eine Ausnahmegenehmigung der Aufsichtsbehörde vor[642].

641 Dies gilt für: Baden-Württemberg, Bayern, Niedersachsen, Nordrhein-Westfalen, Rheinland-Pfalz, Saarland, Brandenburg, Sachsen, Sachsen-Anhalt und Thüringen.

Dazu gehören grundsätzlich Spekulationsgeschäfte im eigenen und fremden Interesse. Hieraus ergeben sich als Zusammenfassung der einzelnen landesrechtlichen Regelung im wesentlichen Einschränkungen und Verbote im Wertpapier-, Konsortial-, Geldhandels-, Devisen- und Beteiligungsgeschäft. Nicht erlaubte bzw. nur in engen Grenzen zugelassene Geschäftsarten sind beispielsweise die Aufnahme langfristiger, nicht zweckgebundener Darlehen, die Mitwirkungen an Emissionskonsortien, der Erwerb von Beteiligungen an organisationsfremden Einrichtungen, der Aktienerwerb und der Devisenhandel auf eigene Rechnung sowie der Geldhandel.

Neben Einschränkungen bezüglich der Art der Bankgeschäfte unterliegen Sparkassen auch Beschränkungen hinsichtlich des Umfanges einzelner Geschäftsarten. Dieser gesetzlich festgelegte, begrenzte Umfang bestimmt im wesentlichen ihr Kreditgeschäft. Bevor am Beispiel Niedersachsens, stellvertretend für die vergleichbaren Regelungen der übrigen Bundesländer, diese Beschränkungen aufzuzeigen sind, sollen die Vorschriften des KWG als Vergleichsgrundlage herangezogen werden. Diese stellen für die übrigen Kreditinstitute die einzige Beschränkung der Geschäftstätigkeit dar. Das KWG sieht in den §§ 13, 13a eine Großkreditobergrenze vor, nach der Kreditinstitute ohne Zustimmung des Bundesaufsichtsamtes an einen Kreditnehmer keine Kredite gewähren dürfen, die insgesamt 25 % des haftenden Eigenkapitals überschreiten[643]. Der hinter dieser Regelung stehende Grundsatz der größenmäßigen Kreditstreuung hat risikobegrenzende Funktion.

Das Sparkassenrecht schreibt hingegen nicht nur Höchstgrenzen aufgeteilt für einzelne Kreditarten vor, sondern normiert darüber hinaus weitere Beschränkungen für das Kreditgeschäft. Niedersächsische Sparkassen dürfen einem einzelnen Kreditnehmer Personalkredite nur bis zu einem Höchstbetrag von 25 % der Bemessungsgrundlage gewähren[644]. Bemessungsgrundlage stellt dabei das Kernkapital dar, daß lediglich einen Teil des haftenden Eigenkapitals bildet[645].

---

642 So liegt beispielsweise in Niedersachsen für den uneingeschränkten Forderungserwerb sowie für die Vermittlung und Verwaltung von Immobilien für eigene Rechnung eine allgemeine Ausnahmegenehmigung der Aufsichtsbehörde vor.

643 Vgl. § 13 Abs. 3 Satz 1 KWG für Nichthandelsbuchinstitute und § 13a Abs. 4 KWG für Handelsbuchinstitute.

644 Vgl. § 17 Abs. 1 Satz 1 NSpVO jetziger Fassung und § 11 Abs. 1 Satz 1 der geplanten Fassung.

Allein der Vergleich der - in der Untersuchung schon mehrfach angesprochenen, sparkassenspezifischen - Personalkredithöchstgrenze mit der Großkreditobergrenze des KWG zeigt, daß die Beschränkungen des Sparkassenrechtes über die für die Geschäftsbanken geltenden hinausgehen. Darüber hinaus unterliegt die Geschäftstätigkeit der Sparkassen der sog. Blankokredithöchstgrenze und dem Blankokreditkontingent. Als weitere Beschränkung bedeutet dies, daß ungedeckte Kredite nur bis zum Höchstbetrag von 15 % der Bemessungsgrundlage gewährt werden dürfen, wobei der Höchstbetrag aller in Anspruch genommenen ungedeckten Kredite an die Grenze des Achtfachen der Bemessungsgrundlage gekoppelt ist[646].
Ferner sind die Sparkassen auch in der Anerkennung und Bewertung der ihnen gestellten Sicherheiten nicht frei. Diese erfolgt bei der Beleihung von Grundstücken und Schiffen nach Maßgabe der von der obersten Sparkassenaufsicht im Rahmen der Sparkassenverordnung erlassenen Beleihungsgrundsätze[647] und für sonstige Sicherheiten aufgrund von unmittelbaren Vorschriften der Sparkassenverordnung[648] bzw. Satzung[649]. So setzt die Beleihung von Grundstücken grundsätzlich die förmliche Ermittlung des Beleihungswertes unter Berücksichtigung besonderer Wertabschläge voraus. Sicherheitsabschläge bestimmen auch den ansetzbaren Wert der sonstigen, eingegrenzten Sicherheiten. Die Einschränkungen im Bereich der Sicherheitenbewertung beeinflussen die Geschäftstätigkeit der Sparkassen im Hinblick auf die Blankokredithöchstgrenze und das Blankokreditkontingent. Werden Sicherheiten nicht oder nur in einem eingeschränkten Rahmen anerkannt, steigt die Zahl der ungedeckten Kredite bzw. Kreditteile, wodurch gerade bei Sparkassen mit geringem Kernkapital indirekte Geschäftsbeschränkungen aufgrund der Pflicht zur Beachtung der Grenzen ent-

---

[645] Als Bemessungsgrundlage gilt das Kernkapital der Sparkasse i.S. des § 10 Abs. 2a KWG in der Fassung vom 22.10.1997 (BGBl. I S. 2518).

[646] Vgl. § 16 Abs. 1 NSpVO jetziger Fassung und § 10 der geplanten Fassung.

[647] Für Niedersachsen gemäß Beleihungsgrundsätze für das Real- und Personalkreditgeschäft der Sparkassen (Beleihung von Grundstücken) aufgrund RdErl. d. MF v. 11.07.1991 - 205002-5001-GültL 100/177 - (MBl.Nr. 26/1991 S. 928) sowie gemäß Schiffsbeleihungsgrundsätze für Sparkassen aufgrund RdErl. d. MF vom 6.07.1972 (Nds.MBl. S. 1045).

[648] Vgl. 15 NSpVO jetziger Fassung und entsprechend § 9 der geplanten Fassung.

[649] Vgl. § 16 MuSa A Schl.-Holst.

stehen. Durch diese Einschränkungen unterliegen die Sparkassen strengeren Regelungen als die übrigen Geschäftsbanken. Für diese Banken gelten nur die durch den Bundesgesetzgeber erlassenen Beschränkungen durch das KWG.

bb) Das Regionalprinzip als räumliche Beschränkung der Geschäftstätigkeit

Das Regionalprinzip, das bislang in allen Landessparkassengesetzen inhaltlich übereinstimmend verankert ist[650], besagt als Ausprägung der kommunalen Bindung der Sparkassen, daß diese grundsätzlich nur in einem räumlich begrenzten Geschäftsgebiet tätig werden dürfen[651]. Der Wirkungskreis der Sparkassen wird bestimmt durch das Hoheitsgebiet des jeweiligen Gewährträgers[652]. Die räumliche Einschränkung der Geschäftstätigkeit soll eine horizontale Arbeitsteilung der Sparkassen untereinander sicherstellen und eine konkurrierende Betätigung innerhalb der eigenen Organisation minimieren[653]. Das Regionalprinzip stellt zur Vermeidung eines Verdrängungswettbewerbes einen grundsätzlichen Abwehranspruch gegen das geschäftliche Eindringen einer anderen Sparkasse dar[654].

---

650 Ausdrücklich genannt in: § 2 Abs. 1 Bay. SpkO i.V.m. Art. 2 Abs. 1 Bay. SpkG, § 3 Abs. 1 SpkG NW, §§ 1 Abs. 3 und 2 Abs. 1 SpkG Rheinland-Pfalz, §§ 1 Abs. 3 und 2 Abs. 1 SpkG Saar, § 5 Abs. 1 SpkG Brandenburg, § 5 Abs. 1 SpkG Meckl.-Vorp., § 5 Abs. 1 SpkG Sachsen, § 5 Abs. 1 SpkG Sachsen-Anhalt, § 6 Abs. 1 SpkG Thüringen; Konkludent verankert in : § 6 Abs. 1 SpkG Baden-Württemberg, § 3 Abs. 1 SpkG Bremen, § 1 Abs. 3 SpkG Hessen, § 6 Abs. 2 SpkG Niedersachsen i.V.m. § 8 MuSa Niedersachsen, § 2 SpkG Schleswig-Holstein; Vgl. dazu Weides, Synoptische Darstellung der Sparkassengesetze im Geltungsbereich des Grundgesetzes, S. 8 ff.

651 Ausführlich zum Regionalprinzip vgl.: Schlierbach, Das Sparkassenrecht in der Bundesrepublik Deutschland, S. 129 ff; Stern/Nierhaus, Das Regionalprinzip im öffentlich-rechtlichen Sparkassenwesen, S. 9 ff; Gimple, Das Regionalprinzip der deutschen kommunalen Sparkassen bei der Zweigstellenerrichtung im EG-Ausland, S. 20 ff; Thöle, Die Bedeutung des sparkassentypischen Regionalprinzips, Sparkasse 1988, S. 83 ff; Nierhaus, Regionalprinzip und Sparkassenhoheit im europäischen Bankenbinnenmarkt, Sparkasse 1993, S. 159 ff; Oberbeckmann, Regionalprinzip, HWS Band 3, S. 437 ff.

652 VerfGH NW, DÖV 1980, S. 691f; OVG Münster, DVBl. 1982, 504 f.

653 Vgl. Thöle, Die Bedeutung des sparkassentypischen Regionalprinzips, Sparkasse 1988, S. 83.

654 Schlierbach, Das Sparkassenrecht in der Bundesrepublik Deutschland, S. 132.

Während die Auswirkungen der Begrenzung der Geschäftsgebietes auf das Sparkassenwesen in organisatorischer Hinsicht bereits Gegenstand der Untersuchung bildete, sollen nunmehr die Auswirkungen des Regionalprinzips auf die Geschäftstätigkeit in den Mittelpunkt rücken. Dabei ist zwischen den einzelnen Geschäftsarten zu unterscheiden. Diese lassen sich aufteilen in das Passiv-, Aktiv- sowie das Dienstleistungs- und sonstige Geschäft.

aaa) Auswirkungen des Regionalprinzips auf einzelne Geschäftsarten

Im Passivgeschäft besteht für Sparkassen in der Mehrzahl der Bundesländer die Kontrahierungspflicht, von jedermann unabhängig vom Wohnsitz Spareinlagen entgegenzunehmen[655]. Lediglich in Baden-Württemberg und im Saarland ist mit dem Wegfall des Enumerationsprinzips auf die Festschreibung der Annahmeverpflichtung verzichtet worden. Im Umkehrschluß haben die Sparkassen aber auch in diesen Ländern das Recht, Spareinlagen von jedem Kunden entgegenzunehmen. Entsprechendes gilt für andere Einlagen wie Sparkassenbriefe und Sparschuldverschreibungen[656]. Das Regionalprinzip hat damit für diesen Geschäftsbereich keine unmittelbaren Auswirkungen. Ursache hierfür ist das nicht vorhandene Risiko bei der Entgegennahme von Einlagen Gebietsfremder. Die Annahme erfolgt ausschließlich am Geschäftsort der jeweiligen Sparkasse und erhöht das Ausleihpotential für den örtlichen Kreditbedarf[657]. Gesichtspunkte der Risikominimierung, wie beispielsweise im Kreditgeschäft von Bedeutung, spielen im Passivgeschäft keine Rolle[658].
Allerdings erfährt die Geschäftstätigkeit der Sparkassen in diesem Bereich durch das Regionalprinzip eine indirekte Einschränkung. Sparkassen dürfen Einlagen Gebietsfremder zwar annehmen, diese aber nicht aktiv werben. Auf-

---

655 Vgl. § 3 Abs. 1 Bay. SpkO; § 22 Abs. 1 Satzung Spk. Bremen; § 3 Abs. 1 MuSa Hessen; § 1 Abs. 1 SpkVO Niedersachsen; § 5 Abs. 1 SpkVO NW; § 1 Abs. 1 SpkVO Rheinland-Pfalz; § 3 MuSa A Schl.-Holst.; § 5 SpkVO Brandenburg; § 1 SpkVO Sachsen; § 1 SpkVO Sachsen-Anhalt; § 5 SpkVO Thüringen.

656 Vgl. Stern/Nierhaus, Das Regionalprinzip im öffentlich-rechtlichen Sparkassenwesen, S. 201; Oberbeckmann, Regionalprinzip, HWS Bd. 4, S. 443.

657 Güde, Geschäftspolitik der Sparkassen, S. 42.

658 Zu der Aufteilung in drei Geschäftsarten s.: Schlierbach, Das Sparkassenrecht in der Bundesrepublik Deutschland, S. 123.

grund des Regionalprinzips ist ihre zulässige Betätigung in diesem Bereich beschränkt auf die passive Geschäftsbereitschaft. Diese macht eine das Geschäftsgebiet überschreitende Einzelwerbung unzulässig[659]. So erstreckt sich das im Sparkassenrecht insoweit bestehende Werbeverbot auf Aktivitäten, die innerhalb des eigenen Gewährträgergebietes stattfinden, jedoch nach ihrer Eigenart oder ihrem planhaften Einsatz zugleich in das Gewährträgergebiet einer benachbarten Sparkasse ausstrahlen. Derartige automatisch oder gezielt grenzüberschreitende Einzelwerbemaßnahmen sind ausnahmslos untersagt[660].
Auch Werbemittel, die sich nach ihrer Verbreitungsweise nicht auf das eigene Gewährträgergebiet begrenzen lassen, sind unzulässig. Dies gilt beispielsweise für Werbeanzeigen in Zeitungen, deren Verbreitungsgebiet infolge ihrer redaktionellen Betreuung nicht im wesentlichen mit dem Gewährträgerbezirk übereinstimmt[661]. Anders zu beurteilen ist dagegen die grenzüberschreitende Einzelwerbung mit modernen Medien, z.B. dem Internet. Während die Sparkasse durch Schaltung der Anzeigen in einer das Geschäftsgebiet überschreitenden Zeitung aktiv ihre Geschäftsbereitschaft demonstriert, zeigt sie im Internet lediglich passive Geschäftsbereitschaft. Die Aktivität liegt in diesem Fall auf Seiten des Kunden, der sich informieren will[662].
Als Ergebnis ist abschließend festzustellen, daß das Regionalprinzip sich aufgrund des Verbotes der grenzüberschreitenden aktiven Einzelwerbung indirekt auch auf die Geschäftstätigkeit im Passivbereich auswirkt. Die Sparkassen haben das Passivangebot auf den örtlichen Markt abzustellen[663].
Bei den Auswirkungen des Regionalprinzips auf das Aktivgeschäft ist zu unterscheiden zwischen den Krediten und den sonstigen Anlagen wie die Anlage in Wertpapieren, Forderungen und sonstigen Werten, in Grundstücken und Beteiligungen. Die Beschränkungen des Regionalprinzips zielen aus risikobegrenzenden Gesichtspunkten primär auf das Kreditgeschäft der Sparkassen ab. Sie dürfen nach den gesetzlichen Bestimmungen Kredite grundsätzlich nur im sat-

---

659 Zum Verbot der grenzüberschreitenden Einzelwerbung für Sparkassen: Stern/Nierhaus, Das Regionalprinzip im öffentlich-rechtlichen Sparkassenwesen, S. 189.

660 Stern/Nierhaus, Das Regionalprinzip im öffentlich-rechtlichen Sparkassenwesen, S. 192.

661 Stern/Nierhaus, Das Regionalprinzip im öffentlich-rechtlichen Sparkassenwesen, S. 192.

662 Schlierbach, Das Sparkassenrecht in der Bundesrepublik Deutschland, S. 132.

663 Güde, Geschäftspolitik der Sparkassen, S. 42.

zungsmäßig festgelegten Geschäftsbezirk gewähren[664]. Die Kreditierung soll danach nur an solche Personen erfolgen, die im Geschäftsbereich der Sparkasse ihren Wohnsitz oder eine gewerbliche Niederlassung haben[665]. Aus dieser gesetzlichen Formulierung wird deutlich, daß Körperschafts- bzw. Kommunalkredite, d.h. Kredite an den Bund, die Länder, Gemeinden und Gemeindeverbände, nicht den Begrenzungen des Regionalprinzips unterliegen[666]. Insoweit verbleiben die Real- und Personalkredite. Beim Realkredit, d.h. Kredite, die gegen Bestellung von Grundpfandrechten nach Maßgabe der Beleihungsgrundsätze vergeben werden, braucht in der Regel nur das beliehene Grundstück im Geschäftsbereich der Sparkasse belegen zu sein[667]. Bei den Personalkrediten, d.h. Kredite, die gegen Sicherheiten oder ungesichert gewährt werden, kommt die Beschränkung des Regionalprinzips am strengsten zu tragen. Auf diese wird der Grundsatz, daß die krediterhaltene Person ihren Wohnsitz oder ihre geschäftliche Niederlassung im Geschäftsbezirk der jeweiligen Sparkasse haben muß, direkt angewandt.

Zu den Aktivgeschäften der Sparkassen zählen, wie bereits dargestellt, neben der Vergabe von Krediten auch die Anlage in Wertpapieren und Forderungen. Bei diesen Geschäften können aufgrund ihrer Eigenart der Universalität keine gebiets- oder gewährträgerbezogenen Einschränkungen bestehen. Ansonsten wäre es ihnen beispielsweise nur erlaubt, Aktien eines Unternehmens zu zeichnen, das seinen Sitz in ihrem Geschäftsbereich hat. Eine örtliche Begrenzung

---

664 Vgl. Art. 2 Abs. 1 Satz 1 Bay. SpkG i.V.m. § 2 Abs. 1 Bay. SpkO; § 2 Abs. 2 SpkG Hessen; § 4 SpkG Niedersachsen; § 2 Abs. 1 Satz 1 SpkG Brandenburg; § 2 Abs. 1 Satz 1 SpkG Meckl.-Vorp.; § 2 Abs. 1 Satz 1 SpkG Sachsen; § 2 Abs. 1 Satz 1 SpkG Sachsen-Anhalt; § 2 Abs. 1 Satz 1 SpkG Thüringen. In den übrigen Ländern sehen die Gesetze eine abgeschwächte Formulierung des Regionalprinzips vor: „Die Sparkassen sind Wirtschaftsunternehmen mit der Aufgabe, *vorrangig* in ihrem Geschäftsgebiet die Versorgung mit geld- und kreditwirtschaftlichen Leistungen sicherzustellen", vgl. § 6 Abs. 1 SpkG Baden-Württemberg i.V.m. § 3 Abs. 1 Satz 1 Satzungsmuster BW; § 3 Abs. 1 SpkG Bremen; § 3 Abs. 1 SpkG NW; § 2 Abs. 1 SpkG Rheinland-Pfalz; § 2 Abs. 1 SpkG Saar.

665 § 14 Abs. 5 Satz 1 MuSa Hessen; eine entsprechende Regelung läßt sich in den übrigen Bundesländern finden.

666 Siehe dazu ausführlich: May, Kommunalkredite, HWS Bd. 2, S. 477 ff.

667 Vgl. stellvertretend für die vergleichbaren Regelungen der übrigen Bundesländer: § 14 Abs. 5 Satz 2 MuSa Hessen.

nach dem Regionalprinzip ist bei diesen Geschäften nicht denkbar. Hier kann sich allein die Frage stellen, ob diese Geschäfte Sparkassen erlaubt sind. Ist diese in den Sparkassenverordnungen- bzw. satzungen bejaht worden, kommt das Regionalprinzip nicht mehr zum tragen. Entsprechendes gilt für die Anlage in Grundstücken und Beteiligungen. Diese Aktivgeschäfte sind ebenfalls grundsätzlich örtlich unbegrenzt möglich[668].
Die Einschränkungen des Regionalprinzips auf das Aktivgeschäft ist folglich differenziert für die einzelnen Geschäftsarten zu sehen. Darüber hinaus werden sie geprägt von einem Regel-Ausnahme-Verhältnis. Auf die möglichen Ausnahmen des bislang dargestellten Grundsatzes wird im folgenden zur Bewertung der Auswirkungen des Regionalprinzips noch einzugehen sein.
Die Auswirkungen des Regionalprinzips auf die Dienstleistungs- und sonstigen Geschäfte[669] der Sparkassen sind vergleichbar mit denen des Passivgeschäftes. Mit Ausnahme des bargeldlosen Zahlungsverkehrs, unterliegen diese Geschäfte zwar dem Grundsatz der regionalen Geschäftsbegrenzung, jedoch erlangen die Auswirkungen nur indirekt über das Verbot der grenzüberschreitenden Einzelwerbung Bedeutung. Eine gemeinschaftliche Werbeaktion zusammen mit anderen Sparkassen oder der gesamten Sparkassenorganisation ist dagegen selbstverständlich erlaubt. Insoweit sind die Einschränkungen des Regionalprinzips in diesem Geschäftsbereich als gering einzustufen.

bbb) Ausnahmen vom Regionalprinzip

Wie die vorstehenden Ausführungen zeigen, wirkt sich das Regionalprinzip in direkter Form ausschließlich auf das Aktivgeschäft und dort auch nur für die Vergabe von Krediten aus. Darüber hinaus lassen die einzelnen Sparkassengesetze der Länder Ausnahmen vom Regionalprinzip zu, so daß auch Geschäfte über die Grenzen des Gewährträgergebietes hinaus zulässig sind. Das Regionalprinzip ist als bloßer Grundsatz formuliert und bietet mithin die Möglichkeit, sowohl in der Satzung allgemein gebietsmäßig bestimmte Ausnahmen als auch Einzelfall bezogene vorzusehen. Danach dürfen Kredite auch an Gebietsfremde mit Wohnsitz oder gewerblicher Niederlassung im Inland oder der Europäi-

---

668 Vgl. dazu: Stern/Nierhaus, Das Regionalprinzip im öffentlich-rechtlichen Sparkassenwesen, S. 207f.

669 Hierbei handelt es sich um bankmäßige Dienstleistungsgeschäfte der verschiedensten Art. Eine Aufzählung befindet sich in § 26 MuSa Hessen, die jedoch nicht abschließend ist, da jedes Bundesland insoweit individuelle Regelungen vorsieht.

schen Gemeinschaft unter bestimmten Voraussetzungen gewährt werden. Die Zulässigkeit der Kreditierung richtet sich nach dem sogenannten Anknüpfungsgrundsatz[670]. Dieser setzt für die Kreditvergabemöglichkeit einen engen wirtschaftlichen Zusammenhang mit der Geschäftsbeziehung der Sparkasse zu dem Kunden voraus[671]. Insoweit muß das Kreditverhältnis an eine inländische, im Geschäftsgebiet begründete Kundenbeziehung anknüpfen und zur sachgemäßen Behandlung dieser Beziehung wirtschaftlich sinnvoll und geboten sein. Die Anknüpfungstheorie erlaubt mithin, Auslandskredite zu vergeben[672]. Damit erfährt der örtliche Geschäftskreis eine Erweiterung. Nicht zu verkennen ist, daß die Theorie mit Hilfe einer weiten Auslegung die Möglichkeit bietet, das Regionalprinzip, das ohnehin keine starre verwaltungsrechtliche Zuständigkeitsvorschrift bildet und einer klaren gesetzlichen Definition entbehrt, aufzuweichen. Auch wenn diese Möglichkeit theoretisch besteht, ist fraglich, ob sie von den Sparkassen aktiv genutzt werden sollte. Die mit dem Regionalprinzip einhergehenden Geschäftsbeschränkungen sind für sie nicht nur von Nachteil. Das Regionalprinzip bildet zwar einen wesentlichen Unterschied zwischen Sparkassen und Geschäftsbanken im Hinblick auf ihre wirtschaftliche Ausgangsposition, jedoch bietet es bei der Vielzahl der Sparkassen in Deutschland auch Schutz vor der gegenseitigen Konkurrenz innerhalb der Sparkassenorganisation. Dieser Aspekt ist als betriebswirtschaftlicher Ausgleich im Sinne eines Gebietskartells dafür anzusehen, daß die Sparkassen ihre geschäftlichen Aktivitäten nicht unter rein ertrags- und renditeorientierten Gesichtspunkten lenken können.

(2) Weitere Möglichkeit der Beschränkung der Geschäftstätigkeit der Sparkassen

In den Bundesländern, in denen das Enumerationsprinzip aufgehoben wurde, ist dem Verwaltungsrat, wie bereits ausgeführt, gesetzlich die Befugnis erteilt wor-

---

670 Vgl. Stern/Nierhaus, Das Regionalprinzip im öffentlich-rechtlichen Sparkassenwesen, S. 203 f; Schlierbach, Das Sparkassenrecht in der Bundesrepublik Deutschland, S. 138 ff; Oberbeckmann, Regionalprinzip, HWS Bd. 4, S. 440 f.

671 § 14 Abs. 6 MuSa Hessen; Ebenso oder vergleichbar: § 19a Abs. Nr. 1 MuSa A Schl-.Holst.; § 3 Abs. 1 und 2 SpkVO NW.

672 Oberbeckmann, Regionalprinzip, HWS Bd. 4, S. 443; Stern/Nierhaus, Das Regionalprinzip im öffentlich-rechtlichen Sparkassenwesen, S. 203; a.A. Schlierbach, Das Sparkassenrecht in der Bundesrepublik Deutschland, S. 139, der für die Zulässigkeit von Auslandskrediten eine ausdrückliche Ermächtigung verlangt.

den, die grundsätzliche Geschäftsfreiheit der jeweiligen Sparkasse zu beschränken. In Baden-Württemberg, Rheinland-Pfalz und dem Saarland fand bereits diese Verlagerung der bisherigen staatlichen Zuständigkeit auf das Selbstverwaltungsorgan statt[673]. Damit vergrößerte sich der Handlungsspielraum der einzelnen Sparkasse und die Flexibilität, auf die Bedürfnisse des Marktes reagieren zu können. Weitere Folge der Ausweitung der Kompetenz ist die gestiegen Verantwortlichkeit des Verwaltungsrates[674].

Fraglich ist jedoch, ob der Verwaltungsrat die ihm übertragene Aufgabe überhaupt erfüllen kann. In der Praxis ist es eher unwahrscheinlich, daß dieser von seiner Befugnis zur Beschränkung der allgemeinen Bankgeschäfte Gebrauch machen wird. Die Ursachen für dieses - nach Einschätzung der Verfasserin - im Grundsatz untaugliche Kontrollinstrument sind vielfältig. Zur Verdeutlichung des Problems ist es notwendig, auf die Zusammensetzung dieses Organs einzugehen[675].

Der Verwaltungsrat besteht als Kollegialorgan aus ehrenamtlichen Mitgliedern. Nach der Mehrzahl der Landessparkassengesetze setzt sich das Organ aus dem Vorsitzenden, weiteren Mitgliedern und aus Gründen der Mitbestimmung zu einem Drittel aus Beschäftigten der Sparkasse zusammen[676]. Der Vorsitzende des Verwaltungsrates ist zugleich der Leiter der Verwaltung des Gewährträgers[677]. Die sog. weiteren Verwaltungsratsmitglieder werden mit Ausnahme des hessischen und bayerischen Sparkassengesetzes[678] von dem obersten Organ des Ge-

---

[673] Vgl. § 11 Abs. 2 Nr. 15 SpkG Baden-Württemberg; § 8 Abs. 1 Satz 2 SpkG Rheinland-Pfalz; § 12 Abs. 2 Nr. 4 SpkG Saar.

[674] Siehe zu der Verantwortlichkeit im allgemeinen: Völter, Die Verantwortlichkeit von Verwaltungsratsmitgliedern von Sparkassen, S. 72 ff.

[675] Vgl. dazu die Ausführungen zu Punkt III. 1.a.(2) bb).

[676] § 12 Abs. 2 SpkG Baden-Württemberg; § 10 SpkG Niedersachsen; § 9 SpkG NW; § 5 SpkG Rheinland-Pfalz; § 8 SpkG Saar; § 8 Abs. 2 SpkG Schleswig-Holstein; § 9 Abs. 2 SpkG Brandenburg; § 9 Abs. 2 SpkG Meckl.-Vorp.; § 9 Abs. 2 SpkG Sachsen; § 9 Abs. 2 SpkG Sachsen-Anhalt; § 9 Abs. 1 SpkG Thüringen.

[677] § 13 Abs. 1 SpkG Baden-Württemberg; Art. 7 Abs. 1 Bay. SpkG; § 10 Abs. 1 SpkG Bremen; § 11 Abs. SpkG Niedersachsen; § 10 Abs. 1 SpkG NW; § 9 SpkG Saar; § 9 Abs. 1 SpkG Schleswig-Holstein; § 10 Abs. 1 SpkG Brandenburg; § 10 SpkG Meckl.-Vorp.; § 10 SpkG Sachsen; § 10 SpkG Sachsen-Anhalt; § 10 SpkG Thüringen.

[678] Dort gelten Sonderbestimmungen, vgl. §§ 5a, 5b SpkG Hessen; Art. 8 Bay. SpkG.

währträgers, das je nach Bundesland als Vertretungskörperschaft, Vertretung oder Hauptorgan bezeichnet wird, gewählt. Die Wahl der Vertreter der Beschäftigten obliegt den wahlberechtigten Arbeitnehmern der Sparkasse. Einzige sparkassen-rechtliche Wählbarkeitsvoraussetzung stellt für alle Mitglieder die wirtschaftliche Sachkunde dar. Anzumerken ist, daß sich eine Definition dieses unbestimmten Rechtsbegriffes weder in den Sparkassengesetzen noch in den entsprechenden Wahlverordnungen[679] finden läßt. Die Bewerbung der Bedienstetenvertreter ist darüber hinaus frei von jeglichen fachlichen Voraussetzungen. Es wird weder an die ausgeübte Funktion noch an den Ausbildungsstand angeknüpft. Auch die Sicherstellung der fachlichen Kompetenz der von der Vertretung des Gewährträgers gewählten weiteren Mitglieder muß in Frage gestellt werden. Die Sparkassengesetze stellen folgende Anforderungen auf:
„ Die Zusammensetzung des Verwaltungsrates soll Gewähr dafür bieten, daß bei der Erfüllung der Aufgaben der Sparkasse die Interessen des gesamten Kundenkreises berücksichtigt werden. Die Mitglieder des Verwaltungsrates und ihre Stellvertreter sollen wirtschaftliche Erfahrungen und Sachkunde besitzen und geeignet sein, die Sparkasse zu fördern und bei der Erfüllung ihrer Aufgaben zu unterstützen“[680].
Bei dem Wortlaut des Gesetzes ist zu beachten, daß die Mitglieder wirtschaftliche Erfahrung und Sachkunde besitzen „sollen“. Von einer ausnahmslosen Notwendigkeit im Sinne von „müssen“ ist nicht die Rede. Es läßt sich mithin folgern, daß die Anforderungen lediglich grundsätzlich unter Berücksichtigung von Ausnahmen zu erfüllen sind. Bei der Wahl fließen dann systembedingter Wiese politisch motivierte Gesichtspunkte, wie beispielsweise die Schaffung derselben quotalen parteiabhängigen Zusammensetzung des Verwaltungsrates wie die des Vertretungsorgans des Gewährträgers oder die einflußreiche Position des Bewerbers in der Fraktion, in die Nominierung ein. Lediglich das niedersächsische Sparkassengesetz schreibt vor, daß die Mitglieder der Bestätigung

[679] Vgl. beispielsweise die Verordnung des Innenministers über das Verfahren für die Wahl der Vertreter der Beschäftigten in den Verwaltungsräten nach dem Sparkassengesetz für Baden-Württemberg vom 11.09.1989 (GBl. S. 425), zuletzt geändert durch Verordnung des Innenministers zur Änderung der Sparkassenwahlordnung vom 2.03.1994 (GBl. S. 202).

[680] § 12 Abs. 3 SpkG Baden-Württemberg; § 5 Abs. 2 SpkG Rheinland-Pfalz; § 8 Abs. 3 SpkG Saar.

durch die Aufsichtsbehörde bedürfen[681]. Ob dies eine geeignete Maßnahme darstellt, die wirtschaftliche Sachkunde sicherzustellen, darf bezweifelt werden, denn die fachliche Befähigung der einzelnen Mitglieder wird lediglich mit Hilfe eines inhaltlich kurz gehaltenen Fragebogens ermittelt und der Aufsichtsbehörde über dem Niedersächsischen Sparkassen- und Giroverband zur Prüfung vorgelegt. Die Mitgliedschaft im Verwaltungsrat ist nicht zuletzt aufgrund der gezahlten Aufwandsentschädigungen und der sonstigen indirekten Vergünstigungen eine begehrte Position, zu deren Erreichung die Möglichkeit besteht, die Auslegung des unbestimmten Rechtsbegriffes der wirtschaftlichen Sachkunde weit zu verstehen.

Neben den aufgezeigten Unsicherheiten bei der Sicherstellung der fachlichen Befähigung tritt nicht zuletzt der Umstand, daß aufgrund des zunehmenden Wettbewerbs und dem Zusammenwachsen der Märkte der wirtschaftliche Druck für die einzelne Sparkasse steigt und mit der Erschließung neuer, risikoreicher Geschäfte gesteigerte Gewinnmöglichkeiten in Aussicht gestellt werden. Ein gutes Jahresergebnis trägt zum Prestigegewinn des Vorstandes und des Verwaltungsrates bei. Die mögliche Ausschüttung an den Gewährträger hängt von dem erzielten Bilanzgewinn ab. Prosperiert eine kommunale Sparkasse profitiert auch der Gewährträger. Gerade die in der Person des Vorsitzenden des Verwaltungsrates bestehende enge Verquickung der Interessen der Sparkasse sowie des Gewährträgers macht den an sich bestehenden Konflikt deutlich. Einerseits ist ein vorsichtiges, risikovermeidendes Handeln der Geschäftsführung der Sparkasse gewollt, um ein Auslösen der Gewährträgerhaftung zu vermeiden. Andererseits muß der Gewährträger an steigenden Ausschüttungen sowie an einem zur Stärkung der Region beitragenden florierenden Wirtschaftsunternehmen „Sparkasse" interessiert sein. Aufgrund der, wie bereits an anderer Stelle ausgeführten[682], geringen bzw. nicht gegebenen praktischen Relevanz der Gewährträgerhaftung, ist der Verwaltungsrat der naheliegenden Versuchung ausgesetzt, unter Vernachlässigung des Gesichtspunktes der Gewährträgerhaftung den Vorstand bei der Ausnutzung der Möglichkeiten zur Gewinnsteigerung insoweit zu unterstützen, als daß nicht von der Befugnis zur Beschränkung der generellen Geschäftsfreiheit Gebrauch gemacht wird. Diese durch die Kompetenzverlagerung auf den Verwaltungsrat eröffnete weitere Beschränkungsmöglichkeit wird

681 Vgl. § 12 Abs. 5 SpkG Niedersachsen.

682 S. Punkt IV. 3.c. der Untersuchung.

in der Praxis keine Relevanz erlangen und kann bei der Beurteilung der Universalität vernachlässigt werden.

4. Zwischenergebnis

Die Sparkassengesetze der Länder bilden zusammen mit den Sparkassenverordnungen und -satzungen den rechtlichen Rahmen für die sparkassenspezifische Geschäftstätigkeit. Die zur Zeit gültige Gesetzeslage und die bis jetzt überwiegend geäußerten Stellungnahmen aus Literatur und Rechtsprechung lassen sich dahingehend zusammenfassen, daß das Kommunalrecht das Betreiben allgemeiner Bankgeschäfte durch die Sparkassen nicht beschränkt. Das Sparkassenrecht ist im Verhältnis zum Kommunalrecht als eigenständige Rechtsmaterie und damit als ein das Kommunalrecht ausschließendes Sonderrecht anzusehen.
Nach wechselnden Tendenzen in der Entwicklung von Geschäftsbeschränkungen im Sparkassenrecht zeichnet sich seit den 60iger Jahren ihr fortschreitender Abbau ab. Primäres Ziel war die Schaffung der Sicherheit der Einlagen durch Enumeration zulässiger und den Ausschluß sparkassenuntypischer, risikobehafteter Geschäfte. In Folge der teilweisen Aufgabe des Enumerationsprinzips vollzog sich die Liberalisierung des Sparkassengeschäftsrechtes in den einzelnen Ländern in unterschiedlichem Umfang. Trotz der landesindividuellen Regelungen sind in einzelnen Bereichen vergleichbare bzw. übereinstimmende Geschäftsbeschränkungen festzustellen. Diese lassen sich von ihrer Systematik her nach Art und Umfang unterteilen. Aus Risikogesichtspunkten unterliegen Sparkassen Einschränkungen bzw. Verboten im Wertpapier-, Devisen- und Börsentermingeschäft für eigene Rechnung sowie im Bereich der Beteiligungen. Im Kreditgeschäft bestehen hinsichtlich des Umfanges der zulässigen Geschäfte Beschränkungen im Form des Blankokreditkontingents, der Blankokredithöchst- und der Personalkredithöchstgrenze sowie des Regionalprinzips. Des weiteren sehen die Landessparkassengesetze, in denen das Enumerationsprinzip aufgehoben wurde, die Befugnis des Verwaltungsrates vor, durch Beschluß einzelne Geschäfte zu verbieten oder von seiner Einwilligung abhängig zu machen. Die durch Kompetenzverlagerung auf den Verwaltungsrat eröffnete weitere Möglichkeit zur Beschränkung der Geschäftstätigkeit der Sparkassen ist ein untaugliches Kontrollinstrument zur Risikobegrenzung dar. Sie hat in der Praxis keine Relevanz und ist bei der Beurteilung der Universalität von Sparkassen zu vernachlässigen.

VII. Auswirkungen des Systems der Sparkassenaufsicht auf die Geschäftstätigkeit der Sparkassen

Im Rahmen der rechtlichen Prüfung des Handlungsspielraumes der Sparkassen als Wirtschaftsunternehmen der öffentlichen Hand sind die Grenzen der Geschäftstätigkeit bislang im Hinblick auf verfassungsrechtliche Schranken und Begrenzungen durch das Sparkassenrecht untersucht worden. Daneben bestehen spezielle Vorschriften für die Kreditwirtschaft, die trotz der wiederholt geforderten Deregulierung[683] nicht zuletzt aufgrund der europäischen Harmonisierungsbestrebungen zu einer Regelungsverdichtung führten. Vor dem Hintergrund, daß die Geschäftstätigkeit eines Unternehmens wesentlich von der den Geschäftsbereich betreffenden Regelungsdichte bestimmt wird, ist eine Benachteiligung der Sparkassen und damit eine faktische Beeinträchtigung ihrer Geschäftstätigkeit solange nicht gegeben, wie die gesetzlichen Änderungen die gesamte Kreditwirtschaft betrifft. Diese Gleichstellung ist im deutschen Bankensystem vorgesehen und wird im Rahmen von Bundesgesetzen das Bank- und Börsenwesen betreffend - beispielsweise im Bereich des Verbraucherschutz-, des Zahlungsverkehrs-, des Datenschutz- sowie des Wertpapierrechts - für Sparkassen und Banken einheitlich umgesetzt. Eine Ausnahme bildet allein das Aufsichtsrecht, dessen Regelungen sich aufgrund von spezifischen Besonderheiten für Sparkassen von denen für Banken unterscheiden. Als kommunale Wirtschaftsunternehmen unterliegen Sparkassen aufgrund ihrer besonderen Stellung der Kreditwesen-, der Sparkassen- sowie der Trägeraufsicht, während über die Banken ausschließlich die Kreditwesenaufsicht ausgeübt wird. Insoweit stellt sich zur abschließenden Beurteilung der Reichweite der Geschäftstätigkeit von Sparkassen die Frage, inwieweit sich die Aufsicht über die Sparkassen sowie die bankaufsichtsrechtlichen Regelungen von denen für Banken unterscheiden und welche Auswirkungen sich daraus für den geschäftlichen Handlungsspielraum ergeben.

1. Kreditwesenaufsicht

Grundlegendes Gesetz für alle Kreditinstitute in Deutschland, und zwar unabhängig von ihrer Rechtsform und der Art der von ihnen betriebenen Bankge-

[683] S. dazu im einzelnen: Hedrich, Die Privatisierung der Sparkassen - Ein Beitrag zu den institutionellen Problemen der Deregulierung -, S. 63 ff.

schäfte, ist das Gesetz über das Kreditwesen (KWG)[684]. Das KWG unterstellt gemäß § 6 Abs. 1 alle Kreditinstitute einer staatlichen Aufsicht, die gemäß § 6 Abs. 1 i.V. mit § 7 Abs. 1 durch das Bundesaufsichtsamt für das Kreditwesen (BAK) ausgeübt wird. Aufgabe des BAK, einer Bundesoberbehörde im Geschäftsbereich des Bundesfinanzministers, ist gemäß § 6 Abs. 2 KWG, Mißständen entgegenzuwirken, die die Sicherheit der den Kreditinstituten anvertrauten Vermögenswerte gefährden, die ordnungsgemäße Durchführung der Bankgeschäfte beeinträchtigen oder erhebliche Nachteile für die Gesamtwirtschaft herbeiführen können.

a. Aufsichtsinstrumentarien und Befugnisse des Bundesaufsichtsamtes für das Kreditwesen

Das BAK erläßt zur Ausübung der Bankenaufsicht Verordnungen und Verwaltungsakte. Letztere sind von den Kreditinstituten gemäß § 49 KWG mit dem Widerspruch und der Anfechtungsklage angreifbar. Sollten die - rechtmäßigen - Verfügungen nicht befolgt werden, kann das BAK gemäß § 50 Abs. 1 KWG diese mit den Mitteln des Verwaltungsvollstreckungsgesetzes durchsetzen. Das KWG schafft eine Gleichstellung von privatrechtlich strukturierten Banken und öffentlich-rechtlichen Sparkassen, indem es das BAK ausdrücklich in § 50 Abs. 1 Satz 2 ermächtigt, Zwangsmittel auch gegen Institute anwenden zu dürfen, die juristische Personen des öffentlichen Rechts sind. Daneben haben die Kreditinstitute verbindliche Bekanntmachungen und Rundschreiben des BAK zu beachten.

Dem BAK obliegen vielfältige, weitreichende Befugnisse. Es ist zuständig für die Erteilung und Rücknahme der Betriebserlaubnis (§§ 32 ff KWG), wacht über die Einhaltung der Vorschriften des KWG und der anderen Aufsichtsgesetze und kann gegen ungesetzliche Geschäfte der Kreditinstitute unmittelbar einschreiten (§ 37 KWG). Daneben kann das BAK von den Kreditinstituten jederzeit Auskünfte verlangen und auch ohne besonderen Anlaß Prüfungen (§ 44 KWG) vornehmen. Schließlich kann es in besonderen Fällen, beispielsweise bei unzureichendem haftenden Eigenkapital oder unzureichender Liquidität, Gefährdung der Gläubigeransprüche und Konkursgefahr Maßnahmen zur Sicher-

---

[684] Das KWG stammt aus dem Jahre 1961. Es wurde im Laufe der Zeit mehrfach novelliert. Die letzte Änderung erfolgte durch die 6. KWG-Novelle. Das Gesetz liegt nunmehr in der Fassung der Bekanntmachung vom 28.10.1997 (BGBl. I S. 2518) vor.

stellung des ordnungsgemäßen Ablaufes der Geschäftstätigkeit des betroffenden Kreditinstitutes anordnen.

b. Verpflichtungen der Kreditinstitute und bankaufsichtsrechtliche Vorschriften nach dem KWG

Die Kreditinstitute haben die bankaufsichtsrechtlichen Vorschriften des KWG zu beachten und müssen den daraus resultierenden Verpflichtungen nachkommen.

(1) Verpflichtungen der Kreditinstitute nach dem KWG

Den Kreditinstituten obliegen Anzeige-, Vorlage- und Publizitätspflichten. Anzeigepflichten aus dem Kreditgeschäft gegenüber der Deutschen Bundesbank bestehen für die Kreditinstitute bei Großkrediten (§§ 13, 13a, 13b KWG) und Millionenkrediten (§ 14 KWG). Daneben bestehen gegenüber der Deutschen Bundesbank und dem BAK Anzeigepflichten, die aus dem Innenverhältnis und dem Geschäftsbetrieb des jeweiligen Kreditinstitutes resultieren[685]. Für die Erfüllung dieser Pflichten haben die Kreditinstitute die Anzeigenverordnung des BAK[686] zu beachten. Vorlagepflichten der Kreditinstitute als weiterer Bestandteil der Überwachungsfunktion des BAK bestehen gemäß § 25 KWG für Monatsausweise[687], d.h. für monatliche Bilanzstatistiken, sowie für den Jahresabschluß und den Lagebericht. Eine Publizitätspflicht besteht für die Veröffentlichung des Jahresabschlusses. Gemäß § 340 l Abs. 1 HGB müssen Kreditinstitute dieser innerhalb der ersten neun Monate des folgenden Geschäftsjahres offenlegen. Die vorstehend genannten Unterlagen sollen der deutschen Bundesbank und dem BAK einen laufenden Einblick in die geschäftliche Entwicklung der Kreditinstitute geben und sie in die Lage versetzen, wirtschaftliche Schwierigkeiten und Schieflagen bei einzelnen Instituten rechtzeitig zu erkennen. Daneben kann mit Hilfe dieser Unterlagen die Einhaltung der Grundsätze des BAK über das Eigenkapital und die Liquidität der Kreditinstitute überwacht werden.

---

685 Die Anzeigepflichten sind in § 24 Abs. 1 KWG im einzelnen aufgeführt.

686 Gemäß Verordnung über die Anzeigen und die Vorlage von Unterlagen nach dem Gesetz über das Kreditwesen vom 6.07.1993 (BGBl. I S. 1141) zuletzt geändert am 29.12.1997 (BGBl. I S. 3372).

687 Vgl. die Verordnung zur Einreichung von Monatsausweisen nach dem Gesetz über das Kreditwesen vom 29.12.1997 (BGBl. I S. 3399).

(2) Bankaufsichtsrechtliche Vorschriften nach dem KWG

Die Sicherheit der Einlagen und die Erhaltung der Liquidität der Kreditinstitute sind im Interesse des Gläubigerschutzes und der Funktionsfähigkeit des Kreditwesens von besonderer Bedeutung. Der Erreichung und Sicherstellung dieser Umstände dienen die Sicherheits- und Liquiditätsvorschriften des KWG sowie die Grundsätze des BAK über das Eigenkapital und die Liquidität der Kreditinstitute. Die Bankenaufsicht kann jedoch seit dem 01.01.1993 im Zuge der Harmonisierung des EG-Bankenmarktes nicht mehr isoliert für deutsche Kreditinstitute gesehen werden. Vielmehr hat mit den erlassenen europäischen Richtlinien eine Vereinheitlichung der Vorschriften insbesondere im Bereich der Bankenaufsicht stattgefunden[688]. Mit dem Inkrafttreten der 4., 5. und 6. Novelle des KWG trug der Gesetzgeber in den Jahren von 1993 bis 1999 der Umsetzung der erlassenen EG-Richtlinien Rechnung.

aa) Umsetzung der EG-Richtlinien im Regelungsbereich der Bankenaufsicht

Für den Regelungsbereich der Bankenaufsicht, also unter anderem die Festlegung einer Mindesteigenkapitalausstattung von Kreditinstituten sowie der Umfang der eingegangenen Geschäftsrisiken, ist mit der 4. KWG-Novelle die Eigenmittelrichtlinie[689] in deutsches Recht umgesetzt worden. Die Eigenmittelrichtlinie bestimmt, welche Voraussetzungen vorliegen müssen, damit gewisse Bilanzpositionen als Eigenkapital anerkannt werden. Im unmittelbaren Zusammenhang mit der Eigenmittelrichtlinie steht die Solvabilitätskoeffizientenrichtlinie[690]. Diese legt den erlaubten Umfang der möglichen Geschäftsausweitung für die Kreditinstitute im Verhältnis zum Eigenkapital fest. Die Richtlinie ist durch die Änderung des Grundsatzes I als Eigenkapitalregelung[691] in deutsches

---

688 Einen umfassenden Überblick der beginnenden Rechtsvereinheitlichung gibt: Lanzke, Aktuelle Entwicklung der EG-Bankrechtskoordinierung, WM 1988, S. 397 ff.

689 Vgl. die Richtlinie des Rates der Europäischen Gemeinschaften über die Eigenmittel von Kreditinstituten -89/299/EWG- vom 17.04.19989, Amtsblatt der EG, Nr. L 124 vom 5.05.1989, S. 16.

690 Vgl. die Richtlinie des Rates der Europäischen Gemeinschaften über den Solvabilitätskoeffizienten für Kreditinstitute -89/647/EWG- vom 18.12.1989, Amtsblatt der EG, Nr. L 386 vom 30.12.1989, S. 14.

691 Vgl. BAK, Bekanntmachung vom 29.12.1992, Bundesanzeiger Nr. 245 vom 31.12.1992.

Recht transformiert worden. Dieser Grundsatz I der in 1998 aus den Teilen I und I a zusammengeführt wurde, schreibt vor, daß das haftende Eigenkapital mindestens 8 % der nach ihrem Risiko gewichteten Aktiva (Risikoaktiva) betragen muß.

Weitere Regelungen zur laufenden Überwachung der Kreditinstitute sehen die Konsolidierungsrichtlinie[692] und die Bilanzrichtlinie[693] vor. Mit der Konsolidierungsrichtlinie soll sichergestellt werden, daß die Kreditinstitute nicht durch Beteiligungen an anderen Banken das Eigenkapital in mehrfacher Weise als Grundlage für Bankgeschäfte verwenden, während die Bilanzrichtlinie zur Erleichterung der Überprüfung der Kreditinstitute die Rechnungslegung auf ein einheitliches Verfahren festlegt. Im Kern basieren die genannten Regelungen auf der betriebswirtschaftlichen Überlegung, daß zur Vermeidung einer Insolvenz alle Risiken letztlich von ihrem Eigenkapital aufgefangen werden müssen und eine adäquate Eigenkapitalausstattung nicht nur das Kreditinstitut, sondern das gesamte Bankensystem stabilisiert[694]. Um die Auswirkungen der im Rahmen des EG-Binnenmarktes erlassenen Regelungen zur Festlegung eines europaweit geltenden Mindeststandards hinsichtlich des erforderlichen Eigenkapitalbestandes für die Sparkassen beurteilen zu können, ist im folgenden auf den Inhalt der Eigenmittelrichtlinie und der Solvabilitätskoeffizientenrichtlinie einzugehen.

aaa) Die Eigenmittelrichtlinie

Die Eigenmittelrichtlinie definiert den Begriff des Eigenkapitals für Kreditinstitute und legt fest, welche Bilanzpositionen Eigenkapitalbestandteil sind[695].

---

692 Vgl. die Richtlinie des Rates der Europäischen Gemeinschaften über die Beaufsichtigung der Kreditinstitute auf konsolidierter Basis -92/30/EWG- vom 6.04.1992, Amtsblatt der EG, Nr. L 110 vom 28.04.1992, S. 52.

693 Vgl. die Richtlinie des Rates der Europäischen Gemeinschaften über den Jahresabschluß und den konsolidierten Abschluß von Banken und anderen Finanzinstituten -86/635/EWG, Amtsblatt der EG, Nr. L 372 vom 31.12.1986, S. 1.

694 Vgl. den Monatsbericht Mai 1998 der Deutschen Bundesbank, S. 67 f.

695 Dazu im einzelnen: Lehnhoff, Die bankrechtlichen Rahmenbedingungen des europäischen Binnenmarktes und die Auswirkungen auf die Kreditgenossenschaften, S. 14 ff; Akmann, Die EG-Eigenmittelrichtlinie, ZfK 1990, S. 186 ff.

Die Definition des Eigenkapitals wird von der Richtlinie weit gefaßt und entspricht im wesentlichen dem vom Ausschuß für Bankenbestimmungen und Überwachungen bei der Bank für Internationalen Zahlungsausgleich (BIZ), dem sog. Cooke-Kommitte, festgelegten Eigenmittelbegriff[696]. Mit der Definition, die hinsichtlich der Qualität der Eigenkapitalbestandteile zwischen Basiseigenmitteln[697] (dem sog. Kernkapital) und ergänzenden Eigenmitteln[698] unterscheidet, fand eine Anerkennung der in Deutschland bislang gebräuchlichen Eigenkapitalbestandteile, wie Geschäftsguthaben, Rücklagen, Gewinnzuweisungen, Haftsummenzuschlag und Genußrechtskapital statt[699]. Gemäß Art. 6 Abs. 1 der Eigenmittelrichtlinie darf der Anteil der ergänzenden Mittel in der Gesamtberechnung aufgrund ihrer beschränkten Einsatzfähigkeit nicht höher sein als 100 % der Basismittel. Des weiteren muß die Einbeziehung bestimmter Bestandteile der ergänzenden Eigenmittel auf 50 % der Basiseigenmittel begrenzt werden.
Im Hinblick auf die Sparkassen ist zu beachten, daß gemäß Art. 4 Abs. 3 der Eigenmittelrichtlinie die Gewährträgerhaftung nicht als Eigenmittelbestand oder Eigenmittelersatz anerkennt wird. Demgegenüber finden bei genossenschaftlichen Kreditinstituten die Haftsummen der Mitglieder als sog. Haftsummenzuschlag im Rahmen der ergänzenden Eigenmittel Beachtung[700].

---

696 Vgl. Follak, Die Harmonisierung der Eigenkapitalanforderungen an Banken in den Ländern der "Zehnergruppe", ÖBA 1990, S. 752 ff; Rehm/Geiger, Die künftigen nationalen und internationalen Eigenkapitalanforderungen, Sparkasse 1990, S. 342.

697 Mittel, die dem Kreditinstitut unbedingt und unbeschränkt zur Verfügung stehen. Dazu zählen gemäß Art. 2 Abs. 1 Ziff. 1 und 2 der Eigenmittelrichtlinie vereinfachend dargestellt: Eingezahltes Kapital i.S.d. Art. 22 Bankbilanzrichtlinie (wie z.B. Grundkapital, Dotationskapital und Genossenschaftsanteile) und Rücklagen i.S.d. Art. 23 Bankbilanzrichtlinie.

698 Mittel, die dem Kreditinstitut nur bedingt und beschränkt zur Verfügung stehen. Dazu zählen gemäß Art. 2 Abs. 1 Ziff. 3, 5-8 der Eigenmittelrichtlinie u.a.: Neubewertungsrücklagen i.S.d. Art. 33 der Bankbilanzrichtlinie, Wertberichtigungen i.S.d. 37 Abs. 2 Bankbilanzrichtlinie, die Haftsummen der Mitglieder genossenschaftlicher Kreditinstitute, versteuerte stille Reserven nach § 340 f HGB, Genußrechtskapital und nachrangige Verbindlichkeiten.

699 Vgl. Lehnhoff, Die bankrechtlichen Rahmenbedingungen des europäischen Binnenmarktes und die Auswirkungen auf die Kreditgenossenschaften, S. 14.

700 S. zu dem seit Jahren bestehenden Streit: Fischer, Private Unternehmensform - Maßstab für alle Kreditinstitute?, Sparkasse 1984, S. 162.

bbb) Die Solvabilitätskoeffizientenrichtlinie

Als bankaufsichtsrechtliche Regelung ist neben der Eigenmittelrichtlinie auch die Solvabilitätskoeffizientenrichtlinie, die den sog. Solvabilitätskoeffizienten der Kreditinstitute festlegt, zu verstehen. Die Richtlinie schafft im Zuge der Harmonisierung der Bedingungen des EG-Binnenmarktes ein gemeinsame Grundlage für die Eigenmittelausstattung der Kreditinstitute im Verhältnis zu risikotragenden Aktiva einschließlich der Wertpapiere und der außerbilanziellen Geschäften (Art. 3 Abs. 1 Solvabilitätskoeffizientenrichtlinie i.V.m. Art. 4 und 5 Eigenmittelrichtlinie)[701]. Der Koeffizient drückt die Fähigkeit der Absicherung der bei der Kreditgewährung eingegangenen Risiken durch entsprechendes Eigenkapital eines Kreditinstitutes aus. Innerhalb der EG wurde damit ein Meßsystem für die Risiken im Aktivgeschäft geschaffen, das die Wettbewerbsgleichheit im Hinblick auf die Eigenkapitalausstattung fördern soll. Ein Kreditinstitut muß, um die Erfordernisse der Richtlinie zu erfüllen, mindestens 8 % haftendes Eigenkapital gemessen an bestimmten Aktivposten und außerbilanziellen Positionen vorhalten.

bb) Die Änderungen des KWG hinsichtlich der Eigenkapitalerfordernisse und der zunehmende Eigenkapitalbedarf

Unter bankaufsichtsrechtlicher Betrachtungsweise ist das haftende Eigenkapital Anknüpfungspunkt aller Überwachungsmaßnahmen. Das Eigenkapital der Kreditinstitute dient dem Auffangen von Verlusten sowie der Begrenzung risikobehafteter Aktivgeschäfte. In Erfüllung der Haftungsfunktion begrenzt das haftende Eigenkapital gemäß §§ 10, 10a KWG in Verbindung mit dem Grundsatz I die Höhe der Risikoaktiva und den Umfang bestimmter Risikopositionen. Mit der Umsetzung der EG-Richtlinien unterscheidet das KWG bei der Festlegung der Eigenkapitalanforderungen zwischen Kern- und Ergänzungskapital[702], die zusammengefaßt das haftende Eigenkapital eines Kreditinstitutes bilden. Ob ein Kreditinstitut über ein angemessenes haftendes Eigenkapital verfügt, wird nach

---

[701] Rehm, Die deutschen öffentlichen Banken im europäischen Finanzraum - Probleme und Perspektiven-, ÖBA 1989, 149; Follak, Die Harmonisierung der Eigenkapitalanforderungen an Banken in den Ländern der "Zehnergruppe", ÖBA 1990, 752 ff.

[702] Vgl. Legaldefinition des Kernkapitals in § 10 Abs. 4a 2. Halbsatz KWG und des Ergänzungskapitals in § 10 Abs. 6 b Satz 1 KWG.

dem Grundsatz I des BAK[703] festgestellt. Dieser schreibt entsprechend der EG-Solvabilitätskoeffizientenrichtlinie vor, daß das haftende Eigenkapital mindestens 8 % der nach ihrem Risiko gewichteten Risikoaktiva betragen muß (sogenannter Solvabilitätskoeffizient), d.h. die gewichteten Risikopositionen müssen mit mindestens 8 % haftendes Eigenkapital unterlegt sein. Dabei dürfen die risikogewichteten Aktivpositionen der Bilanz, wie z.B. das Kreditgeschäft, einschließlich des nicht bilanzwirksamen Geschäftes das 12,5 fache des Eigenkapitals nicht überschreiten. Die Höhe des aufsichtsrechtlichen Eigenkapitals ist damit für jedes Kreditinstitut, also auch für die Sparkassen, aus gesetzlichen Gründen von existentieller Bedeutung.
In diesem Zusammenhang ist darauf hinzuweisen, daß mit der Umsetzung der EG-Solvabilitätskoeffizientenrichtlinie der Solvabilitätskoeffizient in Deutschland in seiner Mindesthöhe von 5,6 % auf 8 % angehoben wurde[704]. Die Anhebung um 2,4 % bedeutet in Zahlen ausgedrückt, daß beispielsweise eine Sparkasse, die bislang ihren Eigenkapitalbestand voll genutzt hat, für das gleiche Geschäftsvolumen 42 % mehr Eigenkapital aufbringen muß[705]. Festzuhalten ist also, daß die Harmonisierung der Eigenkapitalanforderungen für Kreditinstitute zu einem gestiegenen Eigenkapitalbedarf geführt hat. Um die verschärften gemeinschaftsrechtlichen Eigenkapitalanforderungen zu erfüllen, errechnete die Sparkassenorganisation einen zu deckenden Eigenkapitalbedarf von insgesamt 6 Mrd. DM für die Sparkassen[706].

---

703 Vgl. BAK, Bekanntmachung vom 29.12.1992, abgedruckt im Bundesanzeiger Nr. 245 vom 31.12.1992.

704 S. dazu im einzelnen: Boos/Schulte-Mattler, Neuregelung des Eigenkapitalgrundsatzes I, Die Bank 1993, 358 ff; Geiger, Die 4. KWG-Novelle und der neue Grundsatz I, Sparkasse 1992, S. 562.

705 Vgl. dazu: Deutsche Bundesbank, Die Vierte Novelle des Kreditwesengesetzes - ein weiterer Schritt zum europäischen Binnenmarkt, Monatsbericht Januar 1993, S. 35, 40; Geiger, Die 4. KWG-Novelle und der neue Grundsatz I, Sparkasse 1992, S. 562.

706 Heitmüller, Das Strategiekonzept der Sparkassenorganisation in der Realisierungsphase, Sparkasse 1992, 557; Fischer, Sparkassenstruktur und Privatisierung, Sparkasse 1992, 568 f.

c. Vergleich von Sparkassen und Banken

Der Vergleich von Sparkassen und Banken im Bankaufsichtsrecht des Bundes zeigt, daß sich rein unter formalen Gesichtspunkten keine Unterschiede ergeben. Die Sparkassen unterliegen denselben Verpflichtungen und Vorschriften nach dem KWG sowie den Grundsätzen des BAK wie die Banken. Das KWG schafft zudem im Bereich der Verwaltungsvollstreckung für den Fall der Nichtbeachtung der Vorschriften eine Gleichstellung von privatrechtlich strukturierten Banken und öffentlich-rechtlichen Sparkassen, indem es das BAK ermächtigt, Zwangsmittel auch gegen die Sparkassen als juristische Personen des öffentlichen Rechts anwenden zu dürfen.
Unterschiede ergeben sich hingegen unter materiellen Gesichtspunkten. Bei der Klassifizierung von Bilanzpositionen als Eigenkapitalbestandteil im Sinne der EG-Eigenmittelrichtlinie erfahren die Sparkassen gegenüber den genossenschaftlichen Kreditinstituten eine Benachteiligung, da die Gewährträgerhaftung nicht als Eigenmittelbestand oder Eigenmittelersatz anerkannt wird. Bei den Raiffeisen- und Volksbanken werden hingegen die Haftsummen ihrer Mitglieder als ergänzende Eigenmittel qualifiziert. Als Argumente gegen die Anerkennung der Gewährträgerhaftung als aufsichtsrechtliches Eigenkapital werden u.a. angeführt, daß es sich nicht um eingezahlte eigene Mittel handelt, die Mittel nicht am laufenden Verlust teilnehmen und den Sparkassen nicht dauerhaft zur Verfügung stehen[707]. Die von der Sparkassenorganisation und den Kommunen immer wieder geforderte und von dem Bundesrat im Rahmen der 3. KWG-Novelle vorgeschlagene Gleichstellung wurde von der Bundesregierung abgelehnt[708]. Auch die EG-Eigenmittelrichtlinie wurde die Anerkennung eines Haftungszuschlages den Sparkassen verweigert, was wiederum in der Sparkassenorganisation auf heftige Kritik stieß[709]. Dort sieht man in der unterschiedlichen

[707] Ausführliche Darstellung bei: Schneider, Öffentlicher Auftrag und aufsichtsrechtliches Eigenkapital bei Sparkassen, ZfK 1982, S. 588 f.

[708] Vgl. dazu Tiedeken, Sparkassen und Kommunen, Sparkasse 1984, S. 289 f.; Fischer, Private Unternehmensform - Maßstab für alle Kreditinstitute?, Sparkasse 1984, S. 162; Schneider, Öffentlicher Auftrag und aufsichtsrechtliches Eigenkapital bei Sparkassen, ZfK 1982, S. 588 f; Hoppe, Zur Diskussion um den Haftungszuschlag für die kommunalen Sparkassen, DVBl. 1982, S. 45 ff.

[709] Geiger, Sind die Sparkassen für den Wettbewerb der 90er Jahre genügend vorbereitet? Sparkasse 1988, S. 248.

Behandlung von Haftsummen- und Haftungszuschlag im KWG eine Ungleichbehandlung gegenüber Genossenschaftsbanken und eine Verletzung des Grundrechtes aus Art. 3 Abs. 1 GG. Diese Benachteiligung ist von besonderem Gewicht, zumal die Eigenkapitalbildung nicht zuletzt aufgrund der Erhöhung des Steuersatzes für Sparkassen zusätzlich erschwert wurde. Gemäß Art. 11 Nr. 36 des Subventionsabbaugesetzes[710] entfiel die Ermäßigung des Körpersteuersatzes für Sparkassen. Nach dem Fortfall dieser - die Nichtanrechnung des Haftsummenzuschlages ausgleichenden - Vergünstigung müssen die zur Bildung von Eigenkapital in die Rücklagen eingestellten Gewinne mit dem vollen Steuersatz von derzeit 56 % versteuert werden.

Eine weitere Benachteiligung, insbesondere gegenüber den Großbanken, erfuhren die Sparkassen im Zuge der vergangenen drei KWG-Novellen aufgrund der erhöhten Anforderungen an die Eigenkapitalausstattung des gestiegenen Eigenmittelbedarfes. Wenngleich von der Sparkassenorganisation verlautbart wird, daß die Sparkassen auch nach den verschärften EG-Eigenkapitalanforderungen keine Probleme mit dem Eigenkapital haben und daß der Solvabilitätskoeffizient in Höhe von mindestens 8 % erfüllt wird[711], dürfte der tatsächliche Eigenkapitalbedarf der einzelnen Sparkasse unter wirtschaftlichen Gesichtspunkten wesentlich höher sein. Da nach dem Grundsatz I des BAK gemäß der Solvabilitätskoeffizientenrichtlinie die risikogewichteten Aktivpositionen, beispielsweise das Kreditgeschäft, das 12,5 fache des Eigenkapitals nicht überschreiten dürfen, wird das Eigenkapital für alle Kreditinstitute zu einer Bemessungsgrundlage für die Art und den Umfang der Geschäftstätigkeit. In der praktischen Auswirkung bedeutet dies, insbesondere für kleinere und mittlere Sparkassen, eine Beschränkung ihres ursprünglich möglichen Geschäftsumfanges. Erreicht z.B. eine Sparkasse mit kreditintensiver mittelständischer Kundschaft in einem Gebiet mit starkem wirtschaftlichen Wachstum ihre Eigenkapitaldeckungsgrenze, hat sie keinen Nutzen davon, daß bei einer anderen Sparkasse innerhalb der Organisation noch unausgenutzer Kreditspielraum und damit freies Eigenkapital vorhanden ist[712]. Während die überregional tätigen Großbanken die örtlich un-

---

[710] Gesetz vom 26.06.1981, BGBl. I S. 537.

[711] Heitmüller, Das Strategiekonzept der Sparkassenorganisation in der Realisierungsphase, Sparkasse 1992, S. 557; Schmidhuber, Das Eigenkapital der Sparkassen - grundsätzlich kein Problem mehr ?, ZfK 1995, S. 436 f; Axel, Eigenkapitalausstattung und Eigenkapitalbeschaffung - Probleme für ostdeutsche Sparkassen, ZfK 1994, S. 280 f.

terschiedliche Kreditnachfrage ausgleichen und die risikogewichteten Aktivposten der Bilanz für die Errechnung des Solvabilitätskoeffizienten in das Verhältnis ihres gesamten Eigenkapitals stellen können, sind die Sparkassen an das Regionalprinzip gebunden und können nur ihr eigenes Eigenkapital in Ansatz bringen und nicht das aufsummierte aller Sparkassen.
Die sich daraus ergebende Beschränkung des Geschäftsumfanges und der Geschäftstätigkeit hat jedoch nur mittelbar ihre Ursache in den verschärften EG-Eigenkapitalanforderungen. Primäre Ursache ist die Struktur der Sparkassenorganisation. Da sämtliche Sparkassen in Deutschland dezentrale, eigene Handlungseinheiten bilden, erfahren die Sparkassen folgerichtig eine Benachteiligung durch die aufsichtsrechtlichen Eigenkapitalvorschriften. Diese legen lediglich das Eigenkapital und die Risikoaktiva eines Institutes zugrunde. Je größer die Handlungseinheit und je höher das Eigenkapital ist, desto weniger wird der mögliche Geschäftsumfang eingegrenzt. Diese zugleich wettbewerbsrechtliche Komponente stellt einen weiteren Grund für die zunehmende Zahl von Sparkassenfusionen dar[713].

2. Sparkassenaufsicht

Die Sparkassen unterliegen als Anstalten des öffentlichen Rechts im Gegensatz zu den Banken einer weiteren staatlichen Aufsicht. Die Sparkassenaufsicht ist Landesangelegenheit und von der Bundesaufsicht durch das BAK zu unterscheiden[714]. Soweit Kreditinstitute einer anderen staatlichen Aufsicht unterliegen, besteht diese nach § 52 KWG neben der Aufsicht des BAK.

a. Rechtsgrundlagen

Die Sparkassenaufsicht ist in den Sparkassengesetzen der Länder geregelt[715]. Hinsicht des Aufbaues dieser Aufsicht weisen die Ländergesetze eine überein-

---

712 Vgl. auch Fischer, Private Unternehmensform - Maßstab für alle Kreditinstitute?, Sparkasse 1984, S. 162.

713 S. Punkt III. 4.a. der Untersuchung.

714 Vgl. dazu ausführlich: Keßler, Aufsichtskonkurrenz im Sparkassenwesen, S. 134 ff.

715 §§ 53, 54 SpkG Baden-Württemberg; Art. 13 Bay. SpkG; §§ 24, 25 SpkG Bremen; § 20 SpkG Hessen; § 28 SpkG Niedersachsen; § 30 SpkG NW; §§ 27 ff SpkG Rheinland-Pfalz; §§ 29 ff SpkG Saar; §§ 46 ff SpkG Schleswig-Holstein; §§ 30, 31 SpkG Brandenburg; §§

stimmende Grundstruktur auf. So ist die Sparkassenaufsicht überwiegend zweistufig aufgebaut[716]. Dabei verteilen sich die Kompetenzen auf das zuständige Fachministerium als oberste Aufsichtsbehörde und auf die örtlich zuständigen Regierungspräsidenten. Letztere führen als allgemeine Aufsichtsbehörden selbständig und eigenverantwortlich die laufende Kontrolle der Sparkassen durch[717].

b. Wesen und Umfang der Sparkassenaufsicht

Während die Kreditwesenaufsicht nach dem KWG eine sogenannte "Ordnungs" aufsicht mit einlegerschützender, gewerbepolizeilicher Funktion ist[718], handelt es sich bei der Sparkassenaufsicht im Hinblick auf den öffentlich-rechtlichen Anstaltscharakter der Sparkassen um eine allgemeine Anstaltsaufsicht nach dem Verwaltungsrecht. Dabei ist die Sparkassenaufsicht eine besondere Form der Kommunalaufsicht, weil sie in besonderen Gesetzen, den Sparkassengesetzen, geregelt ist und somit der allgemeinen Kommunalaufsicht vorgeht.

(1) Rechtsaufsicht

Die Sparkassenaufsicht stellt vom Umfang her grundsätzlich eine reine Rechtsaufsicht dar. Die Überwachung der Sparkassen auf Erfüllung ihrer Aufgaben im Einklang mit dem geltenden Recht, d.h. mit Gesetzen, Rechtsverordnungen und Satzungen, durch die Aufsichtsbehörden ist in den einzelnen Sparkassengesetzen festgeschrieben[719]. Zu beachten ist jedoch, daß weder die Entschlußkraft noch die Verantwortungsfreude der Sparkassen durch die Aufsicht beeinträch-

---

30, 31 SpkG Meckl.-Vorp.; §§ 30, 31 SpkG Sachsen; §§ 30, 31 SpkG Sachsen-Anhalt; § 24 SpkG Thüringen.

716 Lediglich im Saarland, Schleswig-Holstein, Bremen und Berlin existiert keine Instanzenzweiteilung. Aufsichtsbehörde ist dort das zuständige Ministerium bzw. der Senat, vgl. Übersicht Sparkassenaufsichtsbehörden bei Schlierbach, Das Sparkassenrecht in der Bundesrepublik Deutschland, S. 130.

717 Heinevetter, Sparkassenaufsicht, HWS Band 4, S. 47.

718 BGH, WM 1979, S. 482 ff; BGH, NJW 1979, S. 1354 ff.

719 § 53 Abs. 2 SpkG Baden-Württemberg; Art. 23 Abs. 3 Bay. SpkG; § 25 Abs. 1 SpkG Bremen; § 20 Abs. 3 SpkG Hessen; § 29 Abs. 1 SpkG Niedersachsen; § 31 Abs. 1 SpkG NW; § 27 SpkG Rheinland-Pfalz; § 30 Abs. 1 SpkG Saar; § 46 Abs. 2 SpkG Schleswig-Holstein; § 31 Abs. 1 SpkG Brandenburg; § 31 Abs. 1 SpkG Meckl.-Vorp.; § 31 Abs. 1 SpkG Sachsen; § 31 Abs. 1 SpkG Sachsen-Anhalt; § 24 Abs. 2 SpkG Thüringen.

tigt werden soll. Hinter dieser etwas antiquirt klingenden, in § 20 Abs. 3 Satz 2 SpkG Hessen ausdrücklich genannten Zielsetzung, verbirgt sich die für alle Sparkassengesetze geltende Zielsetzung, daß die Sparkassen durch die zusätzliche Staatsaufsicht gegenüber den Banken in ihrer Geschäftstätigkeit nicht gehemmt werden sollen. Nicht beabsichtigt ist, daß die Überwachung des Grundsatzes der Gesetzmäßigkeit zu einer zusätzlichen Beschränkung der Geschäftstätigkeit führt. Deswegen haben die Aufsichtsbehörden ebenfalls darauf zu achten, daß die Sparkassen nicht in ihrer Leistungsfähigkeit beeinträchtigt und daß ihre Rechte geschützt werden[720].

(2) Zweckmäßigkeitsaufsicht

Ergänzt wird die Rechtsaufsicht durch eine Zweckmäßigkeitsaufsicht, bei deren Ausübung sich die Aufsichtsbehörde im Rahmen eines pflichtgemäßen Ermessens halten muß. Die Zweckmäßigkeitsaufsicht ist in Form von Genehmigungs- und Mitwirkungsvorbehalten in den Sparkassengesetzen der Länder sowie in Verordnungen bzw. Mustersatzungen für die Errichtung einer Sparkasse vorgesehen. Wichtiger Genehmigungsvorbehalt ist etwa die erforderliche Zustimmung der Aufsichtsbehörde für die Vornahme bestimmter Geschäfte oder für die Vornahme nicht ausdrücklich erlaubter Geschäfte[721]. Die Genehmigung von nach Satzung oder Verordnung nicht zulässigen Geschäften ist grundsätzlich eine Einzelfallentscheidung nach pflichtgemäßem Ermessen, es sei denn, der sparkassenrechtliche Verordnungsgeber sieht die generelle Genehmigungsmöglichkeit ausdrücklich vor[722]. Ist eine solche generelle Ausnahmegenehmigung nicht vorgesehen, bleibt es der Aufsichtsbehörde versagt, generell, zeitlich und gegenständlich unbeschränkte Geschäfte zu genehmigen[723]. Zum Teil wird zu Erprobungszwecken die zeitlich beschränkte Genehmigung satzungs- bzw. verordnungsrechtlich nicht zulässiger Geschäfte in begründeten und Ausnahme-

---

720 Heinevetter, Sparkassenaufsicht, HWS Band 4, S. 49.

721 § 19 Bay. SpkO; § 20 Abs. 4 SpkG Hessen; § 30 SpkG Niedersachsen; § 5 SpkVO Rheinland-Pfalz; § 48 SpkG Schleswig-Holstein; § 24 SpkVO Brandenburg; § 24 SpkVO Sachsen; § 24 SpkVO Sachsen-Anhalt; § 24 SpkVO Thüringen.

722 Generelle Genehmigungsmöglichkeit besteht z.B. nach § 19 Bay. SpkO.

723 Schlierbach, Das Sparkassenrecht in der Bundesrepublik Deutschland, S. 298.

fällen mit dem Ziel erteilt, diese danach in die Satzung oder Verordnung aufzunehmen[724].

3. Trägeraufsicht

Neben der Kreditwesenaufsicht und der Sparkassenaufsicht unterliegen die Sparkassen des weiteren der Trägeraufsicht. Mit dem Begriff der Trägeraufsicht werden die Befugnisse zusammengefaßt, die dem Gewährträger im Verhältnis zu der von ihm errichteten Anstalt zustehen[725].

a. Rechtsgrundlagen

Der Gewährträger kann als "Hausgesetzgeber"[726] kraft seiner Autonomie Sparkassensatzungen erlassen und damit die konkreten Rechtsverhältnisse der Sparkassen festlegen. Die Satzungsautonomie der Gewährträger beruht auf gesetzlicher Ermächtigung durch den Landesgesetzgeber[727].

b. Auswirkungen der Aufsicht für die Sparkassen

Da Bundes- und Landesgesetze den Sparkassensatzungen nach allgemeinen Grundsätzen zwingend vorgehen, müssen sich die Satzungen im Rahmen dieser Gesetze halten und aufgrund dieser Gesetze erlassener Rechtsverordnungen beachten. Das Gewährträgerrecht ist insoweit "fremdbestimmt"[728]. Die Einflußmöglichkeiten des Gewährträgers in formaler Hinsicht sind damit sehr begrenzt. Nicht zu unterschätzen sind jedoch die Einflußmöglichkeiten des Gewährträgers in praktischer Hinsicht. Die Sparkasse ist in ihrem Bestand mit ihrem kommu-

---

724 Schlierbach, Das Sparkassenrecht in der Bundesrepublik Deutschland, S. 298.

725 Keßler, Aufsichtskonkurrenz im Sparkassenwesen, S. 130.

726 Schlierbach, Sparkassenrecht, HWS Band 4, S. 142.

727 § 7 SpkG Baden-Württemberg; Art. 21 Abs. 1 Bay. SpkG; § 6 Abs. 2 SpkG Bremen; § 10 Abs. 1 SpkG Hessen; § 6 Abs. 2 SpkG Niedersachsen; § 5 Abs. 2 SpkG NW; § 4 Abs. 3 SpkG Rheinland-Pfalz; § 4 Abs. 1 SpkG Saar; § 3 Abs. 1 SpkG Schleswig-Holstein; § 4 Abs. 3 SpkG Brandenburg; § 4 Abs. 3 SpkG Sachsen; § 4 Abs. 3 SpkG Sachsen-Anhalt; § 5 Abs. 3 SpkG Thüringen.

728 Keßler, Aufsichtskonkurrenz im Sparkassenwesen, S. 131.

nalen Träger verbunden. Die Ausgestaltung dieser Beziehung ist in den Sparkassengesetzen abschließend festgelegt[729]. Der Gewährträger stellt den Vorsitzenden im Verwaltungsrat der Sparkasse und entsendet zumindest die Mehrzahl der Verwaltungsratsmitglieder. Des weiteren wirkt er maßgeblich bei der Bestellung des Vorstandes mit. Auf diese Weise erlangt der Gewährträger Einflußmöglichkeiten auf die Geschäftspolitik und auf die Geschäftsanweisungen für den Vorstand und den Kreditausschuß. Die Aufsicht findet folglich in diesem umgrenzten Bereich statt.

4. Zwischenergebnis

Aufgrund der besonderen Konstruktion der Sparkassen, die als öffentlich-rechtliche Anstalt mit kommunaler Trägerschaft selbständige Unternehmen darstellen, deren Geschäftstätigkeit im Bereich der Kreditwirtschaft angesiedelt ist, erfassen die verschiedenen Aufsichtsarten sowohl den wirtschaftlichen Bereich der gewöhnlichen Geschäftstätigkeit als auch den speziellen kommunalrechtlichen Kompetenz- und Organisationsbereich. Der Kreditwesenaufsicht unterliegen Sparkassen als gewöhnliche Kreditinstitute, während sich die Notwendigkeit der Sparkassenaufsicht als besondere Form der Kommunalaufsicht aus dem Anstaltscharakter ergibt. Die Trägeraufsicht regelt die Rechtsverhältnisse zwischen Sparkasse und Gewährträger, dessen Interessen auf diese Weise Berücksichtigung finden.
Zusammenfassend läßt sich hinsichtlich möglicher Beschränkungen der Geschäftstätigkeit feststellen, daß durch die im Vergleich zu anderen Banken für Sparkassen zusätzlich bestehende Sparkassen- und Trägeraufsicht keine Beschränkungen in der Geschäftstätigkeit entsteht. Auflage für die Sparkassenaufsicht ist eine der Selbständigkeit der Sparkassen entsprechende Handhabung, die ihre Entschlußkraft und Verantwortungsfreude nicht beeinträchtigen soll. Die Sparkassenaufsicht stellt ein Instrumentarium dar, um an sich verbotene Geschäfte in Ausnahmefällen zu genehmigen und deren Auswirkungen für die Zukunft zu erproben. Dieser Weg eröffnet Sparkassen formal die Möglichkeit, neue Geschäftsfelder zu erschließen.
Eine zusätzliche Beschränkung der Geschäftstätigkeit wird zudem durch die Trägeraufsicht als solche nicht verursacht. Ein anderer Gesichtspunkt ist die Möglichkeit der Beschränkung von gewissen Geschäften durch den Verwal-

[729] Vgl. dazu Schlierbach, Das Sparkassenrecht in der Bundesrepublik Deutschland, S. 31 f.

tungsrat im Rahmen der Festlegung der Richtlinien für die Geschäftspolitik. Da der Verwaltungsrat jedoch ein eigenständiges Organ der Sparkasse und nicht identisch mit dem Gewährträger ist, kann aus der aufgezeigten Möglichkeit keine direkte Geschäftsbeschränkung durch die Trägeraufsicht abgeleitet werden. Festzustellen ist interessanter weise, daß Sparkassen im Gegensatz zu den speziellen Aufsichtsarten ausschließlich durch die Kreditwesenaufsicht als allgemeine Kontrollinstanz für sämtliche Kreditinstitute aufgrund der Umsetzung der EG-Richtlinien im Bereich des Eigenkapitals Benachteiligungen gegenüber Großbanken erfahren. Diese wirken sich im Zusammenhang mit der dezentralen Struktur der Sparkassen als Einschränkung ihrer Geschäftstätigkeit aus.

VIII. Konsequenzen und Perspektiven aus der Geschäftspraxis der Sparkassen

Die vorstehende Untersuchung der rechtlichen Möglichkeiten und Grenzen allgemeiner Bankgeschäfte bereitet den Weg, die Ausgangsfrage nach der Universalität der Sparkassen beantworten zu können. Der Begriff der Universalbank setzt sich bei wörtlicher Auslegung aus zwei Begriffen zusammen, nämlich dem der Universalität sowie dem der Bank. Die Bezeichnung „Bank" kann einerseits für einen Sammelbegriff der Kreditinstitute und andererseits für eine Form von Kreditinstitut stehen, das in privater Rechtsform betrieben wird, nur dem KWG unterliegt und ansonsten keinen weiteren Geschäftsbeschränkungen unterworfen ist. Vorliegend wird die Bezeichnung als Sammelbegriff für Kreditinstitute verstanden, weil ansonsten bereits aufgrund der öffentlich-rechtlichen Form die Frage der Einordnung der Sparkassen als Universalbanken begriffsnotwendig verneint werden müßte[730].

Die inhaltliche Bestimmung des Begriffes der Universalität erfolgt im Bankenbereich nach einer Abstufung bezogen auf das Leistungsangebot, der Kundengruppe und dem geographischen Tätigkeitsgebiet[731]. Bei der Beurteilung des Leistungsangebotes der Universalität stehen die Kundengeschäfte im Vorder-

---

730 Diesen verkürzten Weg nimmt: Schröder, Sparkassen gleich Universalbanken?, S. 91, ohne ausführlich Stellung zu der Frage der Universalität zu nehmen.

731 Vgl. dazu: Büschgen, Strukturwandlungen im Finanzsystem (I) - Ausprägungen und Ursachen von Strukturwandlungsprozessen in Finanzsystemen, ÖBA 1984, S. 4.

grund, während die sog. Eigengeschäfte der Sparkassen und die diesbezüglich bestehenden Geschäftsbeschränkungen im Bereich der Beteiligungen und des Wertpapiergeschäftes keine unmittelbaren Auswirkungen haben. Da das Merkmal der Universalität primär von dem bereitgestellten Leistungsangebot geprägt wird, stellt dieses im folgenden den Ausgangspunkt für die abschließende Beurteilung der Universalität von Sparkassen dar.

1. Das Leistungsangebot der Sparkassen und die Zusammenarbeit innerhalb der Sparkassenorganisation

Unter dem Begriff der allgemeinen Bankgeschäfte wird - wie bereits an anderer Stelle ausgeführt[732] - unter Heranziehung des § 1 KWG das Aktiv-, Passiv- sowie das Dienstleistungsgeschäft verstanden. Zu letzterem zählen das Zahlungsverkehrs-, Wertpapier-, Auslands- und sonstige Bankgeschäft. Das Dienstleistungsgeschäft läßt sich im wesentlichen nur über den Verbund abwickeln[733]. So bedienen sich die Sparkassen im Zahlungsverkehr, Wertpapierbereich und dem Auslandsgeschäft ihrer Landesbanken/ Girozentralen. Auch bei den sogenannten sonstigen Bankgeschäften ergänzen die Sparkassen ihr eigenes Angebot, wie beispielsweise die Immobilienvermittlung und Vermögensverwaltung, mit Leistungen der Verbundpartner. Zu nennen sind dabei insbesondere Leasing, Factoring, Versicherungen, Bausparen, Anlagefonds und Kapitalbeteiligungen[734]. Ohne das arbeitsteilige Handeln innerhalb des Verbundes wäre das Dienstleistungsgeschäft in dieser umfangreichen Form von den Sparkassen in Deutschland nicht sicherzustellen. Dies gilt selbst für Institute, die eine Grö-

---

[732] Punkt VI. 2. der Untersuchung.

[733] Vgl. dazu: Geiger, Verbund in der Sparkassenorganisation, HWS Band 4, S. 264 f; Keil, Dienstleistungsgeschäfte, HWS Band 1, S. 491; Schaberg, Sparkassengeschäfte, HWS Band 4, S. 76 ff.

[734] Zu den Verbundpartnern und deren Produkten s. ausführlich: Linss, Beispiele der geschäftlichen Zusammenarbeit, Betriebspraxis 1980, S. 110 ff; Clauß, Öffentliche Versicherer, HWS Band 3, S. 223; Röher/Coridaß, Landesbausparkassen, HWS Band 3, S. 89; Ehrenberger, Factoringgesellschaften, HWS Band 2, S. 121; Kirchhoff, Factoring, ein Produkt im Allfinanz-Angebot der Sparkassen, Sparkasse 1991, S. 23 ff; Kasten/Linde, Sparkassen und ihr Versicherungspartner in Niedersachsen - Markterfolge durch ein neues Kooperationskonzept - Sparkasse 1991, S. 124 ff; Geise, Sparkassen-Finanzgruppe und Allfinanz, Sparkasse 1993, S. 56 ff; Körner, Die Einbindung der Sparkassen in die Beteiligungsaktivitäten einer Landesbank, Sparkasse 1994, S. 300 ff.

ßenordnung erreicht haben, bei der die Zusammenarbeit mit der Landesbank/ Girozentrale nicht mehr existenznotwendig ist[735]. Denn trotz der sehr unterschiedlichen Größenklassen der Sparkassen können Geschäftssparten wie beispielsweise das Leasing und das Factoring rationell und effektiv nur von Spezialinstituten betrieben werden.
Im Passivgeschäft, das den Einlagenbereich wie Sicht-, Termin- und Spareinlagen umfaßt, arbeiten die Sparkassen hingegen selbständig, so daß eine Arbeitsteilung und Zusammenarbeit insoweit keine Rolle spielt[736]. Auffällig ist, daß in diesem Bereich, in dem Sparkassen keinen Geschäftsbeschränkungen unterliegen, auch kein arbeitsteiliges Zusammenwirken im Verbund erfolgt. Daraus kann geschlossen werden, daß sich Geschäftsbeschränkungen und Zusammenarbeit bedingen. Deutlich wird dies besonders im Aktivgeschäft. Das Kreditgeschäft der Sparkassen wird einerseits durch eigenkapitalbezogene Beschränkungen wie das Blankokreditkontingent, die Blankokredithöchst- sowie Personalkredithöchstgrenze und andererseits durch das Regionalprinzip bestimmt. Die Sparkassen haben die Möglichkeit mit Hilfe der Landesbanken/Girozentralen jedenfalls die eigenkapitalgebundenen Beschränkungen mit Konsortialkrediten zu umgehen. Hierbei handelt es sich um Gemeinschaftskredite bei großen Kreditengagements, die anteilsmäßig von der Sparkasse und der Landesbank zur Verfügung gestellt werden[737]. Auf diese Weise können sie auf Kreditbedürfnisse in Größenordnungen eingehen, die sie aufgrund ihrer Eigenkapitalsituation alleine nicht darstellen könnten. Ein weiterer vorteilhafter Aspekt der Konsortialkredite ist die für Sparkassen notwendige Risikostreuung. Zu beachten ist jedoch, daß die Landesbanken nicht verpflichtet sind, solche Gemeinschaftskredite zu vergeben. Sie unterziehen den von der Sparkasse vorgelegten Kreditantrag einer eigenständigen Prüfung und unterliegen in ihrer Entscheidung keinen Bindungen. Insoweit besteht ein Abhängigkeitsverhältnis der Sparkassen zu den Landesbanken. Lediglich die großen Sparkassen mit ent-

---

735 Die sehr unterschiedlichen Größenverhältnisse der zur Zeit existierenden 594 Sparkassen sind anschaulich dargestellt in der Sparkassen-Rangliste 1997, Sonderbeilage der Deutschen Sparkassen-Zeitung vom 19.06.1998, S. III ff. Die Stadtsparkasse Köln ist mit einer Bilanzsumme von rund 30,2 Mrd. DM die größte kommunale Sparkasse, während die Amtssparkasse Speicher mit rund 8,9 Mill. DM die kleinste darstellt.

736 Vgl. Geiger, Verbund in der Sparkassenorganisation, HWS Band 4, S. 263.

737 Geiger, Verbund in der Sparkassenorganisation, HWS Band 4, S. 263 f.

sprechender Eigenkapitalausstattung können den gesteigerten Kreditanforderungen ihrer Kunden weitestgehend ohne Unterstützung der Landesbanken nachkommen.

2. Die Frage nach der Universalität der Sparkassen

Auf Grundlage der die vorliegende Untersuchung einleitende organisatorisch-institutionell ausgerichteten Einordnung der Sparkassen in die Gruppe der Universalbanken als dritte Säule des deutschen Bankensystems ist die Qualifizierung der Sparkassen als Universalbank bisher nach rein formalen Gesichtspunkten erfolgt. Die vorangegangene Prüfung der rechtlichen Möglichkeiten und Grenzen allgemeiner Bankgeschäfte im Sparkassenbereich ermöglicht es, den Begriff der Universalität und dessen Abstufungen in seiner funktionellen Bedeutung einer kritischen Würdigung zu unterziehen. Dabei ist eine differenzierte Betrachtungsweise innerhalb der unterschiedlichen Geschäftsarten erforderlich. Es reicht nicht aus, wie in Teilen der Literatur üblich, die Sparkassen unter dem bloßen Hinweis auf die Ausweitung ihres Leistungsangebotes und der Verbundunterstützung als Universalbanken zu deklarieren[738].
Die Entwicklung der Liberalisierung des Sparkassenrechts hat gezeigt, daß die Beschränkungen in den Sparkassengesetzen, Verordnungen und Satzungen der Länder nicht rechtseinheitlich normiert sind[739]. Die Bundesländer, die an dem Enumerationsprinzip festhalten, haben - wenn auch in unterschiedlichem Umfang - Anfang der 90iger Jahre mit Blick auf die Anforderungen des Wettbewerbes eines gemeinsamen EG-Binnenmarktes die Möglichkeiten im Aktiv-, Passiv- und Dienstleistungsgeschäft erweitert. Das darf jedoch nicht darüber hinweg täuschen, daß die Sparkassen dennoch in ihren geschäftlichen Aktivitäten nicht über die Freiheit wie andere Kreditinstitute verfügen und gegenüber diesen insbesondere aufgrund des gestiegenen Eigenmittelbedarfs im Rahmen der Kreditwesenaufsicht Benachteiligungen erfahren[740].

---

738 Zweig, Universalbankprinzip, HWS Band 4, S. 207; Gröschel, Funktionen und Stellung der Landesbanken in der Sozialen Marktwirtschaft, ZögU 1996, S. 5 f; Schaberg, Sparkassengeschäfte, HWS Band 4, S. 76; Zügel, Sparkassen zwischen Marktorientierung und öffentlichem Auftrag aus der Sicht der Praxis, Sparkasse 1985, S. 19.

739 S. Punkt VI. 1. und 3. der Untersuchung.

740 Vgl. dazu die Ausführungen unter Punkt VI. 3.c. der Untersuchung.

In Baden-Württemberg, Rheinland-Pfalz, Nordrhein-Westfalen und im Saarland sind mit der Aufhebung des Enumerationsprinzips die Beschränkungen der Geschäftstätigkeit im Kundengeschäft mit Ausnahme der eigenkapitalbezogenen Beschränkungen wie das Blankokreditkontingent sowie die Blankokredithöchst- und Personalkredithöchstgrenze weitestgehend aufgelöst worden. Dies hat zu einer weiteren Annäherung an die Geschäftstätigkeit und den Geschäftsumfang von privaten Geschäftsbanken führt.
Für alle Bundesländer kann trotz der uneinheitlichen Regelungen die Aussage getroffen werden, daß die Sparkassen im Passivgeschäft keinen zusätzlichen Beschränkungen unterliegen. Durch den Verbund mit den Landesbanken und den sonstigen Partnern ist es den Sparkassen des weiteren möglich, das Dienstleistungsspektrum einer Universalbank anzubieten. Diesbezügliche Geschäftsbeschränkungen können durch das Verlagern dieser Aufgabenbereiche auf Verbundpartner neutralisiert werden.
Bei der Beurteilung der Universalität von Sparkassen ist festzuhalten, daß im Aktivgeschäft nach wie vor wesentliche Beschränkungen bestehen. Zum einen liegen die im Sparkassenrecht zu beachtenden Grenzen unterhalb der für die sonstigen Kreditinstitute vorgesehenen Grenzen des KWG und zum anderen sind die Sparkassen in der Anerkennung und Bewertung der Sicherheiten an weitere Beschränkungen gebunden. Auch die vermeintliche Umgehung dieser Beschränkungen durch Konsortialkredite mit Hilfe der Landesbank führt aufgrund des Abhängigkeitsverhältnisses zu keiner vollständigen Geschäftsfreiheit. Die Landesbanken sind nicht verpflichtet, Gemeinschaftskredite zu vergeben. Eine generelle Aufhebung der eigenkapitalbezogenen Geschäftsbeschränkungen wird auch durch die Arbeitsteilung und Zusammenarbeit im Verbund nicht vollständig herbeigeführt. Anzumerken ist indes, daß je größer eine Sparkasse ist, desto geringer die praktische Bedeutung dieser Beschränkungen ausfällt. Die Zusammenfassung größerer Einheiten stellt somit ein taugliches Mittel dar, diese Art von Beschränkungen zu reduzieren und gleichzeitig im Rahmen des europäischen Bankenwettbewerbs eine verbesserte Kostenstruktur sowie eine erhöhte Produktivität zu erzielen. Festzustellen ist, daß die Sparkassen als rechtlich selbständige kommunale Wirtschaftsunternehmen das Merkmal der primären Universalität aufgrund der bestehenden Geschäftsbeschränkungen nicht als individuelle Kreditinstitute, sondern nur als Mitglied im Verbundsystem der Sparkassenorganisation erfüllen.
Bei der Kundengruppe als Merkmal der sekundären Universalität gibt es ebenfalls Einschränkungen. Zu den drei Zielgruppen der Sparkassen zählen die Ar-

beitnehmer, die mittelständische Wirtschaft sowie die Kommunen[741]. Neben der breiten Masse der Arbeitnehmer als Mengengeschäft stellt vor allem der wirtschaftlich selbständige Mittelstand mit Handel, Handwerk, kleiner und mittlerer Industrie, Landwirtschaft und Freiberuflern eine wesentliche Säule der Sparkassenarbeit dar. Großkunden des In- und Auslandes werden dagegen von den Landesbanken betreut. Die Zielgerichtetheit auf bestimmte Kundengruppen vermag das Merkmal der Universalität der Sparkassen zwar nicht zu beseitigen, jedoch erfährt es dadurch eine weitere Beschränkung.

Schließlich ist das geographische Tätigkeitsgebiet als Ausprägung der tertiären Universalität heranzuziehen. Sparkassen unterliegen als räumliche Beschränkung ihrer Geschäftstätigkeit dem Regionalprinzip, das aus risikobegrenzenden Gesichtspunkten hauptsächlich Auswirkungen auf das Kreditgeschäft hat. Auch wenn das Regionalprinzip durch Änderungen der Sparkassenverordnungen bzw. Satzungen - wie das Beispiel Niedersachsens zeigt[742] - mit Ausnahmeregelungen aufgeweicht werden kann, ändert dies nichts an der grundsätzlich bestehenden horizontalen Arbeitsteilung der Sparkassen und der sich daran anknüpfenden Beschränkung der Geschäftstätigkeit auf das Gebiet des Gewährträgers. Die einzelne Sparkasse erfüllt nicht das Merkmal der Universalität im Sinne eines ausgedehnten nationalen und internationalen Tätigkeitsfeldes. Die lokal begrenzte Geschäftstätigkeit der Sparkassen läßt sich wiederum nur mit dem Verbundgedanken überwinden, indem bei der Beurteilung der geographischen Betätigungsbereiches auf sämtliche Sparkassen, Landesbanken und die weiteren Verbundpartner abgestellt wird.

Insgesamt ist zu konstatieren, daß Sparkassen als einzelne selbständige Wirtschaftsunternehmen auch nach der Liberalisierung des Sparkassenrechts aufgrund der noch bestehenden Geschäftsbeschränkungen keine Universalbanken darstellen. Erst durch die Eingliederung in das Verbundsystem können diese Beschränkungen weitestgehend neutralisiert werden. Die Zusammenarbeit mit den Verbundpartnern zur Überwindung der Geschäftsbeschränkungen ist die Konsequenz aus der dezentralen Struktur und der dadurch bedingten Geschäftspraxis der Sparkassen. Die Ausweitung der Geschäftstätigkeit durch die Zusammenarbeit im Verbund stellt jedoch nur eine Variante dar, dem Anforderungsprofil von Universalbanken zu entsprechen.

---

[741] Güde, Geschäftspolitik der Sparkassen, S. 24 f.

[742] S. dazu Punkt VI. 3.b.(5) der Untersuchung.

3. Perspektiven für die Zukunft

Neben der Zusammenarbeit im Verbund, die als dezentrales Netzwerk bezeichnet wird[743], stehen mit der Privatisierung und Fusionen zwei weitere Möglichkeiten zur Verfügung, um der einzelnen Sparkasse zur Universalität zu verhelfen. Vor diesem Hintergrund ist abschließend nochmals auf die bereits dargestellte[744], gegenwärtig geführte Strukturdiskussion als mögliche Perspektive für die Sparkassen einzugehen. Während die Sparkassenorganisation den Befürwortern einer Privatisierung bislang eine klare Absage erteilt hat[745], wird das Instrument der Fusion zumindest auf der Sparkassenebene bereits seit geraumer Zeit genutzt[746]. Die Fusionen fanden jedoch bislang nur im kleineren Umfang statt. Fusioniert wurden regelmäßig zwei geschäftsgebietsbenachbarte Sparkassen. So hält die Sparkassenorganisation noch an den bisherigen Aufbauprinzipen fest, wenn auch erste Anzeichen für eine Strukturveränderung in Richtung Zentralisierung und Schaffung größerer Einheiten deutlich werden. Anläßlich des Deutschen Sparkassentages 1998 in Leipzig beschloß der Vorstand des DSGV e.V. zehn neue "Leitlinien der Sparkassen-Finanzgruppe für den Wettbewerb der Zukunft"[747], die den Sparkassen als Handlungsorientierung dienen sollen. Drei dieser Leitlinien bestimmen die interne Struktur des Verbundes[748]. Danach soll das dezentrale Unternehmertum vor Ort durch einen leistungsfähigen Verbund gestärkt und mit Hilfe der Arbeitsteilung eine Kostensenkung und Produktivitätssteigerung erzielt werden. Des weiteren wird die kommunale und regionale Verankerung unternehmerisch selbständiger Sparkassen als tragfähige Grundlage für die Zukunft der Organisation angesehen, wobei dezentrales Un-

---

743 o.V., Veränderungen aus eigener Kraft meistern - DSGV-Präsident fordert stärkere Ausnutzung des Verbundes -, Deutsche Sparkassenzeitung vom 15.06.1999.

744 Punkt III. 1. b. (2) cc) eee) und IV. 2. c. der Untersuchung.

745 Vgl. Aktionsprogramm gegen eine Privatisierung von Sparkassen und Landesbanken, Umdruck des Bayerischen Sparkassen- und Giroverbandes vom Juni 1993

746 S. dazu ausführlich: o.V., Wachsendem Marktdruck durch Fusionen begegnen - Schmidhuber für größere Einheiten bei Sparkassen -, Deutsche Sparkassenzeitung vom 11.06.1999.

747 Die zehn Leitlinien sind nachzulesen im Anhang X. 4.

748 S. Leitlinie Nr. 7-9 im Anhang X. 4.

ternehmertum mit europäischer Integration und Globalität der Märkte verbunden werden soll.
Diese Leitlinien wirken vor dem Hintergrund der derzeitigen Entwicklungen antiquiert. Aufgrund der vergleichbaren Problematik ist nochmals das provokative Zitat von Ludwig Poullain zur Diskussion um den öffentlichen Auftrag heranzuziehen, wonach sich die Sparkassenorganisation an diesen klammere wie ein päpstlicher Gesandter an sein Legitimationspapier[749]. Diese Situationsumschreibung ist ebenfalls auf die derzeit geführte Strukturdiskussion anwendbar. Die Leitlinien, die am status quo festhalten, stimmen nicht mit der bestehenden Tendenz, daß Sparkassen sich zukünftig immer mehr von dezentralen selbständigen Unternehmen entfernen werden, überein. Dafür sprechen nicht nur die sich abzeichnenden Strukturveränderungen auf der Landenbankenebene und die Entwicklung im Bereich der Fusionen von Sparkassen, sondern vor allem die - wenn auch vorsichtigen - Signale des DSGV[750]. Im Bereich des Zahlungsverkehrs, der Wertpapierkundengeschäfts, der Direktbankaktivitäten sowie der Datenverarbeitung ist bereits eine Zentralisierung durch Bündelung von Abwicklungs- und Stabsarbeiten geplant. Nach Vorstellung des DSGV e.V. soll in den nächsten Jahren insbesondere für die Wertpapierabwicklung ein einziges Institut für die gesamte Sparkassenorganisation tätig werden[751].
Die dezentrale Struktur stellt sich zunehmend als kostenintensiver Luxus dar, der sich angesichts sinkender Margen schnell zum betriebswirtschaftlichen Nachteil entwickeln kann. Die Sparkassenorganisation wird um die Schaffung effizienterer Strukturen schon aus eigenem Interesse nicht herum kommen, zumal optimale Betriebsgrößen im unmittelbaren Zusammenhang mit der Wettbewerbsfähigkeit stehen. Auf allen drei Ebenen der Organisation besteht diesbezüglich die Notwendigkeit für Zusammenschlüsse zu größeren Einheiten. Dies bedeutet jedoch, ein über Jahrzehnte entstandenes Machtgefüge aufzubrechen. Betrachtet man allein die Landesbanken mit ihrem gruppeninternen Wett-

---

749 Vgl. Fn. 370.

750 Vgl. dazu: o.V., Sparkassen sollen die Kräfte stärker bündeln, Börsen-Zeitung vom 11.12.1998; o.V., Nur ein Wertpapierhaus für alle Sparkassen, Börsen-Zeitung vom 3.02.1999.

751 o.V., Nur ein Wertpapierhaus für alle Sparkassen, Börsen-Zeitung vom 3.02.1999; o.V. Sparkassen können sich aus eigener Kraft behaupten, Deutsche Sparkassenzeitung vom 20.04.1999; o.V., Sparkassen auf dem Weg zu gemeinsamem Wertpapierhaus, Börsen-Zeitung vom 23.06.1999.

bewerb und selbständigem Besitzstand, scheint die freiwillige, einvernehmliche Aufgabe der Eigenständigkeit selbst in Zeiten, in denen in europäischen Dimensionen gedacht werden müßte, unwahrscheinlich. Dabei wurden der Sparkassenorganisation unlängst die Nachteile ihrer Dezentralität erneut sehr deutlich vor Augen geführt. Nachdem sich die Landesbanken bei der Aufnahme in das Konsortium für die Kapitalerhöhung der Deutschen Bank wechselseitig blokkiert hatten und die Sparkassenorganisation auf diese Weise nicht beteiligt war, erhielten deren Kunden bei der Zeichnung von Aktien zunächst keinen Vorzugspreis. Erst als sich diese Benachteiligung zu einem Politikum entwickelte, wurde mit Hilfe des Präsidenten des DSGV ein Weg gefunden, entsprechende Rabatte für die Landesbank- und Sparkassenkunden zu erhalten[752]. Die angekündigte Schaffung eines Wertpapierinstitutes für die gesamte Sparkassenorganisation stellt erst den Anfang der anstehenden Umstrukturierung dar. Die Zentralisierung von administrativen Aufgaben im Rahmen der Verbundtätigkeit sowie die Schaffung größerer Einheiten durch Fusionen auf allen Ebenen der Sparkassenorganisation ergeben eine Mischung, die das dezentrale selbständige Unternehmensbild der öffentlich-rechtlichen Sparkassen zunehmend auflösen wird. Vorreiter dieser Umstrukturierung ist, wie bereits dargestellt[753], das Land Sachsen. Auch wenn von der Landesregierung bei der Vorstellung des Modells betont wurde, daß es sich um eine Kombination der Vorteile der dezentralen Struktur mit Elementen zentraler Steuerung handele[754], darf nicht verkannt werden, daß das Zentralinstitut auf Dauer die Geschicke der einzelnen Sparkassen lenken und bestimmen wird. Dem sächsischen Finanzminister Milbradt ist in seiner Aussage beizupflichten, wonach die Vorstände der Sparkassen sich auf das Kundengeschäft konzentrieren müssen, damit keine Marktanteile verloren gehen[755]. Im Selbstverständnis der Geschäftsführung eines eigenständigen Wirt-

---

752 o.V., Kapitalerhöhung der Deutschen Bank ein Sparkassen ein zweifaches Politikum, Börsen-Zeitung vom 14.04.1999; o.V., „Positive Lösung" für Sparkassenkunden - Deutsche Bank löst Strukturdebatte aus, Börsen-Zeitung vom 15.04.1999.

753 S. Punkt III. 1.b.(2)cc)ddd) der Untersuchung.

754 Milbradt, Ein systemverträglicher Weg zur Sparkassen-Neuordnung, Börsen-Zeitung vom 11.03.1999; ders., Sachsens Antwort auf die Sparkassenfrage, Börsen-Zeitung vom 10.04.1999.

755 Milbradt, Ein systemverträglicher Weg zur Sparkassen-Neuordnung, Börsen-Zeitung vom 11.03.1999.

schaftsunternehmens beschäftigen sich Vorstände vielerorts mehr oder weniger kompetent bevorzugt mit strategischen Fragen bis hin zu Gründungen von Gesellschaften, die vielfach mit dem eigentlichen Geschäft der Sparkassen keine Berührungspunkte mehr haben. Es scheint, als werde die Rettung der Eigenständigkeit in profilierungsgünstigen Bereichen außerhalb der Bankgeschäftes gesucht. Die Konzentration von Aufgaben in der Sparkassenorganisation wird nicht zuletzt von den Vorständen gefürchtet, die nicht zu Filialleitern mit erfolgs- und kundenorientierter Vergütung degradiert werden wollen.
Nicht nur die weichende praktische Relevanz der Gewährträgerhaftung und der Anstaltslast, sondern auch die sich abzeichnende Verantwortungs- und Kompetenzverlagerungen von den einzelnen Sparkassen zu überregionalen Instituten innerhalb der Sparkassenorganisation lassen risikobegrenzende Aspekte im Rahmen der kommunalen Bindung der Sparkassen als Grund für die Geschäftsbeschränkungen immer mehr in den Hintergrund treten. Die dezentrale Struktur verursacht jedoch einen Teil dieser Geschäftsbeschränkungen, die die Sparkassen daran hindern, das Anforderungsprofil einer Universalbank zu erfüllen. Zur Überwindung dieser Geschäftsbeschränkungen ist es unerläßlich, regional übergreifende Umstrukturierungen auf allen Ebenen der Sparkassenorganisation vorzunehmen. Sollte am dezentralen Prinzip der Sparkassen, wie immer wieder gefordert[756], festgehalten werden können, dann nur im Sinne von Filialen unter der Führung einer Zentrale. Dies würde eine aufbauorganisatorische Angleichung an das Geschäftsbankensystem bedeuten. Deutliche Anzeichen sprechen dafür, daß die vorhandene Struktur der zahlreichen einzelnen Sparkassen in ihrer jetzigen Form der „künstlichen Universalbank“ im 21. Jahrhundert keine Zukunft hat.

IX. Zusammenfassende Thesen

Abschließend sollen die Ergebnisse dieser Untersuchung thesenartig zusammengefaßt werden. Der Analyse der Geschäftsbeschränkungen sowie deren Auswirkungen auf die Einordnung der Sparkassen als Universalbanken liegen verschiedene Gesichtspunkte aus den unterschiedlichsten Bereichen zugrunde.

---

[756] o.V., Sparkassen können sich aus eigener Kraft behaupten, Deutsche Sparkassenzeitung vom 20.04.1999; o.V., Veränderungen aus eigener Kraft meistern, Deutsche Sparkassenzeitung vom 15.06.1999.

Die wichtigsten von ihnen sind als tragendes Gerüst für das erzielte Ergebnis nachfolgend zusammengestellt:

1. Bei dem Begriff der Universalität von Bankgeschäften ist zu differenzieren zwischen dem Leistungsangebot als primärer Universalität, der akquirierten Kundengruppe als sekundärer sowie der geographischen Tätigkeitsgebiete als tertiärer Universalität. Sparkassen werden ohne kritische Würdigung in der Gruppe der öffentlich-rechtlichen Banken im deutschen Bankensystem unter rein formalen Gesichtspunkten mit der Bezeichnung Universalbank geführt. Die institutionelle Einordnung läßt keine materiellen Schlußfolgerungen für die Frage der Universalität zu.

2. Die kommunalen Sparkassen stellen in dem Drei-Säulen-System der deutschen Bankenlandschaft im Rahmen des Gruppenwettbewerbs einen bedeutenden Wirtschaftsfaktor dar, der innerhalb der Sparkassenorganisation durch eine dezentrale Vernetzung gestärkt wird. Die Grundstruktur dieser Organisation wird neben der Dezentralität von einem dreistufigen, kooperationsbestimmten Aufbau geprägt.

3. Die Willensbildung innerhalb der Sparkassenorganisation erfolgt grundsätzlich von unten nach oben, so daß den Sparkassen, wie das Beispiel Niedersachsens zeigt, die Möglichkeit offensteht, den Anstoß zur Prüfung und Reduzierung der Geschäftsbeschränkungen zu geben.

4. Die Sparkassen haben sich in vier historisch abgrenzbaren Phasen von ihrer ursprünglichen Konzeption als Geldsammel- und Anlagestelle unter Anpassung an die veränderten rechtlichen und wirtschaftlichen Verhältnisse zu rechtlich selbständigen, kommunalen Wirtschaftsunternehmen mit besonderem öffentlichen Auftrag entwickelt. Mit ihrer wachsenden Bedeutung im Wirtschaftsleben nahm schließlich auch die Verselbständigung der Sparkassen zu, während der staatliche Einfluß immer weiter abnahm.

5. Der Begriff des öffentlichen Auftrages läßt sich abschließend nicht umschreiben. Er unterliegt dem Wandel der Zeit und wird stets mit neuen Inhalten gefüllt. Im Ergebnis dient der öffentliche Auftrag als Sammelbezeichnung für die von den Gewährträgern mit Hilfe des Gesetzgebers den kommunalen Sparkassen gestellten oder übertragenen Aufgaben. Ungeachtet der

Diskussion über die Inhaltsleere des Begriffes, erfüllen die Sparkassen jedenfalls eine Wettbewerbsergänzungsfunktion. Insoweit verbirgt sich hinter der Diskussion um den öffentlichen Auftrag die Frage nach der zukünftigen rechtlich-organisatorischen Struktur der Sparkassen. In diesem Zusammenhang stellt die Strukturierung der Sparkassentätigkeit auf risikoverminderte Aufgabenfelder durch Geschäftsbeschränkungen einen Funktionsmechanismus zur Sicherung des öffentlichen Auftrages dar.

6. Die praktische Relevanz der aufgrund der kommunalen Bindung formal bestehenden Gewährträgerhaftung und Anstaltslast ist derzeit nur noch als gering einzuordnen.

7. Sparkassen haben aufgrund ihrer Doppelnatur eine gemischt sozial- und ertragswirtschaftliche Zielsetzung. Ihre Geschäftstätigkeit ist sowohl der Daseinsvorsorge im Sinne einer sozialwirtschaftlichen Tätigkeit als auch der erwerbswirtschaftlichen Teilnahme am Wettbewerb zuzuordnen. Die verfassungsrechtliche Zulässigkeit der wirtschaftlichen Betätigung folgt aus dem öffentlichen Auftrag. Eine Grundrechtsverletzung anderer Kreditinstitute, aus der sich Begrenzungen aufgrund der ausdrücklichen oder grundrechtsimmanenten Schranken für die Geschäftstätigkeit der Sparkassen ergeben könnten, liegt nicht vor. Sie tritt erst dann ein, wenn die Sparkassen ihre Geschäftstätigkeit derart ausbauen und intensivieren würden, daß es zu einem auszehrenden Verdrängungswettbewerb käme oder bestandsgefährdende Umstände für die anderen Kreditinstitute entstünden.

8. Das Betreiben allgemeiner Bankgeschäfte wird durch das Kommunalrecht für Sparkassen nicht eingeschränkt. Das Sparkassenrecht ist im Verhältnis zum Kommunalrecht als eigenständige Rechtsmaterie und damit als ein das Kommunalrecht ausschließendes Sonderrecht anzusehen.

9. Nach wechselnden Tendenzen in der Entwicklung von Geschäftsbeschränkungen im Sparkassenrecht zeichnet sich seit den 60iger Jahren ihr fortschreitender Abbau ab. Primäres Ziel war die Schaffung der Sicherheit der Einlagen durch Enumeration zulässiger und den Ausschluß sparkassenuntypischer, risikobehafteter Geschäfte. In Folge der teilweisen Aufgabe des Enumerationsprinzips vollzog sich die Liberalisierung des Sparkassengeschäftsrechtes in den einzelnen Ländern in unterschiedlichem Umfang. Trotz der

landesindividuellen Regelungen sind in einzelnen Bereichen vergleichbare bzw. übereinstimmende Geschäftsbeschränkungen festzustellen. Diese lassen sich von ihrer Systematik her nach Art und Umfang unterteilen. Aus Risikogesichtspunkten unterliegen Sparkassen Einschränkungen bzw. Verboten im Wertpapier-, Devisen- und Börsentermingeschäft für eigene Rechnung sowie im Bereich der Beteiligungen. Im Kreditgeschäft bestehen hinsichtlich des Umfanges der zulässigen Geschäfte Beschränkungen im Form des Blankokreditkontingents, der Blankokredithöchst- und der Personalkredithöchstgrenze sowie des Regionalprinzips. Des weiteren sehen die Landessparkassengesetze, in denen das Enumerationsprinzip aufgehoben wurde, die Befugnis des Verwaltungsrates vor, im Wege des Beschlusses einzelne Geschäfte zu verbieten oder von seiner Einwilligung abhängig zu machen. Die durch Kompetenzverlagerung auf den Verwaltungsrat eröffnete weitere Möglichkeit zur Beschränkung der Geschäftstätigkeit der Sparkassen stellt jedoch ein untaugliches Kontrollinstrument zur Risikobegrenzung dar. Sie erlangt in der Praxis keine Relevanz und kann bei der Beurteilung der Universalität von Sparkassen vernachlässigt werden.

10. Sparkassen unterliegen im Vergleich zu den Banken neben der Kreditwesenaufsicht sowohl der Sparkassen- als auch der Trägeraufsicht. Während aus den beiden zusätzlichen Aufsichtsarten für die Sparkassen keine weiteren unmittelbaren Beschränkungen ihrer Geschäftstätigkeit resultieren, erfahren die Sparkassen jedoch durch den gestiegenen Eigenmittelbedarf aufgrund der Harmonisierung des EG-Bankenmarktes im Rahmen der Kreditwesenaufsicht Benachteiligungen gegenüber den Großbanken. Ursache für diese Einschränkungen der Geschäftstätigkeit ist die dezentrale Struktur der Sparkassen als Primärebene der Sparkassenorganisation.

11. Sparkassen stellen als einzelnes selbständiges Wirtschaftsunternehmen auch nach der Liberalisierung des Sparkassenrechtes aufgrund der noch bestehenden Geschäftsbeschränkungen keine Universalbanken dar. Erst durch die Eingliederung in das Verbundsystem können diese Beschränkungen weitestgehend neutralisiert werden. Die Zusammenarbeit mit den Verbundpartnern zur Überwindung der Geschäftsbeschränkungen ist die notwendige Konsequenz aus der Geschäftspraxis der Sparkassen. Die sich daraus ergebene Perspektive für die Sparkassen ist die Schaffung größerer Einheiten und die schrittweise Aufgabe der dezentralen, selbständigen Organisationsform.

X. Anhang

Anhang 1:

8 Thesen des wissenschaftlichen Beirates der Gesellschaft für öffentliche Wirtschaft und Gemeinwirtschaft e.V.[757]:

These 1:

Öffentliche Unternehmen sind in der sozialen Marktwirtschaft dazu bestimmt, öffentliche Aufgaben zu erfüllen. Damit ergänzen und fördern sie die private Wirtschaft und sind dort, wo Wettbewerb nicht möglich ist oder zu unerwünschten Ergebnissen führt, unerläßlich. Ihre Aufgaben ergeben sich aus Entscheidungen der politisch verantwortlichen Organe der Gebietskörperschaften, die die Ziele der Politik bestimmen. Öffentliche Unternehmen sind ein integraler Bestandteil der gemischten Wirtschaftsordnung der Bundesrepublik Deutschland.

These 2:

Bund, Länder und Gemeinden setzen öffentliche Unternehmen ein zur Durchführung von Aufgaben, die ihnen kraft Verfassung oder Gesetz obliegen, sowie zur Unterstützung bei der Verfolgung zahlreicher staatlicher und kommunaler Ziele. Es geht dabei im wesentlichen
- um die Bereitstellung von Leistungen, bei denen die öffentliche Hand im öffentlichen Interesse auf Preise und Bedingungen Einfluß nehmen muß, vor allem, wenn private Unternehmen entsprechende Aktivitäten nicht entfalten;
- um die Bewirtschaftung von Leistungs- und Schienennetzen im öffentlichen Interesse;
- um die Beeinflussung der Struktur wichtiger Märkte und die Förderung von Wettbewerb, insbesondere in Wirtschaftszweigen, die zu Konzentration und Marktbeherrschung tendieren.

[757] o.V., Stellungnahme zu dem Beitrag: Öffentliche Unternehmen im Spannungsfeld der Privatisierungsdiskussion - Thesen des Wissenschaftlichen Beirates der Gesellschaft für öffentliche Wirtschaft und Gemeinwirtschaft über öffentliche Unternehmen in der sozialen Marktwirtschaft -, ZögU 1985, S. 70 ff.

These 3:

Öffentliche Unternehmen sind in hochentwickelten Industriegesellschaften ebenso unentbehrlich wie in Volkswirtschaften, deren wirtschaftliche Infrastruktur sich noch im Aufbau befindet.
In der Bundesrepublik Deutschland werden die künftigen Aufgaben der öffentlichen Unternehmen wesentlich von den sich abzeichnenden neuen Schwerpunkten staatlicher Politik bestimmt: der Struktur-, der Umwelt- und der Technologiepolitik. Öffentliche Unternehmen sind geeignete Instrumente, um die in diesen Politikbereichen angestrebten Ziele mit unternehmerischen Mitteln zu verfolgen.

These 4:

Nach Haushalts- und Gemeinderecht sollen Bund und Länder und dürfen die Gemeinden nur dann wirtschaftliche Unternehmen errichten oder sich an solchen beteiligen, wenn ein öffentliches Interesse vorliegt und der angestrebte Zweck nicht besser und wirtschaftlicher auf andere Weise erreicht werden kann. Es liegt im Sinne dieser Vorschrift, wenn die Träger öffentlicher Unternehmen von Zeit zu Zeit prüfen, ob die Voraussetzungen für die öffentliche Trägerschaft weiterhin gegeben sind, wobei im Rahmen einer sorgfältigen Analyse alle Wirkungen - insbesondere die langfristiger Art - zu berücksichtigen sind.

These 5:

Die Privatisierung eines öffentlichen Unternehmens erfordert stets eine Einzelfallprüfung. Privatisierung kann sinnvollerweise nur in Betracht kommen, wenn langfristig eine öffentliche Aufgabe nicht mehr gegeben, insbesondere ein bisher im öffentlichen Interesse erbrachtes Leistungsangebot entbehrlich ist und nationale Interessen nicht beeinträchtigt werden. Je nach Art und Umfang des öffentlichen Interesses kann statt vollständiger Privatisierung auch ein geringerer Beteiligungsgrad als bisher angemessen sein. Im Interesse der Wahrung der Stetigkeit der öffentlichen Wirtschaft und ihrer Aufgabenerfüllung wäre es wünschenswert, bei Privatisierungsvorhaben einen überparteilichen Konsens anzustreben.

These 6:

Öffentliche Unternehmen bieten bessere Voraussetzungen zur Durchführung und Kontrolle einer Aufgabenerfüllung im öffentlichen Interesse und lassen sich wirksamer für die Ziele öffentlicher Körperschaften einsetzen als öffentlich gebundene ("regulierte") private Unternehmen.

These 7:

Es ist eine Selbstverständlichkeit, daß öffentliche Unternehmen zu effizientem Wirtschaften verpflichtet sind. Maßstab für die Effizienz öffentlicher Unternehmen muß in erster Linie der Grad der Erfüllung der ihnen gestellten öffentlichen Aufgaben sein. Da Rentabilität bei ihnen nur erreichbar ist, wenn und soweit die öffentlichen Aufgaben dies zulassen, kann sie bei diesen Unternehmen nicht der einzige Effizienzmaßstab sein. Treten bei öffentlichen Unternehmen, wie dies auch in der übrigen Wirtschaft vorkommt, in Einzelfällen Mängel auf, sollten die Träger für die Beseitigung dieser Mängel sorgen, bevor eine Privatisierung in Betracht gezogen wird.

These 8:

In der Bundesrepublik Deutschland hat es in der Nachkriegszeit praktisch keine Verstaatlichung gegeben. Im Vergleich mit anderen europäischen Industrieländern ist allein deshalb der Spielraum für die Möglichkeit von Privatisierungen sehr viel geringer. Finanzwirtschaftlich betrachtet, wäre aus der Veräußerung von Unternehmensbeteiligungen ein entscheidener Beitrag zur Konsolidierung der öffentlichen Haushalte nicht zu erwarten. Im übrigen muß gegenüber einer rein haushaltswirtschaftlichen Betrachtungsweise die Erfüllung öffentlicher Aufgaben stets Vorrang haben.

Anhang 2:

1. Art. 92 EG-V (Unzulässigkeit von Beihilfen; Ausnahmen)

(1) Soweit in diesem Vertrag nicht etwas anderes bestimmt ist, sind staatliche oder aus staatlichen Mitteln gewährte Beihilfen gleich welcher Art, die durch die Begünstigung bestimmter Unternehmen oder Produktionszweige den Wettbewerb verfälschen oder zu verfälschen drohen, mit dem Gemeinsamen Markt unvereinbar, soweit sie den Handel zwischen Mitgliedstaaten beeinträchtigen.

(2) Mit dem Gemeinsamen Markt vereinbar sind
a) Beihilfen sozialer Art an einzelne Verbraucher, wenn sie ohne Diskriminierung nach der Herkunft der Waren gewährt werden;
b) Beihilfen zur Beseitigung von Schäden, die durch Naturkatastrophen oder sonstige außergewöhnliche Ereignisse entstanden sind;
c) Beihilfen für die Wirtschaft bestimmter durch die Teilung Deutschlands betroffener Gebiete der Bundesrepublik Deutschland, soweit sie zum Ausgleich der durch die Teilung verursachten wirtschaftlichen Nachteile erforderlich sind.

(3) Als mit dem Gemeinsamen Markt vereinbar können angesehen werden:
a) Beihilfen zur Förderung der wirtschaftlichen Entwicklung von Gebieten, in denen die Lebenshaltung außergewöhnlich niedrig ist oder eine erhebliche Unterbeschäftigung herrscht;
b) Beihilfen zur Förderung wichtiger Vorhaben von gemeinsamen europäischem Interesse oder zur Behebung einer beträchtlichen Störung im Wirtschaftsleben eines Mitgliedstaates;
c) Beihilfen zur Förderung der Entwicklung gewisser Wirtschaftszweige oder Wirtschaftsgebiete, soweit sie die Handelsbedingungen nicht in einer Weise verändern, die dem gemeinsamen Interesse zuwiderläuft. Beihilfen für den Schiffsbau, soweit sie am 1. Januar 1957 bestanden und lediglich einem fehlenden Zollschutz entsprechen, werden jedoch entsprechend den für die Abschaffung der Zölle geltenden Bestimmungen und vorbehaltlich der Vorschriften dieses Vertrages über die gemeinsame Handelspolitik gegenüber dritten Ländern schrittweise abgebaut;
d) Beihilfen zur Förderung der Kultur und der Erhaltung des kulturellen Erbes, soweit sie die Handels- und Wettbewerbsbedingungen in der Gemeinschaft nicht in einem Maß beeinträchtigen, das dem gemeinsamen Interesse zuwiderläuft;
e) sonstige Arten von Beihilfen, die der Rat durch eine Entscheidung mit qualifizierter Mehrheit auf Vorschlag der Kommission bestimmt.

2. Art. 93 EG-V (Maßnahmen gegen unstatthafte Beihilfen)

(1) Die Kommission überprüft fortlaufend in Zusammenarbeit mit den Mitgliedstaaten die in diesen bestehenden Beihilferegelungen. Sie schlägt ihnen die zweckdienlichen Maßnahmen vor, welche die fortschreitende Entwicklung und das Funktionieren des Gemeinsamen Marktes erfordern.

(2) Stellt die Kommission fest, nachdem sie den Beteiligten eine Frist zur Äußerung gesetzt hat, daß eine von einem Staat oder aus staatlichen Mitteln gewährte Beihilfe mit dem Gemeinsamen Markt nach Artikel 92 unvereinbar ist oder daß sie mißbräuchlich angewandt wird, so entscheidet sie, daß der betreffende Staat sie binnen einer von ihr bestimmten Frist aufzuheben oder umzugestalten hat. Kommt der betreffenden Staat dieser Entscheidung innerhalb der festgesetzten Frist nicht nach, so kann die Kommission oder jeder betroffene Staat in Abweichung von den Artikeln 169 und 170 den Gerichtshof unmittelbar anrufen. Der Rat kann einstimmig auf Antrag eines Mitgliedstaates entscheiden, daß eine von diesem Staat gewährte oder geplante Beihilfe in Abweichung von Artikel 92 oder von den nach Artikel 94 erlassenen Verordnung als mit dem Gemeinsamen Markt vereinbar gilt, wenn außergewöhnliche Umstände eine solche Entscheidung rechtfertigen. Hat die Kommission bezüglich dieser Beihilfe das in Unterabsatz 1 dieses Absatzes vorgesehene Verfahren bereits eingeleitet, so bewirkt der Antrag des betreffenden Staates an den Rat die Aussetzung dieses Verfahrens, bis der Rat sich geäußert hat. Äußert sich der Rat nicht binnen drei Monaten nach Antragstellung, so entscheidet die Kommission.

(3) Die Kommission wird von jeder beabsichtigten Einführung oder Umgestaltung von Beihilfen so rechtzeitig unterrichtet, daß sie sich dazu äußern kann. Ist sie der Auffassung, daß ein derartiges Vorhaben nach Artikel 92 mit dem gemeinsamen Markt unvereinbar ist, so leitet sie unverzüglich das in Absatz 2 vorgesehene Verfahren ein. Der betreffende Mitgliedstaat darf die beabsichtigte Maßnahme nicht durchführen, bevor die Kommission eine abschließende Entscheidung erlassen hat.

Anhang 3:

1. Bisheriger Wortlaut des § 27 SpkG Sachsen:

§ 27 Jahresüberschuss

(1) Bei der Aufstellung des Jahresabschlusses kann der Vorstand mit Zustimmung des Verwaltungsrates den um einen Verlustvortrag aus dem Vorjahr geminderten Jahresüberschuß bis zu 75 vom Hundert unbeschadet von Absatz 2 mit Wirkung für den Bilanzstichtag der Sicherheitsrücklage oder einer freien Rücklage zuführen (Vorwegzuführungen); die Zuführung zu einer freien Rücklage darf die Hälfte der Zuführung zur Sicherheitsrücklage nicht übersteigen.

(2) Der Jahresüberschuß im Sinne von Absatz 1 ist voll der Sicherheitsrücklage zuzuführen, solange und soweit die Anlagen im sinne von § 12 des Gesetzes über das Kreditwesen die Rücklagen übersteigen.

(3) Der Verwaltungsrat kann beschließen, daß von dem Bilanzgewinn bis zu
1. ein Zehntel, wenn die Sicherheitsrücklage mindestens fünf vom Hundert der Bilanzsumme,
2. ein Viertel, wenn die Sicherheitsrücklage mindestens siebeneinhalb vom Hundert der Bilanzsumme,
3. drei Viertel, wenn die Sicherheitsrücklage mindestens zehn vom Hundert der Bilanzsumme
beträgt, dem Gewährträger oder nach dem in der Satzung bestimmten Verhältnis den Gewährträgern zugeführt werden. Maßgebend sind die Bilanzsumme und die Sicherheitsrücklage zum Bilanzstichtag.

(4) Der nicht nach den Absätzen 1 bis 3 verwendete Teil des Jahresüberschusses ist der Sicherheitsrücklage zuzuführen.

(5) Der dem Gewährträger nach Absatz 3 zugeführte Betrag ist im Benehmen mit der Sparkasse für öffentliche, im Sinne des Steuerrechts gemeinnützige Zwecke zu verwenden. Mit Zustimmung des Gewährträgers kann dieser Betrag von der Sparkasse selbst für die in Satz 1 genannten Zwecke verwendet werden.

2. Vorschlag des OSGV zur Änderung des § 27 SpkG Sachsen, um eine freie, zweckungebundene Gewinnausschüttung der Sparkassen an den jeweiligen Gewährträger zu ermöglichen[758]:

§ 27 Unternehmensplanung, Gewinnverwendung

(1) Der Vorstand legt dem Verwaltungsrat jährlich eine Unternehmensplanung über drei Jahre gemäß § 8 Abs. 3 Nr. 1 vor, die sich auf betriebswirtschaftlich abgesicherte Verfahren stützt. Die angewendeten Verfahren werden dem Verwaltungsrat im einzelnen erläutert. Die Prüfungseinrichtung wertet die dem Verwaltungsrat vorgelegten Planungen im Rahmen der Jahresabschlußprüfung.

(2) Der Verwaltungsrat hat die Unternehmensplanung inhaltlich zu würdigen, bevor er ihr zustimmen kann. Zur fachlichen Auseinandersetzung mit der Unternehmensplanung kann der Verwaltungsrat einen Ausschuß (Wirtschaftsrat) bilden, der die Entscheidung vorbereitet.

(3) Aufgrund der Unternehmensplanung beschließt der Verwaltungsrat über die beabsichtigte Verwendung der sich aus der Planung ergebenden disponiblen Mittel.

(4) Nach Feststellung des Jahresabschlusses beschließt der Verwaltungsrat über die Verwendung des Bilanzgewinns. Unter Berücksichtigung der Unternehmensziele der Sparkasse und der festgestellten Plandaten können freie disponible Teile des Gewinns an den Gewährträger ausgeschüttet werden.

[758] o.V., Sparkassengewinne ausschütten, Börsen-Zeitung vom 06.05.1999.

Anhang 4:

Die zehn neuen Leitlinien der Sparkassenorganisation lauten[759]:

1. dauerhafte Kundenzufriedenheit als oberster Maßstab der Geschäftspolitik;
2. Konzentration auf Vermögensaufbau und -anlage der Kunden;
3. Finanzdienstleistungen für den Mittelstand als Kernkompetenzen;
4. Unterstützung der Kommunen bei der Bewältigung ihrer Aufgaben;
5. kompetente Mitarbeiter als wichtigstes Kapital;
6. moderne Technik im Dienst des Menschen;
7. Stärkung des dezentralen Unternehmertums vor Ort durch einen leistungsfähigen Verbund;
8. Kostensenkung und Produktivitätssteigerung durch Arbeitsteilung;
9. kommunale und regionale Verankerung unternehmerisch selbständiger Sparkassen als tragfähige Grundlage für die Deutsche Sparkassenorganisation, das bedeutet dezentrales Unternehmertum mit europäischer Integration und Globalität der Märkte verbinden;
10. die Verbindung von Markteffizienz und solider Ertragskraft mit Verantwortung in Gesellschaft und Region.

[759] Quelle: o.V., Große Aufbauleistung gewürdigt, Deutsche Sparkassenzeitung vom 28.04.1998.

Literaturverzeichnis

Akmann, Michael, Die EG-Eigenmittelrichtlinie, in: ZfK 1990, 186 ff.

Ashauer, Günter/ Mura, Jürgen, Geschichte der Sparkassen, in: Handwörterbuch der Sparkassen, Deutscher Sparkassenverlag GmbH (Hrsg.), Band 2, Stuttgart 1982, S. 259 ff.

Ashauer, Günter, Von der Ersparungscasse zur Sparkassen-Finanzgruppe, Stuttgart 1991.

Aßmann, Klaus, Zur Ideologie der öffentlichen Aufgaben von Sparkassen, in: ZögU 1981, S. 339 ff.

Axel, Frank, Eigenkapitalausstattung und Eigenkapitalbeschaffung - Probleme für ostdeutsche Sparkassen, ZfK 1994, S. 280 f.

Backhaus, Jürgen, Öffentliche Unternehmen - Zum Wirtschaftsrecht, den Funktionen und Rechtsformen öffentlicher Unternehmen, 2. Auflage, Frankfurt a.M. 1980.

Badura, Peter, Die Erfüllung öffentlicher Aufgaben und die Unternehmenszwecke bei der wirtschaftlichen Betätigung der öffentlichen Hand, in: Festschrift für Hans-Jürgen Schlochauer, Berlin 1981, S. 3 ff.

Bähre, Inge Lore, Bankenaufsicht, in: Handwörterbuch der Sparkassen, Deutscher Sparkassenverlag GmbH (Hrsg.), Band 1, Stuttgart 1982, S. 185 ff.

Baxmann, Ulf G., Daten zur Konzentration im Sparkassenwesen, in: Sparkasse 1991, S. 508 ff.

Bayerischer Bankenverband e.V., Bericht des Verbandsgeschäftsführers RA Dr. Günther Picker, vorgetragen auf der Mitgliederversammlung des Bayerischen Bankenverbandes e.V. am 14.11.1988, München.

Becker, Wolf-Dieter, Öffentliche Banken als Instrumente der staatlichen Ordnungspolitik, in: ZögU 1980, 257 ff.

Becker-Birck, Hans-Henning, Die Kommunen und ihre Sparkassen, in: ZfK 1994, S. 837 ff.

Berg, Wilfried, Die öffentlichrechtliche Anstalt, in: NJW 1985, S. 2294 ff.

Bizer, Heinz-Rudi, Die Geschäftsentwicklung der Landesbanken/Girozentralen im Jahr 1997, in: Sparkasse 1998, S. 227.

Bonner Kommentar, Kommentar zum Bonner Grundgesetz seit 1950, Loseblattsammlung (Stand: 54. Lieferung, Juni 1988).

Boos, Karl-Heinz/ Schulte-Mattler, Hermann, Neuregelungen des Eigenkapitalgrundsatzes I, in: Die Bank 1993, S. 358 ff.

Brandt, Hans-Dieter, Wem gehören die Sparkassen?, in: Sparkasse 1993, S. 54f.

Brzoska, Thomas, Die öffentlich-rechtlichen Sparkassen zwischen Staat und Kommunen, Berlin 1976.

Büschgen, Hans E., Die Großbanken, Frankfurt a.M. 1983.

Büschgen, Hans E., Strukturwandel in Finanzsystemen (I) - Ausprägungen und Ursachen von Strukturwandlungsprozessen in Finanzsystemen, in: ÖBA 1984, S. 1 ff.

Burmeister, Joachim, Ist die Unternehmensverfassung der Stadt- und Kreissparkassen als öffentliche Anstalten noch funktionsgerecht?, in: Unternehmensverfassung in der privaten und öffentlichen Wirtschaft, Peter Eichhorn (Hrsg.), Festschrift für Erich Potthoff, Baden-Baden 1989, S. 225 ff.

Busse, Caspar, Fusionswelle rollt auf Banken und Versicherungen zu, Handelsblatt vom 30.12.1997.

Clausen, Harald, Der Einfluß der Gemeinde auf die kommunale Sparkasse nach dem nordrhein-westfälischen Sparkassengesetz vom 7. Januar 1958, Berlin 1964.

Clauß, Günter, Öffentliche Versicherer, in: Handwörterbuch der Sparkassen, Deutscher Sparkassenverlag GmbH (Hrsg.), Band 3, Stuttgart 1982, S. 219 ff.

Claussen, Bernd, Teilprivatisierung kommunaler Sparkassen? - Ökonomische und rechtliche Rahmenbedingungen für eine Beteiligung Privater an den kommunalen Kreditinstituten, 1. Auflage, Baden-Baden 1990.

Creifelds, Carl/ Meyer-Goßner, Lutz (Hrsg.), Rechtswörterbuch, 9. Auflage, München 1988.

Dannecker, Marcus/ Mutter, Stefan, Die neue Landesbank im Süden, in: Börsen-Zeitung vom 29.12.1998.

Dehe, Hans Günther, Öffentlicher Auftrag, in: Handwörterbuch der Sparkassen, Deutscher Sparkassenverlag GmbH (Hrsg.), Band 3, Stuttgart 1982, S. 210 ff.

Dennig, Ulrike, Plädoyer für die Umwandlung von Sparkassen in Privatbanken, in: Wirtschaftsdienst 1990, S. 529 ff.

Dette, Ilona, Veränderungen im Sparkassenrecht einschließlich der Entwicklung in den neuen Bundesländern, in: Sparkasse 1991, S. 566 ff.

Dick, Adalbert, Die Verflechtung zwischen Sparkassen und Girozentralen, Berlin 1959.

Didzoleit, Winfried/Schmidt-Klingenberg, Michael, Ein trotziges Nein, in: Der Spiegel, Nr. 28/12.07.1999, S. 22 ff.

Dörries, Georg, Zur Rechtsstellung von Landesbanken unter besonderer Berücksichtigung der Westdeutschen Landesbank, Frankfurt a.M./Bern/New York/ Paris 1988.

DSGV, Erste Stellungnahme des DSGV-Vorstandes zu den Überlegungen des sächsischen Finanzministeriums, in: Deutsche Sparkassenzeitung vom 7.04.1998.

Ebner-Nehring, Sabine, Die Landesbanken zwischen Ländern und Sparkassen - insbesondere in Baden-Württemberg -, BWVPr. 1988, 145 ff.

Ehrenberger, Hermann, Factoringgesellschaften, in: Handwörterbuch der Sparkassen, Deutscher Sparkassenverlag GmbH (Hrsg.), Band 2, Stuttgart 1982, S. 119ff.

Ellgering, Ingo, Anmerkungen zum sparkassentypischen Regionalprinzip im europäischen Binnenmarkt, in: WM 1992, S. 131.

Ellgering, Ingo, Zeitgemäßer Vertrieb - Anmerkungen aus der Sicht einer Flächensparkasse -, in : Sparkasse 1993, S. 460 ff.

Ellgering, Ingo, Die Kreditgenossenschaften im Jahr 1997, in: Sparkasse 1998, S. 497.

Emmerich, Volker, Das Wirtschaftsrecht der öffentlichen Unternehmen, Bad Homburg 1969.

Faißt, Lothar, Sparkassenrecht im Wandel, in: Sparkasse 1992, S. 58 ff.

Fischer, Michael, Deutscher Sparkassen- und Giroverband ö.K., in: Handwörterbuch der Sparkassen, Deutscher Sparkassenverlag GmbH (Hrsg.), Band 1, Stuttgart 1982, S. 463 ff.

Fischer, Reinfrid, Die Geschäftsbeschränkungen der Sparkassen, in: Sparkasse 1976, S. 142 ff.

Fischer, Reinfrid, Anpassungen im Geschäftsrecht der Sparkassen, in: Sparkasse 1979, S. 37 ff.

Fischer, Reinfrid, Rechtsnatur öffentlicher Sparkassen, in: Handwörterbuch der Sparkassen, Deutscher Sparkassenverlag GmbH (Hrsg.), Band 3, Stuttgart 1982, S. 416 ff.

Fischer, Reinfrid, Selbstverwaltung durch und in kommunalen Sparkassen, S. 835 ff, in: Festgabe zum 70. Geburtstag von Georg Christoph von Unruh, Heidelberg 1983.

Fischer, Reinfrid, Private Unternehmensform - Maßstab für alle Kreditinstitute?, in: Sparkasse 1984, S. 162 f.

Fischer, Reinfrid, Entwicklungen beim Geschäftsrecht der Sparkassen und Banken in Gesetzgebung, Rechtsprechung und Vertragsgestaltung, in Sparkasse 1986, S. 394 ff.

Fischer, Reinfrid, Sparkassenstruktur und Privatisierung, in: Sparkasse 1992, S. 567 ff.

Follak, Klaus-Peter, Die Harmonisierung der Eigenkapitalanforderungen an Banken in den Ländern der "Zehnergruppe", in: ÖBA 1990, S. 752 ff.

Forsthoff, Ernst, Lehrbuch des Verwaltungsrechts, 10. Auflage, München 1973.

Frick, Heinrich, Die Staatsaufsicht über die kommunalen Sparkassen - Die Sparkassen als Selbstverwaltungsträger und ihr Verhältnis zum Staat in der Bundesrepublik Deutschland, Berlin 1962.

Frick, Heinrich, Gedanken zur Identität der Sparkassen, in: Sparkasse 1987, S. 438 f.

Geiger, Helmut, Wettbewerb erfordert keine Änderung der Besteuerung, in: Sparkasse 1981, S. 160 ff.

Geiger, Helmut, Sparkassenorganisation, in: Handwörterbuch der Sparkassen, Deutscher Sparkassenverlag GmbH (Hrsg.), Band 4, Stuttgart 1982, S. 119 ff.

Geiger, Helmut, Sparkassen und Landesbanken/Girozentralen im Bankensystem, in: Handwörterbuch der Sparkassen, Deutscher Sparkassenverlag GmbH (Hrsg.), Band 4, Stuttgart 1982, S. 150 ff.

Geiger, Helmut, Verbund in der Sparkassenorganisation, in: Handwörterbuch der Sparkassen, Deutscher Sparkassenverlag GmbH (Hrsg.), Band 4, Stuttgart 1982, S. 258 ff.

Geiger, Helmut, Sind die Sparkassen für den Wettbewerb der 90er Jahre genügend vorbereitet?, in: Sparkasse 1988, S. 247 ff.

Geiger, Helmut, Die deutsche Sparkassenorganisation, 2. Auflage, Frankfurt a.M. 1992.

Geiger, Helmut, Öffentliche Rechtsform unverzichtbar, in: Sparkasse 1992, S. 306 ff.

Geiger, Walter/ Möder, Joachim, Willensbildung in der Sparkassenorganisation, Deutscher Sparkassenverlag GmbH (Hrsg.), Band 4, Stuttgart 1982, S. 415 ff.

Geiger, Walter, Die 4. KWG-Novelle und der neue Grundsatz I, in: Sparkasse 1992, S. 562 f.

Geise, Wolfgang, Sparkassen-Finanzgruppe und Allfinanz, in: Sparkasse 1993, S. 56 ff.

Gerlach, Rolf/ Sprenger, Franz, Sparkassenverordnungsnovelle NW 1988, in: Sparkasse 1988, S. 492 ff.

Gerlach, Rolf, Das Geschäftsrecht der Sparkassen - Widerlager gegen das Abgleiten bewährter Strukturen ins Unverbindliche, in: der gemeindehaushalt 1989, S. 84 ff.

Gerlach, Rolf, Teilprivatisierung schränkt Wettbewerb ein - Brüsseler Sparkassendebatte trifft öffentlich-rechtliche Institute nicht am Lebensnerv -, Börsenzeitung vom 7.03.1998.

Gies, Winfried, Operative Ergebnisse enttäuschen, Deutsche Sparkassenzeitung vom 1.06.1999.

Gimple, Manuel, Das Regionalprinzip der deutschen kommunalen Sparkassen bei der Zweigstellenerrichtung im EG-Ausland, Konstanz 1990.

Grill, Hannelore/ Perczynski, Hans, Wirtschaftslehre des Kreditwesens, 29. Auflage, Bad Homburg 1995.

Gröschel, Ulrich, Wettbewerbsrechtliche Aspekte einer Privatisierung von Sparkassen, in: Sparkasse 1992, S. 519 ff.

Gröschel, Ulrich, Funktion und Stellung der Landesbanken in der Sozialen Marktwirtschaft, in: ZögU 1996, S. 1 ff.

Güde, Udo/ Zährl, Rolf, Geschäftspolitik der Sparkassen: Grundlagen und aktuelle Probleme, 6. Auflage, Stuttgart 1995.

Günther, Hans-Georg, Das Sparkassenwesen, Geschichte der Sparkassen in der DDR - Überblick über die Ergebnisse von zwei Forschungsprojekten, in: Wissenschaftsförderung der Sparkassenorganisation e.V., Mitteilung 40, Bonn 1995, S. 57 ff.

Hahn, Oswald, Optimale Betriebsgröße von Sparkassen - eine kritische Überlegung, in: ZfK 1995, S. 32 ff.

Haller, Hubertus, Entwicklung und Wesen der Staatsaufsicht über die kommunalen Sparkassen unter besonderer Berücksichtigung der verfassungsrechtlichen Grenzen der Bundesaufsicht, Würzburg 1970.

Hauschildt, Jürgen, Unterschiede in der Zielkonzeption privatwirtschaftlicher, genossen-schaftlicher und öffentlicher Banken, in: ZögU 1978, S. 26 ff.

Hedrich, Carl-Christoph, Die Privatisierung der Sparkassen - Ein Beitrag zu den institutionellen Problemen der Deregulierung, 1. Auflage, Baden-Baden 1993.

Heinevetter, Klaus, Sparkassenaufsicht, in: Handwörterbuch der Sparkassen, Deutscher Sparkassenverlag GmbH (Hrsg.), Band 4, Stuttgart 1982, S. 45 ff.

Heitmüller, Hans-Michael, Das Strategiekonzept der Sparkassenorganisation in der Realisierungsphase, in: Sparkasse 1992, S. 556 ff.

Hellerling, Michael, Immobilienvermittlung durch Sparkassen, in: Sparkasse 1991, S. 404 ff.

Henning, Friedrich-Wilhelm, Die historischen Wurzeln des öffentlichen Auftrags der Sparkassen, in: Der öffentliche Auftrag der Sparkassen in der historischen Entwicklung, Sparkassenhistorisches Symposium 1985, Gesellschaft zur Förderung der wissenschaftlichen Forschung über das Spar- und Girowesen e.V. (Hrsg.), Sparkassen in der Geschichte: Abteilung 1, Dokumentation Band 1, Stuttgart 1986, S. 15 ff.

Henze, Werner/ Schmidt, Hans, Grundriss für die Sparkassenarbeit, Teil 1, Grundzüge der Geschichte des Sparkassenwesens, bearbeitet von W. Henze, Stuttgart 1972.

Herdegen, Matthias, Die vom Bundesrat angestrebte Festschreibung der Privilegien öffentlich-rechtlicher Kreditinstitute: Gefahr für die EG-Wettbewerbsordnung, in: WM 1997, S. 1130 ff.

Höffer, Herbert, Moderates Wachstum in Sparkassenbilanzen im Jahr 1997, in: Sparkasse 1998, S. 224 ff.

Hoffmann, Josef, Deutsche Sparkasseneinheit, Berlin 1931.

Hoppe, Werner, Zur Diskussion um den Haftungszuschlag für die kommunalen Sparkassen, in: DVBl. 1982, S. 45 ff.

Hoppenstedt, Dietrich H., Grundlegende Reformen sind notwendig, in: Sparkasse 1998, S. 458 ff.

Horbach, Reinhard, Änderung der Sparkassenverordnung NW 1982, in: Sparkasse 1982, S. 422 ff.

Horn, Hans-Detlef, Sparkassen privatisieren? Anmerkungen zum (bayerischen) Stand der Dinge, in Sparkasse 1999, S. 187 ff.

Huber, Ernst Rudolf, Wirtschaftsverwaltungsrecht, Band 1, 2. Auflage, Tübingen 1953.

Huber, Ludwig, Landesbanken/Girozentralen, in: Handwörterbuch der Sparkassen, Deutscher Sparkassenverlag GmbH (Hrsg.), Band 3, Stuttgart 1982, S. 70 ff.

Hübner, Rosemarie, Die Struktur des Banksystems und die Sparkassen in der DDR, in: Sparkasse 1986, S. 347 ff.

Igelspacher, Alois, Die Bundeszuständigkeit im kommunalen Sparkassenwesen, München 1971.

Impelmann, Norbert, Abgrenzung der Gesetzgebungskompetenzen zwischen Bund und Ländern auf dem Gebiet des Kredit- und Sparkassenwesens unter besonderer Berücksichtigung der Eigenkapitalregelung, Düsseldorf 1990.

Isensee, Josef, Subsidiaritätsprinzip und Verfassungsrecht - Eine Studie über das Regulativ des Verhältnisses von Staat und Gesellschaft, Schriften zum öffentlichen Recht, Band 80, Berlin 1968.

Janberg, Heinz, Steuerprivilegien und Ertragskraft der Sparkassen, in: ZfK 1966, S. 692 ff.

Jung, Hartmuth A., Zunehmende Shareholder-Value-Orientierung, in: Börsen-Zeitung vom 25.04.1998.

Karl-Bräuer-Institut des Bundes der Steuerzahler e.V. (Hrsg.), Privatisierung von Sparkassen und Landesbanken, Wiesbaden 1994.

Kasten, Hermann/ Linde, Jan-Peter, Sparkassen und ihr Versicherungspartner in Niedersachsen - Markterfolge durch ein neues Kooperationskonzept -, in: Sparkasse 1991, S. 124 ff.

Keil, Eduard, Dienstleistungsgeschäfte, in: Handwörterbuch der Sparkassen, Deutscher Sparkassenverlag (Hrsg.), Band 1, Stuttgart 1982, S. 481 ff.

Keil, Eduard, Regionale Sparkassen- und Giroverbände, in: Handwörterbuch der Sparkassen, Deutscher Sparkassenverlag GmbH (Hrsg.), Band 3, Stuttgart 1982, S. 429 ff.

Keßler, Helmut, Gemeinnützigkeit, in: Handwörterbuch der Sparkassen, Deutscher Sparkassenverlag GmbH (Hrsg.), Band 2, Stuttgart 1982, S. 180 ff.

Keßler, Helmut, Strukturfragen der Sparkassenorganisation, in: Sparkasse 1988, S. 346 ff.

Keßler, Klaus Ulrich, Sparkassenfusionen: Eine Konzeption für die systemorientierte Analyse von Betriebsgrösseneffekte in der Bankwirtschaft, Berlin 1996.

Keßler, Thomas, Aufsichtskonkurrenz im Sparkassenwesen, Tübingen 1997.

Kirchhof, Paul, Hoheitsgebiet und Sparkassengebiet - Funktion und begriffliche Voraussetzungen der Sparkassenneuordnung bei Gebietsänderungen der Gewährträger -, in: DVBl. 1983, S. 921 ff.

Kirchhoff, Ulrich, Factoring, ein Produkt im Allfinanz-Angebot der Sparkassen, in: Sparkasse 1991, S. 23 ff.

Klein, Dietmar, Die Bankensysteme der EG-Länder, Frankfurt a.M. 1991.

Klein, Franz (Hrsg.), Öffentliches Finanzrecht, 2. Auflage, Neuwied, Kriftel, Berlin 1993.

Klüpfel, Wolfgang/ Gaberdiel, Heinz, Kommentar zum Sparkassengesetz, Das Sparkassenrecht in Baden-Württemberg, Teil 1, 5. Auflage, Stuttgart 1996.

Knemeyer, Franz-Ludwig, Das Sparkassenkontrollsystem, in: BayVBl. 1986, S. 33 ff. und S. 70 ff.

Köhler, Horst, "Der Staat hätte ohne öffentlich-rechtliche Sparkassen und Landesbanken mehr Verantwortung und Aufgaben, in: ZfK 1994, S. 1092 ff.

Köhler, Horst, Ein offensives Konzept für die Sparkassenorganisation, in: Sparkasse 1994, S. 10 ff.

Köhler, Horst, Globalisierung des Bankgeschäfts: Die Antwort der Sparkassenorganisation, in: Sparkasse 1996, S. 164 f.

Körner, Günter, Die Einbindung der Sparkassen in die Beteiligungsaktivitäten einer Landesbank, in: Sparkasse 1994, S. 300 ff.

Koester, Hans-Georg von, Öffentliche Unternehmen im Spannungsfeld der Privatisierung, in: Sparkasse 1985, S. 126 ff.

Korbach, Stefan, Die Landesbanken/Girozentralen und die Interessen ihrer Gewährträger, Königstein/Ts. 1986.

Küng, Hans, Globalisierung erfordert ein globales Ethos, in: Sparkasse 1998, S. 5 ff.

Kurth, Reinhold, Das Auslandsgeschäft der Sparkassen - eine geschäftspolitische und aufgabenorientierte Notwendigkeit, in: Sparkasse 1978, S. 38 ff.

Kurz, Felix, Verluste auf Rekordniveau, in: Der Spiegel, Nr. 28/12.07.1999, S. 48.

Lanzke, Uwe, Aktuelle Entwicklung der EG-Bankrechtskoordinierung, in: WM 1988, S. 397 ff.

Lege, Klaus-Wilhelm, Die Geschäftspolitik der deutschen Sparkassen im Wandel der Zeit, in: Archiv für das Spar-, Giro- und Kreditwesen 1968, S. 3 ff.

Lege, Klaus-Wilhelm, Zur Entwicklung der Geschäftsstruktur der deutschen Sparkassen, in: Archiv für das Spar-, Giro- und Kreditwesen 1969, S. 17 ff.

Lehnhoff, Jochen, Die bankrechtlichen Rahmenbedingungen des europäischen Binnenmarktes und die Auswirkungen auf die Kreditgenossenschaften, Marburg 1991.

Linss, Hans Peter, Beispiele der geschäftlichen Zusammenarbeit, in: Betriebspraxis 1980, S. 110 ff.

Mählmann, Peter, Die Hamburger Sparkasse - Ein Unternehmensporträt -, in: ZögU 1986, S. 227 ff.

Mauerer, Anton, Gewinnentnahmen bei Sparkassen? - Zur Diskussion um die Ausschüttung von Sparkassengewinnen, in: Sparkasse 1998, S. 461 ff.

Maunz, Theodor/ Dürig, Günter/ Herzog, Roman/ Scholz, Rupert, Kommentar zum Gundgesetz, Loseblattsammlung, 5. Auflage, München 1978, Stand 30. Nachlieferung 1992.

Maunz, Theodor/ Zippelius, Reinhold, Deutsches Staatsrecht, 27. Auflage, München 1988.

May, Klaus, Kommunalkredite, in: Handwörterbuch der Sparkassen, Deutscher Sparkassenverlag GmbH (Hrsg.), Band 2, Stuttgart 1982, S. 477 ff.

Mayer, Otto, Deutsches Verwaltungsrecht, Bd. II, 1. Auflage, *Ort* 1896; Bd. II, 3. Auflage, *Ort* 1924.

Merten, Detlef, Sparkassenrechtliches Regionalprinzip und kommunale Neugliederung, DVBl. 1983, S. 1140 ff.

Meyer-Köster, Jürgen, Die Sonderstellung der Sparkassen im Wettbewerb, Göttingen 1979.

Mihm, Andreas, Vernunftehe, keine Liebesheirat - Bankgesellschaft Berlin übernimmt die Norddeutsche Landesbank, in: Handelsblatt vom 6./7.03.1998.

Milbradt, Georg, Ein systemverträglicher Weg zur Sparkassen-Neuordnung, Börsen-Zeitung vom 11.03.1999.

Milbradt, Georg, Sachsens Antwort auf die Sparkassenfrage, Börsen-Zeitung vom 10.04.1999.

Möller, Klaus, Änderungen im Geschäfts- und Organisationsrecht der Sparkassen, in: Sparkasse 1986, S. 92 ff.

Möller, Klaus, Veränderungen im Geschäftsrecht der Sparkassen, in: Sparkasse 1988, S. 571 ff.

Möschel, Wernhard, Privatisierung der Sparkassen - Zu den jüngsten Vorschlägen der Monopolkommission, in: WM 1993, S. 93 ff.

Monopolkommission (Hrsg.), Wettbewerbspolitik oder Industriepolitik, IX. Hauptgutachten 1990/91, Baden-Baden 1992, S. 43 ff.

Münch, Ingo von, Kommentar zum Grundgesetz, Band 1 (Präambel bis Art. 20), 3. Auflage, München 1985; Band 2 (Art. 21 bis Art. 69), 2. Auflage, München 1983.

Mura, Jürgen, Zur Geschichte der Sparkassen- und Giroverbände (I) - Regionalverbände -, in: Sparkasse 1980, S. 200 ff.

Mura, Jürgen, Zur Geschichte der Sparkassen- und Giroverbände (II) - Zentralverbände -, in: Sparkasse 1980, S. 454 ff.

Mura, Jürgen, Sparkassenorganisation und Bankenkrise 1931, in: Sparkasse 1981, S. 252 ff.

Mura, Jürgen, Geschichte der Landesbanken/Girozentralen, in: Handwörterbuch der Sparkassen, Deutscher Sparkassenverlag GmbH (Hrsg.), Band 2, Stuttgart 1982, S. 247 ff.

Mura, Jürgen, Geschichte der Sparkassen- und Giroverbände, in: Handwörterbuch der Sparkassen, Deutscher Sparkassenverlag GmbH (Hrsg.), Band 2, Stuttgart 1982, S. 274 ff.

Mura, Jürgen, Zur Geschichte des deutschen Sparkassenrechts von den Anfängen bis 1945, in: Sparkasse 1983, S. 69 ff.

Mura, Jürgen, Zur Geschichte des deutschen Sparkassenrechts seit 1945, in: Sparkasse 1983, S. 260 ff.

Mura, Jürgen, Zur Geschichte des Deutschen Sparkassen- und Giroverbandes, in: Sparkasse 1984, S. 458 ff.

Mura, Jürgen, Zur Geschichte des Personalkredits der deutschen Sparkassen, in: Sparkasse 1985, S. 277 ff.

Mura, Jürgen, Krisen und Kontinuität der Sparkassen (1931 bis 1958), in: Die Entwicklung der Sparkassen zu Universalkreditinstituten, Sparkassenhistorisches Symposium 1986, Gesellschaft zur Förderung der wissenschaftlichen Forschung über das Spar- und Girowesen e.V. (Hrsg.), Sparkassen in der Geschichte: Abteilung 1, Dokumentation Band 2, Stuttgart 1987, S. 49 ff.

Mura, Jürgen, Zur Geschichte des Spargeschäftes der Sparkassen von den Anfängen bis 1945, in: Sparkasse 1995, S. 88 ff.

Mura, Jürgen, Zur Geschichte des Spargeschäftes der Sparkassen seit 1945, in. Sparkasse 1995, S. 229 ff.

Nachbaur, Markus, Vertikale Verbundkooperation zwischen Sparkassen und Girozentralen, Frankfurt a.M. u.a. 1995.

Newiger, Nicolaus, Der öffentliche Auftrag der Sparkassen, in: Geldprofi 1997, S. 11 ff.

Nierhaus, Michael, Zur kommunalen Bindung und Aufgabenstellung der Sparkassen, in: DÖV 1984, S. 662 ff.

Nierhaus, Michael, Sparkassen zwischen öffentlichem Auftrag und Wettbewerbsfunktion - Zur Unternehmensphilosophie der Sparkassen, in: Sparkasse 1985, S. 12 ff.

Nierhaus, Michael/ Stern, Klaus, Regionalprinzip und Sparkassenhoheit im europäischen Bankenbinnenmarkt, Frankfurt a.M. 1992.

Nierhaus, Michael, Regionalprinzip und Sparkassenhoheit im europäischen Bankenbinnenmarkt, in: Sparkasse 1993, S. 159 ff.

o.V., Schwarzer Montag, in: Sparkasse 1961, S. 242.

o.V., Stellungnahme zu dem Beitrag: Öffentliche Unternehmen im Spannungsfeld der Privatisierungsdiskussion - Thesen des Wissenschaftlichen Beirates der Gesellschaft für öffentliche Wirtschaft und Gemeinwirtschaft über öffentliche Unternehmen in der sozialen Marktwirtschaft -, in: ZögU 1985, S. 70 ff.

o.V., Poullain fordert mehr Mut zur Privatisierung, Handelsblatt vom 2.03.1994.

o.V., Girokonto für Jedermann, in: Geldprofi 1996, S. 33.

o.V., Lotto-Verkauf bringt dem Land 398 Millionen Mark, Handelsblatt vom 8.04.1997.

o.V., LB Kiel erhält Zuschlag für Hamburger Landesbank - Rümker sieht neue Impulse für die "Bank des Nordens", Deutsche Sparkassenzeitung vom 4.07.1997.

o.V., EU-Kommission fühlt sich gut gewappnet - Die europäischen Wettbewerbshüter sehen zahlreiche Anhaltspunkte für ihre Vermutung, daß die Beschwerde der privaten Banken in Zusammenhang mit der Übertragung von Wohnungsbauvermögen auf das größte öffentlich-rechtliche Kreditinstitut berechtigt ist, Handelsblatt vom 1.10.1997.

o.V., Nach dem Muster der ersten Ersparungscasse gegründet - Städtische Sparkasse Würzburg wurde 175 Jahre alt, Deutsche Sparkassenzeitung vom 17.10.1997.

o.V., Banken-Beschwerde wird Prüfung nicht standhalten - VöB warnt vor Aufbrechen des bewährten Bankensystems, Deutsche Sparkassenzeitung vom 24.10.1997.

o.V., Angriff auf das bewährte dreigliedrige Bankensystem - Personalräte verurteilen Verhalten der Privatbanken, Deutsche Sparkassenzeitung vom 24.10.1997.

o.V., Von der Sparkasse zur Universalbank, Handelsblatt vom 31.10/1.11.1997.

o.V., "Bankenehe ein Sprengsatz für die Sparkassen"- MBS-Chef Schubert kritisiert den Zusammenschluß von Nord/LB und Bankgesellschaft Berlin, Börsen-Zeitung vom 12.11.1997.

o.V., Die Landesbausparkassen in der S-Finanzgruppe, Deutsche Sparkassenzeitung vom 11.11.1997.

o.V., Gespräche mit der NordLB ziehen sich hin - Die Verhandlungen über die geplante Fusion von Bankgesellschaft Berlin und Nord/LB ziehen sich in die Länge. Angesichts der Verzögerungen will der Berliner Senat seinen verbleibenden Anteil an der Landesbank Berlin vorab versilbern, Handelsblatt vom 5./6.12.1997.

o.V., Nord/LB und Berlin planen Tauschmodell Knackpunkt Steuerproblem ausgeräumt, Börsen-Zeitung vom 10.12.1997.

o.V., Niedersachsens Sparkassen stimmen der Fusion zu - Nord/LB/"Wesentliche Einigung" in Verhandlungen mit Berlin, Handelsblatt vom 10.12.1997.

o.V., Bodin glaubt an den Erfolg - Die Nord/LB sieht sich durch die Großfusion in der Schweiz in ihren Plänen zu einer Fusion mit der Bankgesellschaft bestätigt. Bei dem Projekt sind die Grundlagen geklärt, jetzt geht es an die Feinabstimmung, Handelsblatt vom 12./13.12.1997.

o.V., Sparkasse setzt auf Expansionskurs - Die Hamburger Sparkasse hat ihre Expansionsabsichten neu definiert. Das privatrechtlich organisierte Institut zielt auf Beteiligungen an kommunalen Sparkassen im norddeutschen Umland. Doch dies verhindert gegenwärtig die Gesetzeslage, Handelsblatt vom 30.12.1997.

o.V., Schmidt für Privatisierung der Landesbanken, Handelsblatt vom 16.01.1998.

o.V., Mehr Mittel für Schuldnerberatung - NRW-Sparkassen/Gründung eines Fonds geplant, Handelsblatt vom 20.01.1998.

o.V., Zusammenschluß im Südwesten - Bei einer in Baden-Württemberg seit Jahren angestrebten Bankenfusion ist jetzt der Durchbruch geglückt. Sofern die zuständigen Gremien zustimmen, entsteht im Südwesten aus einer Dreierfusion die nach der Bilanzsumme siebtgrößte deutsche Bank, Handelsblatt vom 20.01.1998.

o.V., Neue Großbank für Baden-Württemberg - SüwestLB, L-Bank und LG fusionieren, Handelsblatt vom 20.01.1998.

o.V., Fusionen machen sich nicht immer bezahlt - In der Wissenschaft werden Zusammenschlüsse von Kreditinstituten durchaus kritisch gesehen, wenngleich damit gerechnet wird, daß am Ende eines Konzentrationsprozesses nur wenige "Global Player" übrig bleiben, Handelsbaltt vom 11.02.1998.

o.V., SüdwestLB will dort sein, wo die Musik spielt - Seit 20 Jahren in London vertreten - Künftige LB Baden-Württemberg wird Chancen nutzen, Börsen-Zeitung vom 14.02.1998.

o.V., Probleme bei NordLB/Bankgesellschaft - NSGV: Gegenseitiges Verständnis nötig - 1997 gutes Jahr, Börsen-Zeitung vom 14.02.1998.

o.V., Kreditgeschäft sorgte für zufriedenstellendes Jahr - Sparkassen Niedersachsen/Verbandschef hält Probleme bei NordLB-LBB-Fusion für lösbar, Handelsblatt vom 16.02.1998.

o.V., Fusionierte Bank plant hohe Rendite - Der Verschmelzungsbericht für die Vereinsbank und die Hypobank ergibt ein Umtauschverhältnis von vier Hypo- gegen drei BV-Aktien plus 0,26 DM je Hypoaktie. Die Fusion geht planmäßig voran, Unklarheit besteht über den Verbleib des überzähligen Personals, Handelsblatt vom 20./21.02.1998.

o.V., Flächendeckendes Netz knüpfen - Deutsche Sparkassenorganisation schafft Basis für Existenzgründungen-, Deutsche Sparkassenzeitung vom 27.02.1998.

o.V., Enge Kooperation statt Fusion, Handelsblatt vom 2.03.1998.

o.V., Landesgirokasse sieht Charme in der Fusion, Börsen-Zeitung vom 6.03.1998.

o.V., Chronik einer schweren Geburt, Börsen-Zeitung vom 6.03.1998.

o.V., Bankfiliale Berlin-Hannover voraussichtlich im Mai - Nach Lösung der Bewertungsprobleme Optimismus über Klärung weiterer Details - Steuerneutrale Zusammenführung beabsichtigt -, Börsen-Zeitung vom 6.03.1998.

o.V., Durchbruch für Bankenehe im Nordosten - Bankgesellschaft übernimmt Nord/LB voll, Börsen-Zeitung vom 6.03.1998.

o.V., Risiken in Asien prägen Vorsorge, Handelsblatt vom 13./14.03.1998.

o.V., Fahrplan zur Bankenehe in Berlin und Hannover steht, Handelsblatt vom 13./14.03.1998.

o.V., Nord-Fusion eher positiv gewertet, Handelsblatt vom 17.03.1998.

o.V., Position als Bank des Nordens gestärkt - Betriebsergebnis der Landesbank Kiel 1997 auf hohem Niveau verfestigt -, Deutsche Sparkassenzeitung vom 17.03.1998.

o.V., Rheinische Sparkassen wollen "große Lösung" - Verband befürwortet Fusion von DekaBank und DGZ - Kritik Kohlhaussens zurückgewiesen, Börsen-Zeitung vom 25.03.1998.

o.V., "Hoffen auf die Große Lösung" - Rheinische Sparkassen befürworten die Fusion von Deka und DGZ, Deutsche Sparkassenzeitung vom 27.03.1998.

o.V., Neue Runde im Bankenstreit - Kreditgewerbe/Sparkassen: Falsches Spiel, Handelsblatt vom 2.04.1998.

o.V., Bankgesellschaft bleib auf steiniger Strecke - Unklare Ertragsaussichten - Dividende ohne Steuergutschrift- 400 Mill. DM in die Reserven, Börsen-Zeitung vom 7.04.1998.

o.V., OSGV lehnt Pläne für Sachsen-Bank ab, Handelsblatt vom 9.04.1998.

o.V., Alternative zur SachsenBank gesucht - Gewährträger sind aufgeschlossen - OSGV weicher als DSGV -, Börzen-Zeitung vom 25.04.1998.

o.V., Gewährträger suchen Alternative zur Sachsen-Bank - Viel Wirbel hat der Plan der sächsischen Staatsregierung zur Gründung einer Sachsen-Bank ausgelöst. Vor allem die Sparkassenverbände opponieren gegen die Holding, die die 23 Sparkassen aufnehmen würde. Jetzt soll ein Alternativ-Modell erarbeitet werden. -, Handelsblatt vom 27.04.1998.

o.V., Gewährträger suchen Alternative zur Sachsen-Bank, Handelsblatt vom 27.04.1998.

o.V., Durchwachsende Geschäftsentwicklung - Sparkassenorganisation/Nachlassende Sparneigung - Ertragsentwicklung unter Druck, Handelsblatt vom 28.04.1998.

o.V., Große Aufbauleistung gewürdigt, Deutsche Sparkassenzeitung vom 28.04.1998.

o.V., Verbandschef Köhler vermeldet Fusion - Grünes Licht für die Fusion der Sparkassendachgesellschaft DGZ mit der Sparkassenfondstochter Deka gibt der Sparkassen- und Giroverband in Leipzig. Die beiden Institute sollen zum 31. Dezember 1998 verschmolzen werden.-, Handelsblatt vom 30.04.1998.

o.V., Fusion von DGZ und DekaBank ohne BayernLB - Endgültig "grünes Licht" - Börsengänge im Fokus der Sparkassen, Börsen-Zeitung vom 30.04.1998.

o.V., Geschlossene Front gegen SachsenBank - Alternativkonzept sieht systematische Gewinnausschüttung vor -, Börsen-Zeitung vom 1./2.05.1998.

o.V., Neuber will mit Helaba sprechen - Sparkassenstruktur wird in NRW nicht angetastet -, Börsen-Zeitung vom 15.05.1998.

o.V., DGZ-Anteilseigner stimmen Fusion mit Deka zu, Börsen-Zeitung vom 16.05.1998.

o.V., Die DGZ-Hauptversammlung stimmt der Fusion mit Deka zu, Deutsche Sparkassenzeitung vom 19.05.1998.

o.V., Kreditgenossen forcieren Konzentrationsprozeß - Verband erwartet in Hessen, Rheinland-Pfalz und Thüringen etwa 60 Fusionen bis zum Jahr 2000, Börsen-Zeitung vom 28.05.1998.

o.V., Bankenfusion kommt gut voran - Lenkungsausschuß tagte - Bewertungsfragen noch offen, Börsen-Zeitung vom 21./22.05.1998.

o.V., Kreditgenossen forcieren Konzentrationsprozeß - Verband erwartet in Hessen, Rheinland-Pfalz und Thüringen etwa 60 Fusionen bis zum Jahr 2000, Börsen-Zeitung vom 28.05.1998.

o.V., Durchbruch bei Bankenfusion - Bewertung der SüdwestLB, L-Bank und Landesgirokasse geklärt -, Börsen-Zeitung vom 11./12.06. 1998.

o.V., Breuer will das Verhältnis zu den Sparkassen bereinigen, Börsen-Zeitung vom 16.06.1998.

o.V., Bankgesellschaft und Nord/LB kommen voran, Börsen-Zeitung vom 23.06.1998.

o. V., "Berlin-Modell muß selbst überzeugen", BZ-Gespräch mit Dr. Dietrich H. Hoppenstedt, Börsen-Zeitung vom 8.07.1998.

o. V., Zustimmung zur Fusion von Deka Bank und DGZ, Deutsche Sparkassenzeitung vom 10.07.1998.

o. V., Hoppenstedt wird DSGV-Chef - "Offensive" Strukturdiskussion, Börsen-Zeitung vom 21.07.1998.

o. V., Hoppenstedts Herausforderungen, Börsen-Zeitung vom 21.07.1998.

o. V., Rechtsformwechsel der DG Bank perfekt, Börsen-Zeitung vom 19.08.1998.

o. V., OSGV mit Ampelmodell gegen die Sachsenbank - Rating zur Beurteilung der Ausschüttungsfähigkeit - Sparkassengewinne weiter unter Druck -, Börsen-Zeitung vom 25.08.1998.

o. V., Der Stabwechsel ist vollzogen, Deutsche Sparkassenzeitung vom 1.09.1998

o. V., Hoppenstedt will ein kämpferischer Sparkassenpräsident sein, Frankfurter Allgemeine Zeitung vom 1.09.1998.

o. V., Hoppenstedt ruft Banken zum Konsens auf, Börsen-Zeitung vom 1.09.1998

o. V., DSGV fürchtet „Auszehrung" der Sparkassen - Breitseite gegen sächsische Pläne zur Schaffung einer Holding für öffentlich-rechtliche Institute - Börsen-Zeitung vom 1.09.1998.

o. V., „Einheit in der Vielfalt" schaffen - Neuer DSGV-Präsident plädiert für Modell der vernetzten Dezentralität -, Deutsche Sparkassenzeitung vom 4.09.1998.

o.V., OSGV hält Sachsenbank für verfassungswidrig - Rechtsgutachten vorgelegt - Milbradt weist Vorwurf zurück und kritisiert Ampelmodell, Börsen-Zeitung vom 4.09.1998.

o.V., OSGV-Vorschlag zur Gesetzesänderung, Börsen-Zeitung vom 4.09.1998.

o.V., Sachsenbank „in vorgelegter Form" abgelehnt - Gewährträger fordern Nachbesserungen - OSGV-Ampelmodell auch keine Alternative, Börsen-Zeitung vom 10.09.1998.

o.V., Bundesweites Gründernetz - Sparkassen-Finanzgruppe und Wirtschaftsjunioren helfen Existenzgründern -, Deutsche Sparkassenzeitung vom 11.09.1998.

o.V., Bankenfusion nimmt wichtige Hürden - Beide Sparkassenverbände stimmen zu, Börsen-Zeitung vom 17.09.1998.

o.V., Gemeinderat muß noch über Landesbankfusion abstimmen, Deutsche Sparkassenzeitung vom 29.09.1998.

o.V., Offene Fragen zur Bankenehe im Nordosten, Börsen-Zeitung vom 6.10.1998.

o.V., Sparkassenpräsident fordert einschneidende Reformen, Deutsche Sparkassenzeitung vom 6.10.1998.

o.V., Bankgesellschaft Berlin und Nord/LB kommen nicht zusammen, FAZ vom 19.10.1998.

o.V., Sparkassenverband will Helaba-Anteile verkaufen, FAZ vom 19.10.1998.

o.V., Die Zukunft der Helaba ist ein Thema mit langer Vergangenheit, FAZ vom 20.10.1998.

o. V., Die Fusion der DGZ mit der Deka-Bank wird wie geplant umgesetzt, FAZ vom 21.10.1998.

o. V., „Klimawechsel zugunsten der Sachsenbank", Börsen-Zeitung vom 23.10.1998.

o. V., Stuttgarter Landtag gibt den Weg für Bankenfusion frei, Deutsche Sparkassenzeitung vom 13.11.1998.

o. V., Sparkassen sollen die Kräfte stärker bündeln, Börsen-Zeitung vom 11.12.1998.

o. V., DGZ-DekaBank - „Fusion der besonderen Art", Börsen-Zeitung vom 12.12.1998.

o. V., Sachsen kündigt OSGV-Staatsvertrag, Börsen-Zeitung vom 23.12.1998.

o. V., Das Lager der Kreditgenossen rückt zusammen - Fusionsprozeß hat sich verstärkt, Börsen-Zeitung vom 31.12.1998.

o. V., Bankenfusion stärkt Baden-Württemberg, Börsen-Zeitung vom 13.01.1999.

o. V., Nur ein Wertpapierhaus für alle Sparkassen, Börsen-Zeitung vom 3.02.1999.

o. V., Kapitalerhöhung der Deutschen Bank ist für Sparkassen ein zweifaches Politikum, Börsen-Zeitung vom 14.04.1999.

o. V., „Positive Lösung" für Sparkassenkunden - Deutsche Bank löst Strukturdebatte aus, Börsen-Zeitung vom 15.04.1999.

o. V., Sparkassen können sich aus eigener Kraft behaupten, Deutsche Sparkassenzeitung vom 20.04.1999.

o. V., Sparkassengewinne ausschütten, Börsen-Zeitung vom 06.05.1999.

o. V., Kreditgenossen machen den Weg für neue Verbundstruktur frei, Börsen-Zeitung vom 20.05.1999.

o. V., Genossen wollen Ertragskraft stärken - Risikoaufwendungen müssen sinken, Börsen-Zeitung vom 27.05.1999.

o. V., Wachsendem Marktdruck durch Fusionen begegnen, Deutsche Sparkassenzeitung vom 11.06.1999.

o. V., Veränderungen aus eigener Kraft meistern - DSGV-Präsident Hoppenstedt fordert stärkere Ausnutzung des Verbundes -, Deutsche Sparkassenzeitung vom 15.06.1999.

o. V., Sparkassen auf dem Weg zu gemeinsamem Wertpapierhaus, Börsen-Zeitung vom 23.06.1999.

o. V., WestLB und DSGV wollen sich gegen „grob fehlerhafte“ Entscheidung wehren, Börsen-Zeitung vom 6.07.1999.

o. V., DSGV sieht Diskriminierung, Börsen-Zeitung vom 6.07.1999.

o. V., WestLB: Brüssel entscheidet „grob fehlerhaft“, Börsen-Zeitung vom 6.07.1999.

o. V., Tiefgreifende Strukturveränderungen - Beim Badischen Sparkassentag stand Fusionsthematik im Mittelpunkt, Deutsche Sparkassenzeitung vom 9.07.1999.

o. V., Länder kommentieren Gerücht um Südbank zurückhaltend, Deutsche Sparkassenzeitung vom 9.07.1999.

Oberbeckmann, Hans-Ludwig, Deutscher Sparkassen- und Giroverband e.V. , in: Handwörterbuch der Sparkassen, Deutscher Sparkassenverlag (Hrsg.), Band 1, Stuttgart 1982, S. 456 ff.

Oberbeckmann, Hans-Ludwig, Regionalprinzip, in: Handwörterbuch der Sparkassen, Deutscher Sparkassenverlag GmbH (Hrsg.), Band 3, Stuttgart 1982, S. 437 ff.

Oberbeckmann, Hans-Ludwig, Die Kommunalen Sparkassen - Geschäftstätigkeit und Geschäftspolitik, in: G. Püttner (Hrsg.), HkWP, Bd. 5, 2. Auflage, Berlin etc. 1984, S. 478 ff.

Oebbecke, Janbernd, Rechtsfragen der Eigenkapitalausstattung der kommunalen Sparkassen, Schriften zum deutschen Kommunalrecht, Band 20, Siegburg 1980.

Oebbecke, Janbernd, Die Anstaltslast - Rechtspflicht oder politische Maxime?, in: DVBl. 1981, S. 960 ff.

Oebbecke, Janbernd, Keine Anstaltslast bei den kommunalen Sparkassen, in: ZfK 1982, S. 60 ff.

Oellerking, Claus/ Holzgabe, Manfred, Sparkassen und Genossenschaftsbanken im Spannungsverhältnis zwischen Moral und Ökonomie: Strukturelemente, Organisationsgrundsätze und Geschäftspolitik - Ein Beitrag zur Geschichte und zur Strukturdiskussion für die 90er Jahre der Sparkassen und Genossenschaftsbanken als Glieder des Bankensektors der Bundesrepublik Deutschland -, Frankfurt a.M. u.a. 1990.

Ossenbühl, Fritz, Daseinsvorsorge und Verwaltungsprivatrecht, in: DÖV 1971, S. 513 ff.

Piel, Manfred, Britische Sparkassen vor tiefgreifenden Veränderungen, in: Sparkasse 1985, S. 35 f.

Pieroth, Bodo/ Schlink, Bernhard, Grundrechte - Staatsrecht II, 3. Auflage, Heidelberg 1987.

Platz, Siegfried, Das Girokonto für Jedermann, in: Geldprofi 1996, S. 8 ff.

Pohl, Hans, Von der Spar-Casse zum Kreditinstitut (Anfänge bis 1908), in: Die Entwicklung der Sparkassen zu Universalkreditinstituten, Sparkassenhistorisches Symposium 1986, Gesellschaft zur Förderung der wissenschaftlichen Forschung über das Spar- und Girowesen e.V. (Hrsg.), Sparkassen in der Geschichte: Abteilung 1, Dokumentation Band 2, Stuttgart 1987, S. 15 ff.

Püttner, Günter, Zur Eigenkapitalausstattung der Sparkassen - insbesondere zur Verfassungsmäßigkeit der Nichtanerkennung der Gewährträgerhaftung als Eigenkapital-Surrogat, Berlin 1983.

Püttner, Günter, Öffentliche Unternehmen als Instrument staatlicher Politik, in: DÖV 1983, S. 697 ff.

Püttner, Günter, Die öffentlichen Unternehmen - Ein Handbuch zu Verfassungs- und Rechtsfragen der öffentlichen Wirtschaft, 2. Auflage, Stuttgart 1985.

Püttner, Günter, Das Sparkassenrecht in Deutschland: Entwicklung und Tendenzen, in: ZfK 1994, S. 18 f.

Purbach, Volker, Die Auswirkungen des Binnenmarktes auf die Sparkassen und ihre öffentlich-rechtliche Verankerung - Privatisierung der Sparkassen -, Würzburg 1994.

Rehm, Hannes, Die öffentlichen Banken in der Bundesrepublik Deutschland, in: ÖBA 1988, S. 1160 ff.

Rehm, Hannes, Zur Korrespondenz von Aufgabenstellung, Rechtsform und Unternehmensverfassung öffentlicher Banken, in: Peter Eichhorn (Hrsg.), Unternehmensverfassung in der privaten und öffentlichen Wirtschaft, Festschrift für Erich Potthoff, 1. Auflage Baden-Baden 1989, S. 248 ff.

Rehm, Hannes, Die deutschen öffentlichen Banken im europäischen Finanzraum - Probleme und Perspektiven, in: ÖBA 1989, S. 145 ff.

Rehm, Hannes, Am Markt beweisen und bewähren, in: Sparkasse 1992, S. 511 ff.

Rehm, Hannes, Diskussion über Sparkassenprivatisierung - eine Herausforderung, in: Sparkasse 1993, S. 173 ff.

Rehm, Hannes/ Geiger, Walter, Die künftigen nationalen und internationalen Eigenkapitalanforderungen, in: Sparkasse 1990, S. 342 ff.

Röher, Alfred/ Coridaß, Michael, Landesbausparkassen, in: Handwörterbuch der Sparkassen, Deutscher Sparkassenverlag GmbH (Hrsg.), Band 3, Stuttgart 1982, S. 83 ff.

Ronellenfitsch, Michael, Wirtschaftliche Betätigung des Staates, in: Handbuch des Staatsrechts, Isensee/Kirchhoff (Hrsg.), Bd. 3, Heidelberg 1988, S. 1171 ff.

Ropp, Nina von der, Regional-Lösung - Bankenfusion im Südwesten, Handelsblatt vom 20.01.1998.

Rühl, Bruno, Kommunale Bindung, in: Handwörterbuch der Sparkassen, Deutscher Sparkassenverlag GmbH (Hrsg.), Band 2, Stuttgart 1982, S. 469 ff.

Sandvoß, Ernst-Otto, Deutsche Girozentrale -Deutsche Kommunalbank- , in: Handwörterbuch der Sparkassen, Deutscher Sparkassenverlag (Hrsg.), Band 1, Stuttgart 1982, S. 452 ff.

Sandvoß, Ernst-Otto, Sparkassen und Landesbanken als öffentlicher Kreditgeber, in: Sparkasse 1992, S. 116 ff.

Sauter, Arnulf, Globalisierung und Strukturfragen, in: Sparkasse 1998, S. 146.

Schaberg, Rolf, Sparkassengeschäfte, in: Handwörterbuch der Sparkassen, Deutscher Sparkassenverlag GmbH (Hrsg.), Band 4, Stuttgart 1982, S. 76 ff.

Schlierbach, Helmut, Die dritten Änderungen der Mustersatzungen A und B für Sparkassen in Hessen, in: Sparkasse 1964, S. 22 ff.

Schlierbach, Helmut, Anstaltslast, in: Handwörterbuch der Sparkassen, Deutscher Sparkassenverlag GmbH (Hrsg.), Band 1, Stuttgart 1982, S. 76 ff.

Schlierbach, Helmut, Gewährträgerhaftung, in: Handbuch der Sparkassen, Deutscher Sparkassenverlag GmbH (Hrsg.), Band 2, Stuttgart 1982, S. 297 ff.

Schlierbach, Helmut, Sparkassenrecht, in: Handwörterbuch der Sparkassen, Deutscher Sparkassenverlag GmbH (Hrsg.), Band 4, Stuttgart 1982, S. 138 ff.

Schlierbach, Helmut, Das Sparkassenrecht in der Bundesrepublik Deutschland, Stuttgart 1994.

Schmidhuber, Heinrich, Der öffentliche Auftrag der Sparkassen würde mit einer Privatisierung aufgegeben, in Sparkasse 1993, S. 348 f.

Schmidhuber, Heinrich, Das Eigenkapital der Sparkassen - grundsätzlich kein Problem mehr?, in: ZfK 1995, S. 436 f.

Schmidhuber, Heinrich, Überlegungen zu künftigen Sparkassenstrukturen, in: Sparkasse 1998, S. 586 f.

Schmidt, Dirk, Der öffentliche Auftrag der Sparkassen, in: ZfK 1968, S. 1024 ff.

Schmidt, Dirk, Gesetzgebungskompetenz des Bundes für das Sparkassenrecht?, in: Recht und Wirtschaft in Geschichte und Gegenwart, Festschrift für Johannes Bärmann zum 70. Geburtstag, Marcus Lutter, Helmut Kohlhosser und Winfried Trusen (Hrsg.), München 1975, S. 837 ff.

Schmidt, Dirk, Vor- und Nachteile der öffentlich-rechtlichen Unternehmensform im Kreditwesen, in: ZfK 1980, S. 1103 ff.

Schmidt, Dirk, Die Anstaltslast als Aufgabenlast, in: ZfK 1981, S. 762 ff.

Schmidt, Dirk, Zur erwerbswirtschaftlichen Tätigkeit der Sparkassen, in: ZfK 1989, S. 48 ff.

Schmidt, Joseph, Perspektiven der deutschen Sparkassen in der EG, in: ZfK 1993, S. 157.

Schmidt, Reiner, Die verfassungsrechtliche Grenze der wirtschaftlichen Betätigung der Deutschen Postbank, in: WM 1992, S. 1 ff.

Schmidt-Bleibtreu, Bruno/ Klein, Franz, Kommentar zu Grundgesetz für die Bundesrepublik Deutschland, 7. Auflage, Neuwied/Frankfurt/Main 1990.

Schmitt-Weigand, Adolf, Zur Änderung des Sparkassenrechts in Rheinland-Pfalz, in: Sparkasse 1983, S. 22 f.

Schneider, Uwe H., Öffentlicher Auftrag und aufsichtsrechtliches Eigenkapital bei Sparkassen, in: ZfK 1982, S. 582 ff.

Schöpe, Edgar, Zum öffentlichen Auftrag der Sparkassen, in: ZögU 1987, S. 189 ff.

Scholl, Claus, Einlagensicherung bei Kreditinstituten, in: JuS 1981, S. 88 ff.

Schröder, Gustav Adolf, Sparkassen gleich Universalbanken?, in: Die Entwicklung der Sparkassen zu Universalkreditinstituten, Sparkassenhistorisches Symposium 1986, Gesellschaft zur Förderung der wissenschaftlichen Forschung über das Spar- und Girowesen e.V. (Hrsg.), Sparkassen in der Geschichte: Abteilung 1, Dokumentation Band 2, Stuttgart 1987, S. 90 ff.

Schuhmann, Hans, Sparkassen - starke Partner der Kommunen, in: Geldprofi 1997, S. 30 f.

Schuster, Leo, Rechtsformüberlegungen im Widerstreit der ökonomischen und politischen Vernunft, in: Sparkasse 1995, S. 423 ff.

Seelig, Wolfgang, Gegenrede zu "Der Staat hätte ohne öffentlich-rechtliche Sparkassen und Landesbanken mehr Verantwortung und Aufgaben" von Horst Köhler, in: ZfK 1995, S. 15 ff.

Sinnwell, Erwin/ Auerbach, Werner, Internationale Sparkassenorganisation, in: Handwörterbuch der Sparkassen, Deutscher Sparkassenverlag GmbH (Hrsg.), Band 2, Stuttgart 1982, S. 372 ff.

Sparkassenfachbuch 1997, Deutscher Sparkassen- und Giroverband e.V. (Hrsg.), Stuttgart 1996.

Sprengel, Hans-Erhard, Sparkassenrecht - Bundes- oder Landesrecht?, in: Sparkasse 1952, S. 99 ff.

Sprengel, Hans-Erhard, 120 Jahre Sparkassenrecht - Eine rechtspolitische Betrachtung -, in: Sparkasse 1958, S. 195 ff.

Sprengel, Hans-Erhard, Die Änderungen des Sparkassenrechts auf Grund des Bundes-KWG, in: Sparkasse 1961, S. 275 ff.

Sprengel, Hans-Erhard, Garantien der Rechtseinheit im Sparkassenrecht, in: Sparkasse 1961, S. 111 ff.

Stein, Jürgen, Das Bankwesen in Deutschland, 16. Auflage, Köln 1990.

Steiner, Jürgen, Bankenmarkt und Wirtschaftsordnung - Sparkassen und Landesbanken in der Privatisierungsdiskussion, Frankfurt a.M. 1994.

Stern, Klaus, Öffentlich-rechtliche Kreditinstitute und europäisches Beihilferegime, in: Sparkasse 1997, S. 397 ff.

Stern, Klaus/ Burmeister, Joachim, Die kommunalen Sparkassen - Verfassungs- und verwaltungsrechtliche Probleme, Schriftenreihe des Vereins für Kommunalwissenschaften, Stuttgart-Berlin-Köln-Mainz 1972.

Stern, Klaus/Nierhaus, Michael, Rechtsfragen der Neuordnung des Sparkassenwesens als Folge kommunaler Neugliederung, München 1976.

Stern, Klaus/ Nierhaus, Michael, Das Regionalprinzip im öffentlich-rechtlichen Sparkassenwesen, Heidelberg 1991.

Stoepel, Paul, Preußisch-Deutscher Gesetz-Codex, Band 1, 4. Auflage 1907.

Stolzenburg, Günter E.H., Die rechtliche Sonderstellung der Freien Sparkassen im deutschen Sparkassenwesen, Hamburger Sparcasse 1827 (Hrsg.), Hamburg 1956.

Strauß, Franz Josef, Zur Privatisierung und zum öffentlichen Auftrag der Sparkassen, in: Sparkasse 1987, S. 45 f.

Strehler, Stefan, Zur Grundrechtsfähigkeit öffentlicher Kreditinstitute, in: Sparkasse 1993, S. 82 ff.

Strunk, Ilona, Veränderungen im Sparkassenrecht, in: Sparkasse 1990, S. 559 ff.

Süchting, Joachim, Bankmanagement, 2. Auflage, Stuttgart 1987.

Thode, Bernd, Der öffentliche Auftrag der Landesbanken, in : ZfK 1994, S. 172 ff.

Thöle, Achim, Die Bedeutung des sparkassentypischen Regionalprinzips, in: Sparkasse 1988, S. 83 ff.

Tiedeken, Hans, Sparkassen und Kommunen, in: Sparkasse 1984, S. 286 ff.

Trende, Adolf, Geschichte der deutschen Sparkassen, Stuttgart 1957.

Twiehaus, Uwe, Die öffentlich-rechtlichen Kreditinstitute, Göttingen 1965.

Ulbrich, Klaus, Deutscher Sparkassenverlag GmbH, in: Handwörterbuch der Sparkassen, Deutscher Sparkassenverlag (Hrsg.), Band 1, Stuttgart 1982, S. 466 ff.

Ullrich, Klaus, Die deutsche Sparkassenorganisation, hrsg. vom Deutschen Sparkassen- und Giroverband e.V., Stuttgart 1992.

Völling, Johannes, Girozentralen und Subsidiaritätsprinzip, in: Handwörterbuch der Sparkassen, Deutscher Sparkassenverlag GmbH (Hrsg.), Band 2, Stuttgart 1982, S. 314 ff.

Völter, Michael, Die Verantwortlichkeit von Verwaltungsratsmitgliedern von Sparkassen, Tübingen 1993.

Voigt, Fritz, Der volkswirtschaftliche Sparprozeß, Berlin 1950.

Vonderheid, Ulrich, Grenzen der Privatisierung von Sparkassen, in: ZögU 1991, S. 269 ff.

Weckherlin, Philipp, Strategisches Marketing in grossen Universalbanken, Bamberg 1990.

Weides, Peter, Zur Eigenständigkeit des Sparkassenrechts gegenüber dem Kommunalrecht, in: DÖV 1984, S. 41 ff.

Weides, Peter, Novellierung des Gesetzes über das Kreditwesen: Haftungszuschlag für die Sparkassen?, in: NVwZ 1984, S. 337 ff.

Weides, Peter/ Bosse, Burkhard Roderich (Hrsg.), Rechtsprechung zum Sparkassenrecht, Dritte Folge, Berlin 1991.

Weides, Peter (Hrsg.), Synoptische Darstellung der Sparkassengesetze im Geltungsbereich des Grundgesetzes, Berlin 1992.

Welcker, Johannes, Anmerkungen zur Entwicklung des Bankwesens in den fünf neuen Bundesländern, Sparkasse 1991, S. 198 ff.

Welteke, Ernst, Haben die Sparkassen Zukunft - und was für eine?, in: ZfK 1994, S. 10 ff.

Winkelmann, Klaus, Die Gründung des Deutschen Sparkassenverbandes, in: Sparkasse 1984, S. 454 ff.

Winkelmann, Klaus, In öffentlichem Auftrag, in: Sparkasse 1986, S. 326 f.

Witbraad, Christian, Die Entwicklung des Auslandsgeschäfts der deutschen Sparkassenorganisation, Stuttgart 1990.

Wittkowski, Bernd, Landesbanken auf Gratwanderung, Börsen-Zeitung vom 17.01.1998.

Wolff, Hans J./ Bachof, Otto, Verwaltungsrecht, Band I, 9. Auflage, München 1974.

Wolff, Hans J./ Bachof, Otto / Stober, Rolf, Verwaltungsrecht, Band II, 5. Auflage, München 1987.

Wysocki, Josef, Die „bankmäßige Entwicklung der Sparkassen (1908 bis 1931), in: Die Entwicklung der Sparkassen zu Universalkreditinstituten, Sparkassenhistorisches Symposium 1986, Gesellschaft zur Förderung der wissenschaftlichen Forschung über das Spar- und Girowesen e.V. (Hrsg.), Sparkassen in der Geschichte: Abteilung 1, Dokumentation Band 2, Stuttgart 1987, S. 36 ff.

Wysocki, Josef, Die Rahmenbedingungen, Geschichte der Sparkassen in der DDR - Überblick über die Ergebnisse von zwei Forschungsprojekten, in: Wissenschaftsförderung der Sparkassenorganisation e.V., Mitteilung 40, Bonn 1995, S. 54 ff.

Zügel, Walther, Sparkassen zwischen Marktorientierung und öffentlichem Auftrag aus der Sicht der Praxis, in: Sparkasse 1985, S. 19 ff.

Zweig, Gerhard, Universalbankprinzip, in: Handwörterbuch der Sparkassen, Deutscher Sparkassenverlag GmbH (Hrsg.), Band 4, Stuttgart 1982, S. 204 ff.

Zweig, Gerhard, Die Deutsche Girozentrale - Deutsche Kommunalbank -, Stuttgart 1986.

Karsten Bremer

Strafbare Internet-Inhalte in internationaler Hinsicht

Ist der Nationalstaat wirklich überholt?

Frankfurt/M., Berlin, Bern, Bruxelles, New York, Oxford, Wien, 2001.
279 S., 1 Abb.
Europäische Hochschulschriften: Reihe 2, Rechtswissenschaft. Bd. 3053
ISBN 3-631-37419-4 · br. DM 89.–*

Die Arbeit beschäftigt sich mit dem Problem, daß Internet-Inhalte weltweit als strafbare Kommunikationsdelikte angesehen werden können. Die Warnungen vor Neonazis, die aus dem Ausland agieren, werden immer eindringlicher; gleichzeitig fürchten sich deutsche Anbieter vor ausländischen Strafverfolgungsbehörden. Ob diesen Entwicklungen aber durch eine internationale Lösung erfolgreich entgegengewirkt werden kann, erscheint fraglich. Der Autor untersucht daher die Strafbarkeit von Internet-Inhalten im weltweiten Kontext. Die bisherigen Bemühungen um eine internationale Lösung werden dargestellt und ihre Erfolgsaussichten überprüft. Dabei zeigt sich, daß nationale Ansätze nicht vorschnell übergangen werden sollten.

Aus dem Inhalt: Arbeitsweise des Internet · Anwendbarkeit des nationalen Rechts · Kommunikationsdelikte im Rechtsvergleich · Schließung von Strafbarkeitslücken durch internationale Rechtsangleichung · Nationale Lösungsansätze

Kolibri 360 GmbH
Ferdinand-Jühlke-Straße 7
99095 Erfurt, Deutschland
produktsicherheit@kolibri360.de

Druck:
CPI Druckdienstleistungen GmbH
im Auftrag der
Kolibri 360 GmbH
Ferdinand-Jühlke-Str. 7
99095 Erfurt